LES
AUTEURS LATINS

EXPLIQUÉS D'APRÈS UNE MÉTHODE NOUVELLE

PAR DEUX TRADUCTIONS FRANÇAISES

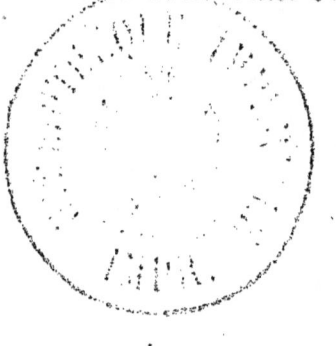

Cet ouvrage a été expliqué littéralement et annoté par M. F. de Parnajon, professeur au lycée Napoléon, qui a également revu et corrigé avec le plus grand soin la traduction française de Lagrange.

Le texte latin est celui du recueil publié par M. C. Poyard, professeur au lycée Napoléon.

LES
AUTEURS LATINS

EXPLIQUÉS D'APRÈS UNE MÉTHODE NOUVELLE

PAR DEUX TRADUCTIONS FRANÇAISES

L'UNE LITTÉRALE ET JUXTALINÉAIRE PRÉSENTANT LE MOT A MOT FRANÇAIS
EN REGARD DES MOTS LATINS CORRESPONDANTS
L'AUTRE CORRECTE ET PRÉCÉDÉE DU TEXTE LATIN

avec des sommaires et des notes

PAR UNE SOCIÉTÉ DE PROFESSEURS

ET DE LATINISTES

LUCRÈCE

MORCEAUX CHOISIS

PARIS

LIBRAIRIE DE L. HACHETTE ET Cie

BOULEVARD SAINT-GERMAIN, 77

—

1868

AVIS

RELATIF A LA TRADUCTION JUXTALINÉAIRE.

On a réuni par des traits les mots français qui traduisent un seul mot latin.

On a imprimé en *italique* les mots qu'il était nécessaire d'ajouter pour rendre intelligible la traduction littérale, et qui n'ont pas leur équivalent dans le latin.

Enfin, les mots placés entre parenthèses, dans le français, doivent être considérés comme une seconde explication, plus intelligible que la version littérale.

ARGUMENT ANALYTIQUE

DES MORCEAUX EXTRAITS DU LIVRE PREMIER.

I. Lucrèce célèbre la puissance de Vénus; il la supplie d'accorder aux Romains les douceurs de la paix, et à lui-même les loisirs nécessaires pour chanter les merveilles de la nature.

II. La Superstition a longtemps voilé la vérité et poussé les mortels aux excès les plus cruels. Épicure nous a délivrés de ce joug odieux.

III. La vie ne peut sortir du néant, mais aussi elle ne peut rentrer dans le néant. La Nature, au lieu de s'épuiser en créations nouvelles, combine d'une manière différente les éléments que la mort sépare.

IV. Les atomes sont invisibles; mais il n'y a pas lieu de s'en étonner, puisque certains corps mêmes, comme le vent, dont l'existence est attestée par de terribles ravages, échappent à nos regards.

V. Lucrèce réfute la doctrine d'Héraclite qui veut que le feu soit l'élément unique de l'univers; il réfute également les systèmes des autres philosophes qui prétendent que la terre, ou l'eau, ou l'air, ou ces deux éléments combinés sont le principe de l'univers.

VI. Lucrèce explique pourquoi il a revêtu son aride sujet des charmes de la poésie.

VII. Lucrèce n'admet pas l'attraction centrale; selon lui, l'adhésion des êtres au sol doit être attribuée à une série de chocs produits par des principes matériels extérieurs à notre système terrestre. En conséquence, il nie que les antipodes soient habitées.

MORCEAUX CHOISIS
DE LUCRÈCE.

LIVRE PREMIER.

1. — INVOCATION A VÉNUS.
(V. 1-9, 22-35, 40-44.)

Æneadum genetrix[1], hominum Divumque voluptas,
Alma Venus, cœli subter labentia signa
Quæ mare navigerum, quæ terras frugiferentes
Concelebras; per te quoniam genus omne animantum
Concipitur, visitque exortum lumina solis :
Te, Dea, te fugiunt venti, te nubila cœli,
Adventumque tuum; tibi suaves dædala tellus
Submittit flores; tibi rident æquora ponti,
Placatumque nitet diffuso lumine cœlum.
. . . .
Quæ quoniam rerum Naturam sola gubernas,

I

Mère des Romains, charme des hommes et des dieux, ô Vénus! ô déesse bienfaisante! du haut de la voûte étoilée, tu répands la fécondité sur les mers qui portent les navires, sur les terres qui donnent les moissons. C'est par toi que les animaux de toute espèce sont conçus, et ouvrent leurs yeux à la lumière. Tu parais, et les vents s'enfuient, les nuages sont dissipés, la terre richement parée fait naître sous tes pas des fleurs au doux parfum; l'Océan prend une face riante ; le ciel, devenu serein, répand au loin une vive splendeur.
.... Puisque tu es l'unique souveraine de la Nature, la créatrice

MORCEAUX CHOISIS DE LUCRÈCE.

LIVRE PREMIER.

I. — INVOCATION A VÉNUS.

Genetrix Æneadum,	Mère des descendants-d'Énée,
voluptas	volupté
hominum divumque,	des hommes et des dieux,
Venus alma,	Vénus nourricière,
quæ, subter	toi qui, sous
signa cœli labentia	les astres du ciel opérant-leur-révolution
concelebras mare navigerum,	peuples la mer qui-porte-les-navires,
quæ	toi qui *peuples*
terras frugiferentes;	les terres qui-portent-des-grains;
quoniam omne genus	puisque toute espèce
animantum	d'êtres-animés
concipitur per te,	est conçue par toi,
exortumque visit	et étant née voit *par toi*
lumina solis :	les lumières (la lumière) du soleil :
venti, dea,	les vents, déesse,
fugiunt te, te,	fuient toi, toi,
nubila cœli te,	les nuages du ciel *fuient* toi,
tuumque adventum ;	et ton arrivée ;
tellus dædala	la terre diversement-parée
submittit tibi	envoie-sous (fait naître sous) toi
flores suaves ;	des fleurs suaves ;
æquora ponti	les plaines de la mer
rident tibi ;	rient pour toi (à ton approche) ;
cœlumque placatum nitet	et le ciel apaisé brille
lumine diffuso.	d'une lumière répandue-en-tous-sens.
. . . .	. . . .
. . . .	. . . .
Quæ quoniam	Laquelle puisque (puisque toi)
sola gubernas	seule tu gouvernes
Naturam rerum,	la Nature des choses,
nec quidquam exoritur	et que rien ne naît

Nec sine te quidquam dias in luminis oras
Exoritur, neque fit lætum, nec amabile quidquam;
Te sociam studeo scribundis versibus esse,
Quos ego de rerum Natura¹ pangere conor
Memmiadæ² nostro, quem tu, Dea, tempore in omni
Omnibus ornatum voluisti excellere rebus :
Quo magis æternum da dictis, Diva, leporem.
 Effice ut interea fera mœnera³ militiaï⁴
Per maria ac terras omnes sopita quiescant;
Nam tu sola potes tranquilla pace juvare
Mortales; quoniam belli fera mœnera Mavors
Armipotens regit, in gremium qui sæpe tuum se
Rejicit, æterno devinctus volnere amoris.
. . . .
Huic tu, Diva, tuo suaves ex ore loquelas
Funde, petens placidam Romanis, inclita, pacem.
Nam neque nos agere hoc, patriaï tempore iniquo⁵,
Possumus æquo animo; neque Memmi clara propago,
Talibus in rebus, communi deesse saluti.

des êtres, la source des grâces et des plaisirs, daigne, ô Vénus! t'associer à mon travail, et m'inspirer ce poëme sur la Nature. Je le dédie à notre Memmius; tu as voulu que Memmius fût orné en tout temps de tes dons les plus rares : prête donc à mes vers un charme qui ne se flétrisse jamais.

Cependant, assoupis et suspends sur la terre et l'onde les fureurs de la guerre. Toi seule peux faire goûter aux mortels les douceurs de la paix. Du sein des alarmes le dieu des batailles se rejette dans tes bras, enchaîné par un amour éternel...... Verse dans son âme, ô glorieuse déesse, la douce persuasion, et demande pour les Romains une paix profonde. Hélas! dans les troubles de ma patrie m'est il permis de chanter, et l'illustre Memmius manquera-t-il à la défense de l'état, pour prêter l'oreille à mes accents?

sine te	sans toi
in oras dias luminis,	aux régions divines de la lumière,
neque quidquam fit	et que rien n'est fait (n'existe)
lætum neque amabile;	d'agréable ni d'aimable sans toi;
studeo te esse sociam	je désire toi être associée
versibus scribundis,	aux vers devant être écrits,
quos ego conor pangere	que moi je m'efforce de composer
de Natura rerum	touchant la Nature des choses
nostro	pour notre
Memmiadæ,	descendant-de-la-famille-Memmia,
quem tu, Dea,	lequel toi, déesse,
voluisti excellere	tu as voulu exceller
in omni tempore	en tout temps
ornatum omnibus rebus;	orné de toutes choses;
quo, Diva,	par quoi, déesse,
da magis dictis	donne davantage à *mes* paroles
leporem æternum.	un charme éternel.
Effice ut interea	Fais que pendant-ce-temps
mœnera fera militiaï	les occupations cruelles de la guerre
quiescant sopita	reposent assoupies
per maria	par *toutes* les mers
ac omnes terras;	et *par* toutes les terres;
nam tu sola potes	car toi seule peux
juvare mortales	soulager les mortels
pace tranquilla,	par une paix tranquille,
quoniam Mavors armipotens	puisque Mars puissant-par-les-armes
regit	gouverne
mœnera fera belli,	les occupations cruelles de la guerre,
qui se rejicit sæpe	Mars, qui se rejette souvent
in tuum gremium,	sur ton sein,
devinctus volnere æterno	enchaîné par une blessure éternelle
amoris.	d'amour.
. . . .	. . . .
Tu, Diva, funde huic	Toi, déesse, répands pour celui-ci
suaves loquelas	de douces paroles
ex tuo ore,	de ta bouche,
petens, inclita,	demandant, *ô déesse* glorieuse,
pacem placidam Romanis.	une paix calme pour les Romains.
Nam neque nos possumus	Car ni nous nous ne pouvons (tranquille
agere hoc animo quo	nous occuper de ce *travail* avec un esprit
tempore iniquo	dans une conjoncture difficile
patriaï,	de (pour) la patrie,
neque propago clara	ni la race illustre
Memmi	de Memmius
in talibus rebus,	*ne peut*, dans de telles circonstances,
deesse saluti communi.	faire-défaut au salut commun.

II. — LA SUPERSTITION.

(V. 63-102.)

Humana ante oculos fœde quum vita jaceret
In terris, oppressa gravi sub Relligione,
Quæ caput a cœli regionibus ostendebat,
Horribili super aspectu mortalibus instans,
Primum Graius homo[1] mortales tollere contra
Est oculos ausus, primusque obsistere contra.
Quem nec fama Deum, nec fulmina, nec minitanti
Murmure compressit cœlum; sed eo magis acrem
Virtutem irritat[2] animi, confringere ut arcta
Naturæ primus portarum claustra cupiret[3].
Ergo vivida vis animi pervicit, et extra
Processit longe flammantia mœnia mundi[4],
Atque omne[5] immensum peragravit mente animoque;
Unde refert nobis victor, quid possit oriri,
Quid nequeat[6]; finita potestas denique quoique[7]
Quanam sit ratione, atque alte terminus hærens[8].
Quare Relligio pedibus subjecta vicissim
Obteritur, nos exæquat victoria cœlo.

II

Dans le temps où l'homme avili rampait sous les chaînes pesantes de la Superstition qui, du milieu des nues, montrait sa tête épouvantable, et dont l'œil effrayant menaçait d'en haut les mortels, un homme né dans la Grèce osa le premier lever ses regards contre ce monstre, et refusa de s'incliner. Ni ces dieux si vantés, ni leurs foudres, ni le bruit menaçant du ciel en courroux, ne purent l'intimider. Son courage s'irrita par les obstacles. Impatient de briser l'étroite enceinte de la Nature, son génie vainqueur s'élança au delà des limites enflammées du monde, parcourut les plaines de l'immensité, et eut la gloire d'enseigner aux hommes ce qui peut ou ne peut pas naître, et comment la puissance des corps est bornée par leur essence même. Ainsi la Superstition fut à son tour foulée aux pieds, et sa défaite nous a rendus égaux aux dieux.

II. — LA SUPERSTITION.

Quum vita humana	Lorsque la vie (l'espèce) humaine
jaceret fœde	gisait d'une-manière-hideuse
in terris	sur les terres (sur la terre)
ante oculos,	devant les yeux d'*Épicure*,
oppressa	écrasée
sub Relligione gravi,	sous la Superstition pesante,
quæ ostendebat caput	laquelle montrait *sa* tête
a regionibus cœli,	des régions du ciel,
instans super	menaçant d'-en-haut
mortalibus	les mortels
aspectu horribili,	de *son* aspect horrible,
homo Graius	un homme grec
ausus est primum	osa pour-la-première-fois (le premier)
tollere oculos contra,	lever les yeux en-face,
primusque	et osa le premier
obsistere contra.	résister en-face.
Quem nec fama Deum	Lequel ni la renommée des dieux,
nec fulmina,	ni les foudres,
nec cœlum compressit	ni le ciel ne retint
murmure minitanti;	par *son* murmure menaçant;
sed irritat eo magis	mais *tout cela* irrita d'autant plus
virtutem acrem animi	la vigueur bouillante de *son* esprit
ut cuperet	afin qu'il désirât
effringere primus	briser le premier
claustra arcta	les fermetures étroites
portarum naturæ.	des portes de la nature.
Ergo vis vivida animi	Donc la force vive de *son* esprit
pervicit,	en triompha,
et processit longe	et s'avança au-loin
extra	hors
mœnia flammantia mundi,	des murailles enflammées du monde,
atque peragravit	et parcourut
mente animoque	par l'intelligence et l'esprit
omne immensum;	le tout immense;
unde victor refert nobis	d'où vainqueur il rapporte à nous
quid possit oriri,	quelle chose peut naître,
quid nequeat;	quelle chose ne-peut *naître;*
denique quanam ratione	enfin de quelle manière
potestas finita sit	l'essence a été circonscrite
atque terminus	et la borne
hærens alte	enfoncée profondément
quoique.	pour *limiter* chaque *être.*
Quare Relligio	C'est pourquoi la Superstition
subjecta pedibus vicissim	placée-sous les pieds à-son-tour
obteritur,	est écrasée,

Illud in his rebus vereor, ne forte rearis
Impia te rationis inire elementa, viamque
Endogredi¹ sceleris; quod contra, sæpius olim
Relligio peperit scelerosa atque impia facta :
Aulide² quo pacto Triviaï virginis aram
Iphianassaï³ turparunt sanguine fœde
Ductores Danaum delecti, prima virorum ⁴.
Cui simul infula, virgineos circumdata comptus,
Ex utraque pari malarum parte profusa est⁵,
Et mœstum simul ante aras adstare parentem
Sensit, et hunc propter ferrum celare ministros,
Aspectuque suo lacrymas effundere cives,
Muta metu, terram genibus submissa petebat ;
Nec miseræ prodesse in tali tempore quibat
Quod patrio princeps⁶ donarat nomine regem ;
Nam sublata virum manibus tremebundaque, ad aras

Mais je crains, ô Memmius, que vous ne m'accusiez de vous ouvrir une école d'impiété, et de conduire vos pas dans la route du crime. C'est au contraire la Superstition qui, jadis, inspira trop souvent des actions impies et criminelles. Ainsi à Aulis, l'élite des chefs de la Grèce, les premiers héros du monde, souillèrent l'autel de Diane du sang d'Iphigénie. Quand le baudeau funèbre eut paré la chevelure de la jeune princesse, et flotté le long de ses joues innocentes, quand elle vit son père au pied de l'autel, debout, l'œil triste et l'air morne, à côté de lui les sacrificateurs cachant sous leurs robes le couteau sacré, et le peuple en larmes autour d'elle ; à ce spectacle, muette d'effroi, elle tomba sur ses genoux, comme une suppliante. Que lui servait, dans cet instant fatal, d'avoir la première donné le nom de père au roi de Mycène? Des hommes la

victoria	la victoire
exæquat nos cœlo.	nous égale (nous élève jusqu') au ciel.
Vereor illud	Je crains ceci
in his rebus	dans ces choses-là
ne forte rearis	que par hasard tu ne penses
te inire	toi t'engager-dans
elementa impia rationis,	les principes impies d'un système,
endrogredique	et entrer-dans
viam sceleris;	la voie du crime;
contra quod	contrairement à quoi (tandis qu'au con-[traire)
Relligio	la Superstition
peperit olim sæpit.s	a engendré jadis plus souvent
facta scelerosa	des actes criminels
atque impia;	et impies;
quo pacto	de laquelle manière (c'est ainsi que)
ductores delecti Danaum,	les chefs choisis parmi les Grecs,
prima virorum,	les premiers des hommes,
turparunt fœde	souillèrent d'une-manière-hideuse
Aulide	à Aulis
aram virginis Triviaï	l'autel de la vierge des-carrefours
sanguine Iphianassaï.	du sang d'Iphianassa.
Cui simul infula,	A laquelle dès-que la bandelette
circumdata	placée-autour
comptus virgincos	de ses coiffures virginales
profusa est	tomba
ex utraque parte pari	de l'une-et-l'-autre partie égale
malarum,	de ses joues,
et sensit simul parentem	et qu'elle aperçut en même temps son [père
adstare mœstum,	se tenir triste
ante aras,	devant les autels,
et propter hunc	et près de celui-ci
ministros celare ferrum,	les sacrificateurs cacher le fer,
civesque	et les citoyens
effundere lacrymas	verser des larmes
suo aspectu,	à son aspect,
muta metu,	muette de crainte,
submissa genibus,	fléchie par les genoux,
petebat terram;	elle se dirigeait-vers la (elle tombait à) [terre;
nec quibat	ni cela ne pouvait
prodesse miseræ	servir à la malheureuse
in tempore tali,	dans une circonstance telle,
quod princeps	de-ce-que la première
donarat regem	elle avait gratifié le roi
nomine patrio;	du nom de-père;
nam sublata	car soulevée
manibus virum	par les mains des hommes
tremebundaque,	et tremblante,

Deducta est, non ut, solenni more sacrorum
Perfecto, posset claro comitari hymenæo[1];
Sed casta, inceste, nubendi tempore in ipso,
Hostia concideret mactatu mœsta parentis,
Exitus ut classi felix faustusque daretur.
Tantum Relligio potuit suadere malorum!

III. — TOUT SE TRANSFORME, RIEN NE S'ANÉANTIT.

(V. 216-265.)

Huc accedit uti quidque in sua corpora[1] rursum
Dissolvat Natura, neque ad nihilum interimat res.
Nam, si quid mortale e cunctis partibus esset,
Ex oculis res quæque repente erepta periret.
Nulla vi foret usus[2] enim, quæ partibus ejus
Discidium parere, et nexus exsolvere posset.
At nunc, æterno quia constant semine quæque,
Donec vis obiit, quæ res diverberet ictu,
Aut intus penetret per inania[3], dissoluatque,
Nullius exitium patitur Natura videri.
Præterea, quæcunque vetustate amovet ætas[4],
Si penitus perimit, consumens materiem omnem,

soulèvent et la portent tremblante à l'autel, non pour la reconduire au milieu d'un pompeux cortège après la cérémonie de l'hyménée, mais pour qu'elle expirât, victime pure, par un sacrifice impie, sous les coups de son père, au moment même que l'amour destinait à son mariage. Et pourquoi? Afin d'obtenir un heureux départ pour la flotte des Grecs. Tant la Superstition inspire de barbarie aux humains!

III

A cette vérité, joignons-en une autre, c'est que la Nature n'anéantit rien, mais dissout chaque tout en ses atomes élémentaires. Si les éléments étaient destructibles, les corps disparaîtraient en un moment; et il ne serait pas nécessaire qu'une action lente troublât l'union des principes, en rompît les liens; au lieu que la Nature, ayant rendu éternels les éléments de la matière, ne nous présente l'image de la destruction, que quand une force étrangère a frappé la masse ou pénétré le tissu des corps.

D'ailleurs, si le temps anéantissait tout ce qui disparaît à nos yeux, et dévorait tout: la matière, comment Vénus ramènerait-elle

deducta est ad aras,	elle fut amenée devant les autels,
non ut posset,	non pour-qu'elle pût,
more solenni sacrorum	la cérémonie ordinaire des sacrifices
perfecto,	ayant été accomplie,
comitari claro hymenæo;	être accompagnée par le brillant hymen;
sed hostia casta	mais *pour que* victime pure
concideret inceste,	elle tombât d'une-manière-impure,
in tempore ipso nubendi,	au moment même de se-marier,
mœsta mactatu parentis,	triste par l'immolation de *son* père,
ut exitus	afin qu'une sortie
felix faustusque	heureuse et propice
daretur classi.	fût donnée à la flotte.
Tantum Relligio potuit	Tant la Superstition a pu
suadere malorum!	conseiller de maux!

III. — TOUT SE TRANSFORME, RIEN NE S'ANÉANTIT.

Huc accedit uti	A-cela s'-ajoute que
Natura dissolvat rursum	la Nature dissout de-nouveau
quidque	chaque chose
in sua corpora,	en ses atomes,
neque interimat res	et ne détruit pas les êtres
ad nihilum;	*pour les réduire* à rien;
nam, si quid esset	car si quelque chose était
mortale e cunctis partibus,	mortel dans toutes *ses* parties,
quæque res	chaque être
erepta ex oculis	arraché de *nos* yeux
periret repente;	périrait soudainement;
foret enim usus nulla vi	il ne serait en effet besoin d'aucune force
quæ posset	qui pût
parere discidium	enfanter (amener) une division
partibus ejus,	aux parties de lui,
et exsolvere nexus.	et dénouer les liens.
At nunc,	Mais maintenant,
quia quæque constant	parce que toutes choses sont composées
semine æterno,	d'un germe éternel,
natura patitur	la nature ne souffre
exitium nullius	la destruction d'aucun *être*
videri,	être vue (ne se manifester),
donec vis obiit	jusqu'à ce qu'une force soit survenue
quæ diverberet res ictu,	qui puisse-séparer les êtres par un choc,
aut penetret intus	ou *qui* puisse-pénétrer au-dedans
per inania,	par les *espaces laissés* vides,
dissoluatque.	et puisse-les-dissoudre.
Præterea, si ætas,	En outre, si le temps,
consumens	consumant
omnem materiem,	toute matière,

Unde animale genus generatim [1] in lumina vitæ
Redducit [2] Venus? Aut redductum dædala tellus
Unde alit atque auget, generatim pabula præbens?
Unde mare ingenui fontes externaque longe
Flumina suppeditant? Unde æther sidera pascit [3]?
Omnia enim debet, mortali corpore quæ sunt,
Infinita ætas consumpse [4] anteacta, diesque.
Quod si in eo spatio atque anteacta ætate fuere,
E quibus hæc rerum consistit summa refecta,
Immortali sunt natura prædita certe :
Haud igitur possunt ad nilum quæque reverti.

   Denique [5] res omnes eadem vis causaque volgo
Conficeret, nisi materies æterna teneret
Inter se nexas, minus aut magis endopedite [6];
Tactus enim lethi satis esset causa profecto;
Quippe, ubi nulla forent æterno corpore, eorum
Contextum vis deberet dissolvere quæque [7].

à la lumière les différentes espèces d'animaux? Comment les nourrirait-elle et donnerait-elle à chaque espèce les pâturages qui lui conviennent? De quel réservoir les sources indigènes et les fleuves étrangers tireraient-ils ce tribut continuel qu'ils viennent de si loin payer à l'Océan? De quels aliments se repaîtraient les feux du ciel? Si les éléments étaient périssables, la révolution de tant de siècles écoulés devrait en avoir tari la source. Si, au contraire, aussi anciens que les temps, ils travaillent de toute éternité aux reproductions de la Nature, ils sont nécessairement immortels. Ainsi donc rien dans l'Univers ne peut s'anéantir.

   Enfin, la même cause ferait périr tous les corps si leurs éléments n'étaient éternels et liés par des nœuds plus ou moins serrés. Le toucher seul suffirait pour les détruire. Quelle résistance opposerait un frêle assemblage de parties destructibles? Au lieu que les différents liens des corps étant dissemblables, et la matière éternelle, chaque

perimit penitus	anéantit complétement [regards
quæcumque amovet	toutes-les-choses-qu'elle éloigne de nos
vetustate,	par la vieillesse,
unde Venus	d'où Vénus
redducit generatim	ramène-t-elle par-espèces
in lumina vitæ	aux lumières (à la lumière) de la vie
genus animale?	la race animale?
Aut unde tellus dædala	Ou-bien d'où la terre diversement-parée
alit atque auget	nourrit-elle et multiplie-t-elle
redductum,	*cette race* qui a été ramenée, [ces?
præbens pabula generatim?	*en* fournissant des pâturages par-espè-
Unde fontes ingenui	D'où les sources indigènes
fluminaque æterna longe	et les fleuves étrangers *venant* de-loin
suppeditant mare?	fournissent-ils (alimentent-ils) la mer?
Unde æther pascit sidera?	D'où l'éther nourrit-il les astres?
Ætas enim infinita	En effet l'âge infini
anteacta,	passé-antérieurement
diesque	et le jour (le temps)
debet consumpse	doit (devraient) avoir consumé
omnia quæ sunt	toutes les choses qui sont
corpore mortali.	d'un corps mortel.
Quod si in eo spatio	Que si dans cet espace *de temps*
atque ætate anteacta,	et *dans cet* âge passé-antérieurement,
fuere e quibus	il y eut des *éléments* au moyen desquels
hæc summa rerum	cet ensemble des êtres
refecta consistit,	ayant été renouvelé subsiste,
sunt prædita certe	ils sont doués certainement
natura immortali.	d'une nature immortelle.
Igitur quæque	Donc chaque chose
haud possunt	ne peut
reverti ad nilum.	revenir à rien.
Denique eadem vis	Enfin la même force
causaque	et *la même* cause [ment
conficeret volgo	achèverait (ferait périr) universelle-
omnes res,	tous les êtres,
si materies æterna	si une matière éternelle
non teneret	ne *les* tenait
nexas inter se	liés entre eux
minus aut magis	moins ou plus
endopedite;	étroitement;
tactus enim	le toucher en effet
esset satis profecto	serait assez assurément
causa lethi;	*comme* cause de destruction;
quippe ubi nulla	car du-moment-où aucunes choses
forent corpore æterno,	ne seraient d'un corps éternel,
quæque vis	chaque (toute) force
deberet dissolvere	devrait dissoudre

At nunc, inter se quia nexus principiorum
Dissimiles constant, æternaque materies est;
Incolumi remanent res corpore, dum satis acris
Vis obeat pro textura cujusque reperta.
Haud igitur redit ad nihilum res ulla, sed omnes
Discidio redeunt in corpora materiaï.
　　Postremo pereunt imbres [1], ubi eos pater Æther [2]
In gremium matris Terraï præcipitavit :
At nitidæ surgunt fruges, ramique virescunt
Arboribus; crescunt ipsæ, fœtuque gravantur.
Hinc alitur porro nostrum genus atque ferarum :
Hinc lætas urbes pueris florere videmus,
Frondiferasque novis avibus canere undique silvas :
Hinc fessæ pecudes pingues per pabula læta
Corpora deponunt, et candens lacteus humor
Uberibus manat distentis : hinc nova proles
Artubus infirmis teneras lasciva per herbas

être subsiste jusqu'à ce qu'il éprouve un choc proportionné à la force qui unit ses principes. Rien donc ne s'anéantit, et la destruction n'est que la dissolution des éléments.

　Ces pluies que l'air fécond verse à grands flots dans le sein de notre mère commune, vous paraissent perdues; mais par elles la terre se couvre de moissons, les arbres reverdissent, leur cime s'élève, leurs rameaux se courbent sous le poids des fruits. Ce sont ces pluies salutaires qui fournissent aux hommes leurs aliments, et aux animaux leur pâture. De là cette jeunesse florissante qui peuple nos villes, ce nouvel essaim de chantres harmonieux qui font retentir nos bois. Voyez les troupeaux reposer dans les riants pâturages leurs membres fatigués d'embonpoint; des ruisseaux d'un lait pur s'échappent de leurs mamelles tendues. Enivrés de cette douce liqueur, les tendres agneaux s'égayent sur le gazon, et essayent entre

contextum eorum ;	l'assemblage d'elles ;
at nunc,	mais maintenant,
quia nexus dissimiles	parce que des liens dissemblables
principiorum	d'éléments
constant,	subsistent,
materiesque est æterna,	et *que* la matière est éternelle,
res remanent	les êtres continuent-d'-exister
corpore incolumi,	avec un corps intact,
dum vis satis acris	jusqu'à ce qu'une force assez énergique
obeat,	survienne,
reperta	ayant été trouvée
pro textura cujusque.	en-proportion-de la contexture de chacun.
Igitur haud ulla res	Donc aucun être
redit ad nihilum,	ne retourne à néant,
sed omnes	mais tous
redeunt discidio	reviennent par la séparation *de leurs* éléments
in corpora materiaï.	en atomes de la matière.
Postremo imbres pereunt,	Enfin les pluies disparaissent,
ubi Æther pater	dès que l'Éther *qui est* père
præcipitavit eos	a précipité elles
in gremium	dans le sein
Terraï matris :	de la Terre *qui est* mère :
at fruges nitidæ surgunt,	mais les moissons brillantes se lèvent,
ramique virescunt	et les branches verdissent
arboribus ;	aux arbres ;
ipsæ crescunt,	*les arbres* eux-mêmes croissent,
gravanturque fœtu.	et sont surchargés par *leur* production.
Hinc porro nostrum genus	Par là en outre notre race
atque ferarum	et *celle* des bêtes
alitur ;	est nourrie ;
hinc videmus urbes lætas	par là nous voyons les villes riantes
florere pueris,	ê re-florissantes par les enfants,
silvasque frondiferas	et les forêts qui-portent-des-feuilles
canere undique	chanter de-tous-côtés
avibus novis ;	par les oiseaux nouvellement-nés ;
hinc pecudes pingues fessæ	par là les troupeaux gras fatigués
deponunt corpora	couchent *leurs* corps
per pabula læta,	à travers les pâturages fertiles,
et humor candens lacteus	et la liqueur blanche du-lait
manat uberibus distentis ;	coule de *leurs* mamelles gonflées ;
hinc proles nova,	par là la race nouvelle,
percussa	frappée (excitée)
mentes novellas	*quant* aux esprits nouvellement-formés
lacte mero,	par un lait pur,
ludit lasciva	joue folâtre
artubus infirmis	avec *ses* membres faibles
per herbas teneras.	à-travers les herbes tendres.

Ludit, lacte mero mentes percussa novellas.
Haud igitur penitus pereunt quæcunque videntur :
Quando alid¹ ex alio reficit Natura, nec ullam
Rem gigni patitur, nisi morte adjutam aliena².

IV. — DES CORPS INVISIBLES.
(V. 266-298.)

Nunc age, res quoniam docui non posse creari
De nihilo, neque item genitas ad nil revocari;
Ne qua forte tamen cœptes diffidere dictis,
Quod nequeunt oculis rerum primordia cerni;
Accipe præterea, quæ corpora tute necesse est
Confiteare esse in rebus, nec posse videri.
 Principio, venti vis verberat incita pontum,
Ingentesque ruit naves, et nubila differt;
Interdum rapido percurrens turbine campos
Arboribus magnis sternit, montesque supremos
Silvifragis vexat flabris : ita perfurit acri
Cum fremitu, sævitque minaci murmure pontus.
Sunt igitur venti nimirum corpora cæca,

eux mille jeux folâtres. Les corps ne sont donc pas anéantis en disparaissant à nos yeux. La Nature forme de nouveaux êtres de leurs débris; et ce n'est que par la mort des uns qu'elle donne la vie aux autres.

IV

Vous êtes convaincu maintenant, Memmius, que l'être ne peut sortir du néant ni s'y perdre ; mais pour dissiper les doutes que pourrait laisser dans votre esprit l'invisibilité des atomes, apprenez qu'il est des corps que l'œil n'aperçoit pas, et dont toutefois la raison reconnaît l'existence.

Tel est d'abord le vent, cet élément terrible, dont la fureur soulève les ondes, submerge les grands vaisseaux, et diperse les nuages; dont les tourbillons rapides s'élancent dans les plaines, et couvrent la terre de la dépouille des plus grands arbres; dont le souffle destructeur tourmente la cime des monts, et fait bouillonner l'Océan avec un affreux murmure. Le vent, quoique invisible, est donc un

Igitur quæcumque videntur	Donc toutes-les-choses-qui sont vues
haud pereunt penitus ;	ne périssent pas complètement :
quando Natura	puisque la Nature
reficit alid ex alio,	refait un autre *être* avec un autre *être*,
nec patitur	et qu'elle ne souffre pas
ullam rem gigni,	aucune chose être engendrée,
nisi adjutam	sinon aidée
morte aliena.	par la mort d'une-autre.

IV. — DES CORPS INVISIBLES.

Nunc age,	Maintenant allons,
quoniam docui	puisque j'ai enseigné
res non posse creari	les êtres ne pouvoir être créés
de nihilo,	de rien,
neque item genitas	ni de-même ayant été engendrés
revocari ad nil,	*pouvoir* être rappelés à rien,
ne tamen	de peur que cependant
cœptes forte	tu ne commences par hasard
diffidere qua dictis,	à te défier en-quelque-chose de mes [paroles
quia primordia rerum	parce que les principes des êtres
nequeunt cerni oculis,	ne-peuvent être distingués par les yeux,
accipe præterea,	reçois (apprends) en outre
quæ corpora	lesquels atomes
necesse est	il est nécessaire
tute confiteare	*que* toi tu avoues
esse in rebus,	exister dans les êtres,
nec posse videri.	et ne pouvoir être vus.
Principio,	D'abord,
vis incita venti	la violence déchaînée du vent
verberat pontum,	frappe la mer,
ruitque naves ingentes,	et renverse (engloutit) les navires im- [menses,
et differt nubila ;	et disperse les nuages ;
interdum	parfois
percurrens campos	courant-à-travers les plaines
turbine rapido	avec un tourbillon qui-entraîne
sternit magnis arboribus,	il *les* jonche de grands arbres,
vexatque	et il bat
montes supremos	les montagnes à-leur-sommet
flabris silvifragis ;	avec des souffles qui-rompent-les-ar- [bres ;
ita	ainsi (par l'effet de ce vent)
pontus perfurit	la mer devient-très-furieuse
cum fremitu acri,	avec un bruit violent,
sævitque	et sévit
murmure minaci.	avec un murmure menaçant.
Corpora cæca venti	Des atomes invisibles du vent
sunt igitur nimirum,	existent donc apparemment,

LUCRÈCE. 2

Quæ mare, quæ terras, quæ denique nubila cœli
Verrunt, ac subito vexantia turbine raptant.
Nec ratione fluunt alia, stragemque propagant,
Ac quum mollis aquæ fertur natura ¹ repente
Flumine abundanti, quod largis imbribus auget
Montibus ex altis magnus decursus aquaï,
Fragmina conjiciens silvarum, arbustaque tota;
Nec validi possunt pontes venientis aquaï
Vim subitam tolerare : ita magno turbidus imbri,
Molibus incurrens validis cum viribus amnis,
Dat sonitu magno stragem, volvitque sub undis
Grandia saxa; ruit qua quidquid fluctibus obstat.
Sic² igitur debent venti quoque flamina ferri,
Quæ, veluti validum flumen, quum procubuere,
Quamlibet in partem trudunt res ante, ruuntque
Impetibus crebris; interdum vortice torto
Corripiunt, rapidoque rotantia turbine portant.

corps, puisqu'il balaye à la fois le ciel, la terre et la mer, et parsème l'air de leurs débris. C'est un fluide semblable à un fleuve, dont le lit tranquille est gonflé tout à coup par les pluies abondantes qui roulent en torrent du haut des monts, chargées de la dépouille des forêts. Les ponts les plus solides ne peuvent soutenir le choc de l'onde déchaînée. Ces redoutables masses d'eau heurtent les digues, les font écrouler avec bruit, en emportant les rochers flottants, et renversant tous les obstacles qui s'opposent à leur fureur. C'est ainsi que les vents en courroux font tout plier sous l'effort de leur haleine. Semblables à un fleuve impétueux, partout où il s'abattent, ils poussent leur proie devant eux, lui livrent mille assauts, l'enveloppent dans leurs tourbillons, et la font tourner rapidement dans les airs.

quæ verrunt mare,	lesquels *atomes* balayent la mer,
quæ terras,	lesquels *balayent* les terres,
quæ denique nubila cœli,	lesquels *balayent* enfin les nuages du ciel,
ac vexantia	et *les* agitant
raptant turbine subito.	*les* entraînent dans un tourbillon soudain.
Nec fluunt,	Et ils ne coulent pas
propagantve stragem	ou *ne* propagent *pas* la ruine
alia ratione,	d'une autre manière,
ac quum natura	et (que) lorsque la nature
aquæ mollis	de l'eau non-solide
fertur repente	est emportée tout à coup
flumine abundanti,	par un cours débordé,
quod magnus decursus	qu'une grande chute
aquaï	d'eau
ex altis montibus	*descendant* des hautes montagnes
auget imbribus largis,	augmente par des pluies abondantes,
conjiciens	jetant-pêle-mêle
fragmina silvarum,	des débris des forêts,
arbustaque tota;	et des arbres entiers;
nec pontes validi	ni les ponts solides
possunt tolerare	ne peuvent supporter
vim subitam	la violence soudaine
aquaï venientis :	de l'eau qui-arrive :
ita amnis,	tellement le fleuve,
turbidus magno imbri,	troublé par une grande pluie
incurrens molibus	se-précipitant-sur les digues
cum viribus validis,	avec des forces puissantes,
dat stragem	donne (répand) la ruine
magno sonitu,	avec un grand bruit,
volvitque sub undis	et roule sous *ses* ondes
saxa grandia;	des rochers énormes;
ruit quidquid obstat qua fluctibus.	il renverse tout-ce qui s'oppose quelque-part à *ses* flots.
Igitur flamina venti	Donc les souffles du vent
debent ferri quoque	doivent être portés aussi
sic,	de-la-même-manière,
quæ, quum procubuere,	lesquels, lorsqu'ils se sont abattus,
veluti flumen validum,	comme un fleuve violent,
trudunt res ante	poussent les choses devant *eux*
in partem quamlibet,	dans un côté quelconque,
ruuntque	et *les* renversent
impetibus crebris;	par des chocs redoublés;
interdum corripiunt	parfois ils *les* saisissent
vortice torto,	dans un tourbillon qui-tourne-sur-lui-même,
rotantiaque	et *les* faisant-pirouetter
turbine rapido	avec un tournoiement qui-entraîne
portant.	*les* emportent.

Quare etiam atque etiam sunt venti corpora cæca,
Quandoquidem, factis ac moribus¹, æmula magnis
Amnibus inveniuntur, aperto corpore qui sunt.

V. — LE FEU N'EST PAS LE PRINCIPE DU MONDE, ÉLOGE D'EMPÉDOCLE.

(V. 636-655, 691-712.)

. . . . Qui materiem rerum esse putarunt
Ignem, atque ex igni summam consistere solo,
Magnopere a vera lapsi ratione videntur.
Heraclitus¹ init quorum dux prœlia primus,
Clarus ob obscuram linguam, magis inter inanes
Quamde² graves³ inter Graios, qui vera requirunt.
Omnia enim stolidi magis admirantur amantque,
Inversis quæ sub verbis latitantia cernunt;
Veraque constituunt, quæ belle tangere possunt
Aures, et lepido quæ sunt fucata sonore.
  Nam cur tam variæ res possent esse, requiro,
Ex vero si sunt igni puroque creatæ;
Nil prodesset enim calidum densarier ignem,
Nec rarefieri, si partes ignis eamdem

Je le répète donc, le vent, quoique invisible, est un corps, puisqu'il ressemble dans sa nature et dans ses effets, aux grands fleuves, dont l'existence est sensible à tous les yeux.

V

Ceux qui ont regardé le feu comme le seul élément de cet univers étaient, selon moi, bien éloignés des principes de la raison. A la tête de ces philosophes, marche Héraclite à qui un langage obscur attira la vénération des hommes frivoles, superficiels, mais non de ces Grecs sérieux, accoutumés à réfléchir. Car la stupidité n'admire que les opinions cachées sous des termes mystérieux. Une harmonie agréable et un coloris brillant, voilà pour elle le sceau de la vérité.

Je demande donc à Héraclite comment le feu seul, avec les propriétés que nous lui connaissons, peut avoir produit cette variété de corps qui frappent nos yeux? Condensez ou raréfiez le feu tant que vous voudrez; si les parties ont la même nature que le tout, vous

Quare etiam atque etiam	C'est pourquoi je *le dis* encore et encore
corpora cæca venti sunt,	des atomes invisibles du vent existent,
quandoquidem inveniuntur æmula	puisqu'ils sont trouvés émules
factis ac moribus	par *leurs* actes et *leurs* habitudes
magnis amnibus,	aux (des) grands fleuves,
qui sunt	qui sont
corpore aperto.	d'un corps découvert (visible).

V. — LE FEU N'EST PAS LE PRINCIPE DU MONDE. ELOGE D'EMPÉDOCLE.

Qui putarunt	*Ceux* qui ont pensé
ignem esse materiem rerum,	le feu être la matière (le principe) des êtres,
atque summam consistere ex igni solo,	et l'ensemble subsister par le feu seul,
videntur	me paraissent
lapsi magnopere a vera ratione.	être glissés (s'être éloignés) beaucoup de la véritable raison.
Quorum dux Heraclitus init primus prœlia,	Desquels le chef Héraclite engage le premier les combats (le combat),
clarus	Héraclite célèbre
ob linguam obscuram,	à-cause-de son langage obscur,
magis inter Graios inanes quamde inter graves,	plutôt parmi les Grecs frivoles que parmi les *Grecs* sérieux,
qui requirunt vera.	qui recherchent les choses vraies.
Stolidi enim admirantur	Les *gens* stupides en effet admirent
amantque magis	et aiment davantage
quæ cernunt latitantia	les choses qu'ils voient se cachant
sub verbis inversis,	sous des paroles détournées,
constituuntque vera	et ils établissent (admettent) *pour vraies*
quæ possunt	*celles* qui peuvent
tangere aures belle,	frapper les oreilles agréablement,
et quæ sunt fucata sonore lepido.	et qui ont été fardées par un son séduisant.
Nam requiro	Car je demande
cur res tam variæ possent esse,	pourquoi (comment) des êtres si variés pourraient exister,
si creatæ sunt ex igni vero puroque;	s'ils ont été créés avec le feu vrai et pur;
prodesset enim nil	il ne servirait en effet à rien
ignem calidum densarier nec rarefieri,	le feu chaud être condensé ni être raréfié,
si partes ignis haberent eamdem naturam	si les parties du feu avaient la même nature

Naturam, quam totus habet super[1] ignis, haberent.
Acrior ardor enim conductis partibus esset :
Languidior porro disjectis disque sipatis[2].
Amplius hoc[3] fieri nihil est quod posse rearis,
Talibus in causis[4]; nedum variantia rerum
Tanta queat densis rarisque ex ignibus esse.

. . . .

   Dicere porro ignem res omnes esse, neque ullam
Rem veram in numero rerum constare; nisi ignem,
(Quod facit hic idem), perdelirum esse videtur.
Nam contra sensus ab sensibus ipse repugnat,
Et labefactat eos unde omnia credita pendent,
Unde hic cognitus est ipsi, quem nominat ignem.
Credit enim sensus ignem cognoscere vere;
Cætera non credit[5] nihilo quæ clara minus sunt :
Quod mihi quum vanum, tum delirum esse videtur;
Quo referemus enim? quid nobis certius ipsis
Sensibus esse potest, quo vera ac falsa notemus?
   Præterea, quare quisquam magis omnia tollat,

n'en obtiendrez qu'une chaleur plus considérable en rapprochant les éléments, ou une chaleur moins sensible en les éloignant; mais il s'en faudra beaucoup que la condensation ou la raréfaction du feu puisse former tant de corps divers. . . . .

   Dire avec Héraclite que le feu est tout, que le feu seul mérite le nom de corps, me paraît le comble de la folie; c'est combattre les sens par les sens mêmes; c'est ébranler ces inébranlables fondements de la certitude, à la faveur desquels il a connu lui-même ce feu dont il parle. Pourquoi ajoute-t-il foi au témoignage des sens, quand il s'agit du feu, s'il récuse ce témoignage pour les autres corps aussi sensibles? Dans quelle source faut-il donc puiser la vérité? Qui, mieux que les sens, nous fait distinguer le vrai du faux?

   D'ailleurs, pourquoi reconnaître l'existence du feu au préjudice de

quam habet ignis totus super.	qu'a le feu tout-entier qui est au-dessus-de nous.
Ardor enim esset acrior partibus conductis,	La chaleur en effet serait plus vive les parties étant condensées,
porro languidior	puis plus languissante [nées.
disjectis disque sipatis.	les parties étant dispersées et dissémi-
Est nihil quod rearis posse fieri	Il n'est rien que tu croies pouvoir être fait
amplius hoc	de plus que cela
in causis talibus;	dans (pour) des causes telles;
nedum	bien-loin-que
variantia tanta rerum possit esse ex ignibus densis rarisque.	la variété si-grande des êtres puisse naître des feux condensés et raréfiés.
. . . . . .	. . . . . .
Porro dicere ignem esse omnes res, neque ullam rem veram constare in numero rerum, nisi ignem, (quod hic idem facit) videtur esse perdelirum.	Or dire le feu être tous les êtres, et aucun être véritable n'exister dans le nombre des êtres, sinon le feu, (ce que ce même *Héraclite* fait) me paraît être très-extravagant.
Nam ipse repugnat contra sensus ab sensibus, et labefactat eos unde omnia credita pendent,	Car lui-même combat contre les sens par les sens *mêmes*, et il ébranle ces *sens* d'où toutes les choses qui sont crues dépendent,
unde hic, quem nominat ignem, cognitus est ipsi.	d'où cet *élément*, qu'il appelle feu, a été connu à lui-même.
Credit enim sensus cognoscere vere ignem; non credit cætera quæ sunt nihilo minus clara;	Il croit en effet les sens connaître véritablement le feu; il ne croit pas *qu'ils connaissent* les au- qui ne sont en rien moins [tres *éléments* manifestes;
quod videtur mihi esse quum vanum, tum delirum,	ce qui paraît à moi être d'un-côté faux, d'un-autre-côté extravagant.
Quo referemus enim? Quid potest esse nobis certius sensibus ipsis, quo notemus vera ac falsa?	Où en effet nous reporterons-nous? Quelle chose peut être à nous plus sûre que les sens eux-mêmes, par laquelle nous distinguions les choses vraies et les choses fausses?
Præterea, quare quisquam tollat omnia,	En outre, pourquoi quelqu'un supprimerait-il tous *les éléments*,

Et velit ardoris naturam linquere solam,
Quam neget esse ignis, summam tamen esse relinquat[1]?
Æqua videtur enim dementia dicere utrumque.
Quapropter qui materiem rerum esse putarunt
Ignem atque ex igni summam consistere posse;
Et qui principium gignundis aera[2] rebus
Constituere; aut humorem[3] quicunque putarunt
Fingere res ipsum per se; terramve[4] creare
Omnia, et in rerum naturas vertier omnes,
Magnopere a vero longeque errasse videntur.
Adde etiam, qui conduplicant primordia rerum[5],
Aera jungentes igni, terramque liquori;
Et qui quattuor ex rebus[6] posse omnia rentur,
Ex igni, terra, atque anima procrescere, et imbri.
    Quorum Acragantinus cum primis Empedocles[7]
Insula quem triquetris terrarum gessit in oris[8],
Quam fluitans circum magnis anfractibus æquor
Ionium[9], glaucis aspergit virus ab undis,
Angustoque freto rapidum mare dividit undis

celle des autres corps, plutôt que l'existence des autres corps au préjudice de celle du feu? Je ne vois pas qu'il y ait plus d'absurdité dans la seconde de ces exclusions, que dans la première. C'est donc s'écarter de la vérité que de donner le feu pour principe du grand tout. Portons le même jugement sur les philosophes qui ont regardé l'air comme l'élément de la nature, sur ceux qui ont cru que l'eau était la source des êtres, sur ceux qui ont enseigné que la terre peut prendre la forme et la nature de tous les corps. Mettez encore dans la même classe ceux qui admettent deux éléments, joignant l'air au feu et la terre à l'eau, et ceux enfin qui les prennent tous les quatre, persuadés que la terre, l'eau, l'air et le feu réunis, peuvent produire tous les êtres.

    A la tête de ces derniers est Empédocle d'Agrigente, né sur les bords triangulaires de cette île fameuse que l'azur des flots ioniens baigne en serpentant, et sépare de l'Italie par un canal étroit et ra-

et velit linquere	et voudrait-il laisser
naturam solam ardoris,	l'essence seule du feu,
magis quam neget	plutôt qu'il ne nierait
ignis esse,	*l'essence* du feu exister,
relinquat tamen	*et* laisserait (admettrait) cependant
summam esse?	une *partie* essentielle exister?
Dicere enim utrumque	Dire en effet l'une-et-l'-autre chose
videtur dementia æqua.	me paraît *être* une déraison égale.
Quapropter qui putarunt	C'est pourquoi *ceux* qui ont pensé
ignem esse materiem	le feu être la matière (le principe)
rerum,	des êtres,
atque summam posse	et l'ensemble pouvoir
consistere ex igni,	être composé de feu,
et qui constituere aera	et *ceux* qui ont établi (assigné) l'air
principium	*comme* principe
rebus gignundis,	aux êtres devant être créés,
aut quicumque putarunt	ou tous-ceux-qui ont pensé
humorem fingere res	l'eau former les êtres
ipsum per se;	elle-même par elle-même (à elle seule);
terramve creare omnia,	ou la terre créer toutes choses,
et vertier	et être transformée
in omnes naturas rerum,	en toutes natures d'êtres,
videntur errasse	*me* paraissent s'être écartés
magnopere longeque	beaucoup et loin
a vero.	de la vérité.
Adde etiam	Ajoute encore
qui conduplicant	*ceux* qui doublent (accouplent)
primordia rerum,	les principes des choses,
jungentes aera igni,	joignant l'air au feu,
terramque liquori,	et la terre à l'eau,
et qui rentur	et *ceux* qui croient
omnia posse procrescere	toutes choses pouvoir croître
ex quatuor rebus,	de quatre éléments,
ex igni, terra,	du feu, de la terre,
atque anima et imbri.	et de l'air et de la pluie (de l'eau.)
Cum primis quorum	Avec les premiers (au premier rang)
Empedocles Acragantinus,	*est* Empédocle d'-Agrigente, [desquels
quem insula gessit	qu'une île a porté
in oris triquetris	sur les bords triangulaires
terrarum,	de *ses* terres,
circum quam mare Ionium	*île* autour de laquelle la mer ionienne
fluitans magnis anfractibus	coulant avec de grandes découpures
aspergit virus	fait-jaillir l'amertume (l'écume amère)
ab undis glaucis,	*du sein* des ondes vertes,
mareque rapidum	et *cette* mer *rendue* rapide
freto angusto	par un détroit resserré
dividit undis	sépare au moyen des eaux

Italiæ terraï oras a finibus ejus.
Hic est vasta Charybdis[1], et hic Ætnæa minantur
Murmura flammarum rursum se colligere iras,
Faucibus eruptos iterum ut vis evomat ignes,
Ad cœlumque ferat flammaï fulgura rursum :
Quæ quum magna modis multis miranda videtur
Gentibus humanis regio, visendaque fertur,
Rebus opima bonis, multa munita virum vi,
Nil tamen hoc habuisse viro præclarius in se,
Nec sanctum magis, et mirum carumque videtur.
Carmina quin etiam divini pectoris ejus
Vociferantur[2] et exponunt præclara reperta;
Ut vix humana videatur stirpe creatus.
Hic tamen, et supera[3] quos diximus, inferiores
Partibus egregie multis, multoque minores,
Quanquam multa bene ac divinitus invenientes,
Ex adyto tanquam cordis, responsa dedere
Sanctius, et multo certa ratione magis, quam
Pythia, quæ tripode ex Phœbi lauroque[4] profatur;

pide. Là mugit l'implacable Charybde; là, bouillonnant au fond de ses abîmes, l'Etna donne le signal d'une nouvelle guerre, menace de vomir un nouveau déluge de flammes, et de lancer au ciel de nouveaux éclairs. Cette région féconde en prodiges, digne à jamais de la curiosité des voyageurs et de l'admiration du genre humain, ce séjour riche de tous les biens, défendu par un peuple nombreux, n'a pourtant rien produit de plus estimable, de plus étonnant, de plus grand qu'Empédocle. Les vers qu'enfanta son génie divin font retentir encore aujourd'hui l'univers de ses sublimes découvertes, et la postérité se demande s'il eut une origine mortelle. Cependant ce fameux sage et d'autres beaucoup moins illustres que lui, oracles plus sûrs et plus respectables que la Sibylle couronnée de lauriers, sur le trépied d'Apollon, après avoir étonné le monde

oras terraï Italiæ	les bords de la terre de l'Italie
finibus ejus.	des limites de cette île.
Ilic est vasta Charybdis,	Là est la vaste Charybde,
hic et murmura Ætnea	là aussi les murmures de l'Etna
minantur	annoncent d'une-manière-menaçante
iras flammarum	les colères des flammes
se colligere rursum,	s'amasser de-nouveau,
ut vis	de-telle-sorte-qu'une force *intérieure*
evomat iterum faucibus	vomisse de-nouveau des gorges (de ses
ignes eruptos,	les feux lancés-au-dehors, [gouffres)
feratque rursum ad cœlum	et porte de-nouveau au ciel
fulgura flammaï.	les éclairs de la flamme.
Quæ magna regio	Laquelle grande contrée
videtur quum miranda	paraît d'-un-côté admirable
multis modis	de beaucoup de manières
gentibus humanis,	aux nations humaines,
ferturque visenda,	et est citée *comme* devant être visitée,
opima rebus bonis,	*étant* riche en choses bonnes,
munita vi virum;	protégée par la multitude des hommes;
videtur tamen	elle ne paraît cependant
habuisse in se	avoir eu en elle-même [me,
nil præclarius hoc viro,	rien de plus remarquable que cet hom-
nec magis sanctum,	ni de plus respectable,
et mirum carumque.	et *rien de plus* admirable et *de plus* cher.
Quin etiam carmina	Bien plus les vers
cordis divini ejus	du cœur divin de lui
vociferantur et exponunt	proclament et exposent
præclara reperta;	*ses* belles découvertes;
ut videatur vix	de-sorte-qu'il paraît à-peine
creatus stirpe humana.	créé d'une race humaine.
Ilic tamen,	Celui-ci cependant, [haut,
et quos diximus supera,	et *ceux* que nous avons nommés plus
inferiores	inférieurs *à Empédocle*
partibus egregie multis,	par des côtés fort nombreux,
minoresque multo,	et moindres de beaucoup,
quamquam invenientes	quoique trouvant
multa	beaucoup de *vérités*
bene ac divinitus,	bien et divinement,
dedere responsa,	ils aient donné des réponses,
tanquam ex adyto cordis,	comme du sanctuaire de *leur* cœur,
sanctius,	plus saintement,
ac ratione	et d'une manière
multo magis certa	beaucoup plus sûre
quam Pythia,	que la Pythie,
quæ profatur ex tripodo	qui prophétise du trépied
lauroque Phœbi,	et du laurier d'Apollon, [échoué
fecere tamen ruinas	ont fait cependant des chutes (ont

Principiis tamen in rerum fecere ruinas,
Et graviter magni magno cecidere ibi casu.

VI. — LA POÉSIE AU SERVICE DE LA VÉRITÉ.
(V. 920-949.)

Nunc age, quod superest cognosce, et clarius audi.
Nec me animi[1] fallit, quam sint obscura; sed acri
Percussit thyrso[2] laudis spes magna meum cor,
Et simul incussit suavem mi in pectus amorem
Musarum, quo nunc instinctus, mente vigenti
Avia Pieridum peragro loca, nullius ante
Trita solo; juvat integros accedere fontes,
Atque haurire; juvatque novos decerpere flores,
Insignemque meo capiti petere inde coronam,
Unde[3] prius nulli velarint tempora Musæ :
Primum, quod magnis doceo de rebus, et arctis
Relligionum animos nodis exsolvere pergo :
Deinde, quod obscura de re tam lucida pango
Carmina, Musæo contingens cuncta lepore.
Id[4] quoque enim non ab nulla ratione videtur;
Sed veluti pueris absinthia tetra medentes

par la grandeur de leurs découvertes, ont erré dans l'explication des principes de la matière: écueil fatal où leur génie fit un naufrage mémorable.

VI

Apprenez maintenant, ô Memmius, les vérités qui me restent à vous découvrir. Je n'ignore pas qu'une nuit épaisse en dérobe la connaissance. Mais l'espérance de la gloire aiguillonne mon courage, et verse dans mon âme la passion des Muses. C'est cet enthousiasme divin qui m'élève sur la cime du Parnasse, dans des lieux jusqu'alors interdits aux mortels. Oui, j'aime à puiser dans des sources inconnues; j'aime à cueillir des fleurs nouvelles, et à ceindre ma tête d'une couronne brillante, dont les Muses n'ont encore paré le front d'aucun poëte; d'abord parce que mon sujet est grand, et que j'affranchis les hommes du joug de la Superstition; ensuite, parce que je répands des flots de lumière sur les matières les plus obscures, et les fleurs de la poésie sur les épines d'une philosophie aride. Et n'ai-je pas raison d'imiter ces médecins qui, pour engager les jeunes enfants à boire l'absinthe amère, dorent d'un miel pur les bords de

in principiis rerum,	sur les éléments des êtres,
et magni	et grands
cecidere ibi graviter	ils sont tombés là lourdement
magno casu.	d'une grande chute.

VI. — LA POÉSIE AU SERVICE DE LA VÉRITÉ.

Nunc age,	Maintenant allons,
cognosce quod superest,	connais *ce qui reste à connaître*,
et audi clarius.	et apprends *le* plus clairement.
Nec fallit me animi	Et il ne m'échappe pas *quant à* l'esprit
quam sint obscura;	combien *ces choses* sont obscures;
sed magna spes laudis	mais une grande espérance de gloire
percussit meum cor	a frappé mon cœur
thyrso acri,	d'un thyrse (d'un aiguillon) vif,
et simul incussit mi	et en-même-temps a jeté à moi
in pectus	dans le cœur
suavem amorem Musarum,	un doux amour des Muses,
quo instinctus nunc,	par lequel poussé maintenant
peragro mente vigenti	je parcours d'un esprit vigoureux
loca avia	les lieux détournés (les régions non
Pieridum,	du domaine des Piérides, [fréquentées)
trita ante	foulés auparavant
solo nullius;	par la plante-des-pieds d'aucun *homme*;
juvat accedere	il *me* plaît d'approcher
fontes integros,	de sources non-entamées,
atque haurire;	et d'y puiser;
juvatque decerpere	et il *me* plaît de cueillir
flores novos,	des fleurs nouvelles,
et petere meo capiti	et d'aller-chercher pour ma tête
coronam insignem	une couronne distinguée
inde, unde Musæ	de là, d'où les Muses [personne;
velarint tempora nulli;	n'auront voilé (couronné) les tempes à
primum, quod doceo	d'abord parce que j'enseigne
de magnis rebus,	sur de grandes choses,
et pergo	et *que* j'entreprends
exsolvere animos	de dégager les âmes
nodis arctis religionum;	des nœuds étroits des superstitions;
deinde quod pango	ensuite parce que je compose
carmina tam lucida	des vers si lumineux
de re obscura.	sur un sujet obscur.
Id enim quoque	Cela en effet aussi
non videtur	ne *me* paraît pas
ab nulla ratione;	*ne provenir* d'aucune raison;
sed veluti medentes	mais de-même-que les médecins
quum conantur dare pueris	lorsqu'ils tâchent de donner aux enfants
absinthia tetra,	de l'absinthe repoussant,

Quum dare conantur, prius oras, pocula circum,
Contingunt mellis dulci flavoque liquore,
Ut puerorum ætas improvida ludificetur
Labrorum tenus[1], interea perpotet amarum
Absinthi laticem, deceptaque non capiatur[2],
Sed potius tali facto recreata valescat :
Sic ego nunc, quoniam hæc ratio[3] plerumque videtur
Tristior esse, quibus non est tractata, retroque
Vulgus abhorret ab hac, volui tibi suaviloquenti
Carmine Pierio rationem exponere nostram,
Et quasi Musæo dulci contingere melle;
Si tibi forte animum tali ratione tenere
Versibus in nostris possem, dum perspicis omnem
Naturam rerum[4], qua constet compta figura[5].

VII. — LES CORPS NE SONT PAS ENTRAINÉS PAR LEUR PESANTEUR VERS LE CENTRE DU MONDE.

(V. 1051-1110.)

Illud in his rebus[6] longe fuge credere, Memmi,
In medium summæ (quod dicunt) omnia niti[7],
Atque ideo mundi naturam stare sine ullis

la coupe, afin que leurs lèvres, séduites par cette douceur trompeuse, avalent sans défiance le noir breuvage? innocent artifice, qui rend à leurs membres la vigueur de la santé. Ainsi le sujet que je traite étant trop sérieux pour ceux qui n'y ont pas réfléchi, et rebutant pour le commun des hommes, j'ai emprunté le langage des Muses, j'ai corrigé l'amertume de la science avec le miel de la poésie. Heureux si, séduit par les charmes de l'harmonie, vous ne quittez mon ouvrage qu'après y avoir puisé une connaissance complète de la Nature !

VII

N'allez pas croire, ô Memmius, avec quelques philosophes, que tous les corps tendent vers le centre du monde, que l'univers n'ait pas besoin d'être retenu par des chocs extérieurs, et qu'il ne soit pas à

contingunt	rius oras	touchent (imprègnent) d'abord les bords
circum pocula	autour des coupes
liquore dulci flavoque	de la liqueur douce et jaune
mellis,	du miel,
ut ætas improvida	afin que l'âge imprévoyant (naïf)
puerorum	des enfants
ludificetur tenus labrorum,	soit abusé jusqu'aux lèvres,
interea perpotet	et que cependant il boive-entièrement
laticem amarum absinthi,	la liqueur amère de l'absinthe,
decep'aque	et ayant été trompé
non capiatur,	ne soit pas pris (abusé réellement),
sed potius valescat	mais plutôt se fortifie
recreata tali facto;	ranimé par un tel acte;
sic ego nunc,	ainsi moi maintenant,
quoniam hæc ratio	parce que ce système
videtur plerumque	paraît la-plupart-du-temps
esse tristior	être plus triste [tiqué,
quibus non tractata est,	à ceux par lesquels il n'a pas été pra-
vulgusque	et que le vulgaire,
abhorret retro	s'éloigne-avec-horreur en-arrière
ab hac,	de ce *sujet*,
volui exponere tibi	j'ai voulu exposer à toi
carmine Pierio	dans un chant des-Piérides
suaviloquenti	chant au-doux-langage
nostram rationem,	notre système, [gner)
et quasi contingere	et en-quelque-sorte *le* toucher (l'impré-
dulci melle Musæo;	du doux miel des-Muses;
si possem forte	*pour voir* si je pourrais par hasard
tenere animum tibi	retenir l'esprit à toi
ratione tali	par une manière telle
in nostris versibus,	sur nos vers,
dum perspicis	tandis que tu étudies
omnem naturam rerum,	toute la nature des choses,
qua figura constet	sous quelle figure elle subsiste
compta.	ayant été arrangée.

VII. — LES CORPS NE SONT PAS ENTRAINÉS PAR LEUR PESANTEUR VERS LE CENTRE DU MONDE.

Memmi, fuge longe	Memmius, évite loin (garde-toi bien)
credere illud	de croire ceci
in his rebus,	sur ces sujets,
omnia niti	toutes choses faire-effort [disent
(quod dicunt)	ce qu'ils (ce que certains philosophes)
in medium summæ,	vers le milieu (le centre) de l'univers,
atque ideo	et pour-cela
naturam mundi stare	la nature du monde subsister

Ictibus externis[1], neque quoquam posse resolvi[2]
Summa atque ima, quod in medium sint omnia nixa;
(Ipsum si quidquam posse in se sistere credis :
Et quæ pondera sunt sub terris, omnia sursum
Nitier[3], in terraque retro requiescere posta[4],
Ut per aquas quæ nunc rerum simulacra videmus :
Et simili ratione animalia subtu'[5] vagari
Contendunt, neque posse e terris in loca cœli
Recidere inferiora magis, quam corpora nostra
Sponte sua possint in cœli templa volare :
Illi quum videant solem, nos sidera noctis
Cernere, et alternis nobiscum tempora cœli
Dividere, et noctes pariles agitare diesque.
Sed vanus stolidis hæc omnia finxerit error,
Amplexi quod habent perverse prima viaï.
Nam medium nihil esse potest, ubi inane, locusque
Infinita, neque omnino, si jam medium sit,
Possit ibi quidquam hac potius consistere causa[6],

craindre que les extrémités supérieures ou inférieures ne s'échappent, ayant toutes la même tendance vers un centre commun. Qui peut concevoir qu'un être se soutienne sur lui-même, que sous nos pieds les corps pesants gravitent vers le haut, et soient portés sur la terre dans une direction opposée à la nôtre, comme nos images représentées dans l'eau? C'est pourtant d'après de pareils principes qu'on explique comment un monde d'animaux de toute espèce va et vient sous nos pieds, sans que ces animaux soient plus exposés à tomber de la terre dans les régions inférieures, que nous ne le sommes à nous élever de nous-mêmes vers la voûte céleste. On ajoute que ces peuples voient le soleil, quand les flambeaux nocturnes nous éclairent; qu'ils partagent alternativement avec nous les saisons de l'année, que leurs jours et leurs nuits ont la même durée que nos nuits et nos jours.

Voilà les erreurs grossières où sont tombés des philosophes, pour être partis de faux principes. Ils ne comprenaient pas qu'il ne peut y avoir de milieu dans une étendue infinie, et que quand ce milieu existerait, les corps ne seraient pas plus nécessités à s'y arrêter que

sine ullis ictibus externis,	sans aucuns chocs extérieurs,
neque summa	ni les *extrémités* supérieures
atque ima	et (ni) les *extrémités* inférieures
posse resolvi	ne pouvoir se dissoudre
quoquam,	*s'échappant* vers-quelqu'-endroit,
quod omnia nixa sint	parce que toutes choses ont fait-effort
in medium	vers le milieu (le centre)
(si credis	(*tu peux croire cela* si tu crois
quidquam posse sistere	quelque *objet* pouvoir se tenir
ipsum in se ;	par lui-même sur lui-même ;
et omnia pondera	et tous les corps-pesants
quæ sunt sub terris,	qui sont sous les terres (sous la terre),
nitier sursum,	faire-effort *pour monter* en-haut,
requiescereque in terra	et reposer (s'appuyer) sur la terre
posta retro,	placés en-arrière (renversés),
ut simulacra rerum	comme les images des objets
quæ videmus nunc	*images* que nous voyons maintenant
per aquas) :	à travers les eaux :
et contendunt	et ils (ces philosophes) prétendent
ratione simili	d'une manière semblable [nous,
animalia vagari subtus,	des êtres-animés errer au-dessous de
neque posse	et *ces êtres* ne pouvoir
recidere de terris	retomber des terres (de la terre)
in loca inferiora cœli,	dans des régions inférieures du ciel,
magis quam possint	pas plus qu'ils (ces philosophes) ne pour-
volare sua sponte	voler de leur propre-mouvement [raient
in templa cœli ;	vers les espaces du ciel ;
nos cernere sidera noctis	nous voir les astres de la nuit [podes)
quum illi	lorsque eux (ces habitants des anti-
videant solem,	voient le soleil,
et dividere alternis	et *eux* partager alternativement
nobiscum	avec nous
tempora cœli	les temps (les saisons) du ciel,
et agitare	et passer
noctes diesque pariles.	des nuits et des jours égaux.
Sed error vanus	Mais une erreur vaine
finxerit omnia hæc	aura imaginé toutes ces *hypothèses*
stolidis,	pour *eux* stupides,
quod habent	parce ce qu'ils ont
amplexi perverse	embrassé à-contre-sens
prima viaï.	les premières *parties* de la route.
Nam nihil	Car rien
potest esse medium,	ne peut être le milieu,
ubi inane locusque	là où le vide et l'espace
infinita :	sont sans-bornes ;
neque, si jam medium sit,	ni, si même un milieu était,
quidquam possit	quelque *objet* ne pourrait

Quam quavis alia longe regione manere.
Omnis enim locus, ac spatium, quod inane vocamus,
Per medium, per non medium, concedat oportet
Æquis ponderibus[1], motus quacumque feruntur.
Nec quisquam locus est, quo corpora quum venere,
Ponderis amissa vi, possint stare in inani :
Nec quod inane autem est, illis subsistere debet,
Quin, sua quod natura petit, concedere pergat.
Haud igitur possunt tali ratione teneri
Res in concilio, medii cuppedine victæ.
 Præterea quoque jam non omnia corpora fingunt[2]
In medium niti, sed terrarum atque liquorum,
Humorem ponti, magnisque e montibus undas,
Et quasi terreno quæ corpore contineantur :
At contra, tenues exponunt aeris auras,
Et calidos simul a medio differrier ignes,
Atque ideo totum circumtremere æthera signis,
Et solis flammam per cœli cærula pasci[3],

dans toute autre partie de l'espace. En effet, la nature du vide est de céder aux corps graves, quelque part qu'ils tendent, au centre ou non. Il n'y a point de lieu dans l'univers où les corps une fois arrivés s'arrêtent et perdent leur pesanteur. Le vide ne cessera jamais d'ouvrir un passage à leur chute, parce qu'ainsi l'exige la Nature. Cet amour supposé du centre ne suffit donc pas pour empêcher la désunion du grand tout.

 Une autre contradiction, c'est que, suivant les mêmes philosophes, la tendance vers le centre n'est pas commune à tous les corps, et n'a lieu que dans ceux qui sont composés de terre ou d'eau, tels que le fluide de l'Océan, les fleuves qui jaillissent des hautes montagnes, et tous les êtres qui participent de la nature terrestre. Au contraire, l'air subtil et la flamme légère tendent à s'éloigner du centre; et si nous voyons la voûte entière du ciel étinceler de feux, et la féconde lumière du soleil se nourrir au milieu de l'azur éthéré, c'est que les

consistere ibi omnino	s'arrêter là en-aucune-façon
hac causa,	par ce motif,
potius quam manere	plutôt que rester
quavis alia regione	dans toute autre région
longe.	au-loin (éloignée du centre).
Oportet enim	Il faut en effet
omnis locus ac spatium,	que tout lieu et *tout* espace,
quod vocamus inane,	que nous appelons vide,
per medium,	*situé* au milieu,
per non medium,	ou non au milieu,
concedat ponderibus	cède à des poids (née).
æquis,	égaux (dont la rapidité est proportion-
quacumque	vers-quelque-direction-que
motus feruntur.	les mouvements soient portés.
Nec quisquam locus est,	Ni quelque lieu est,
quo quum corpora	où lorsque les corps
venere,	sont arrivés,
possint stare in inani,	ils puissent se tenir dans le vide, [due:
vi ponderis amissa :	la propriété de la pesanteur étant per-
nec autem	ni d'un-autre-côté
quod est inane,	ce qui est vide,
debet subsistere illis,	ne doit opposer-de résistance à ces *corps*,
quin pergat	sans-qu'il continue
concedere,	à céder,
quod sua natura petit.	chose que la nature demande.
Igitur res haud possunt	Donc les êtres ne peuvent
teneri in concilio	être tenus en réunion
ratione tali,	par une manière telle,
victæ cuppedine medii.	vaincues par le désir du milieu.
Præterea quoque	En outre aussi
non fingunt jam	ils ne supposent plus
omnia corpora	tous les corps
nitier in medium,	faire-effort vers le milieu,
sed terrarum atque liquorum,	mais *ceux* des terres et des eaux,
humorem ponti,	le fluide de la mer,
undasque	et les ondes
e magnis montibus,	*qui viennent* des grandes montagnes,
et quæ contineantur quasi	et *les corps* qui sont renfermés en-quel-
corpore terreno :	par le corps terrestre : [que-sorte
at contra exponunt	mais au contraire ils exposent
auras tenues aeris,	les émanations subtiles de l'air,
et simul ignes calidos	et en-même-temps les feux brûlants
differrier a medio,	s'écarter du milieu,
atque æthera totum	et l'air tout-entier
circumtremere signis,	trembler-autour par des étoiles,
et flammam solis	et la flamme du soleil
pasci	être alimentée

Quod calor a medio fugiens ibi colligat ignes.
Quippe etiam vesci e terra mortalia sæcla[1];
Nec prorsum arboribus summos frondescere ramos
Posse, nisi a terris paulatim cuique cibatum
Terra det : at supra circum tegere omnia cœlum[2],
Ne, volucrum ritu flammarum, mœnia mundi[3]
Diffugiant subito, magnum per inane soluta,
Et ne cetera consimili ratione sequantur :
Neve ruant cœli tonitralia templa superne,
Terraque se pedibus raptim subducat, et omnes
Inter permixtas terræ cœlique ruinas,
Corpora solventes, abeant per inane profundum :
Temporis ut puncto nihil exstet relliquiarum,
Desertum præter spatium et primordia cæca.
Nam quacumque prius de parti[4] corpora cesse[5]
Constitues, hæc rebus erit pars janua lethi :
Hac se turba foras dabit omnis materiaï.

éléments de la flamme s'y réunissent sans cesse en fuyant le centre; de même que sans les sucs nourriciers qui s'élèvent de la terre, les animaux seraient privés d'aliments, et les arbres de verdure. Au-dessus des étoiles, les mêmes philosophes placent le firmament, enveloppe impénétrable, sans laquelle les feux du ciel, pour s'éloigner du centre, franchiraient les limites du monde. Le même désordre gagnerait toute la Nature; le ciel avec ses foudres s'écroulerait sur nos têtes; la terre s'ouvrirait sous nos pieds, et nos corps décomposés tomberaient engloutis dans l'abîme, avec les débris mêlés du ciel et de la terre. Bientôt il ne resterait plus de ce vaste univers qu'un amas d'atomes invisibles, une vaste solitude. Car, en quelque lieu que commence la dissolution, ce sera une porte de destruction, toujours ouverte, par où tous les atomes en foule se hâteront de s'échapper.

per cærula cœli,	au milieu des *espaces* azurés du ciel,
ideo quod	pour-cette-raison que
calor fugiens a medio	la chaleur fuyant du milieu
colligat ibi ignes.	rassemble là les feux.
Quippe etiam	Car *ils disent* aussi
sæcla mortalia	les générations mortelles
vesci e terra :	se nourrir de la terre :
nec ramos summos	ni les rameaux supérieurs
posse frondescere arboribus	ne pouvoir verdir aux (dans les) arbres
prorsum,	en-avant,
nisi terra det	à-moins-que la terre ne donne [terre] :
paulatim cuique	peu-à-peu à chacun
cibatum e terris :	sa nourriture des terres (venue de la
at cœlum	mais *ils disent* le ciel
tegere circum omnia	couvrir à-l'-entour toutes choses
supra,	au-dessus,
ne mœnia mundi	de peur que les murailles du monde
diffugiant subito,	ne se dispersent subitement,
ritu flammarum volucrum,	à la manière des flammes rapides,
soluta	dissoutes [vent
per magnum inane,	à travers le grand vide,
et ne cetera sequantur	et de peur que les autres choses ne sui-
ratione consimili :	d'une manière semblable :
neve superne	et de peur qu'en-haut [tonnerre
templa cœli tonitralia	les espaces du ciel qui-retentissent-du-
ruant,	ne s'écroulent,
terraque	et *que* la terre [pieds,
se subducat raptim pedibus,	ne se dérobe précipitamment sous *nos*
et omnes	et que tous *les êtres*
solventes corpora	décomposant *leurs* corps
inter ruinas permixtas	au milieu des débris mêlés
terræ cœlique,	de la terre et du ciel,
abeant	ne s'en aillent (ne disparaissent)
per inane profundum,	à travers le vide profond,
ut puncto temporis	de-sorte-qu'en un point du temps (qu'en
nil relliquiarum	rien des restes [un instant)
exstet,	ne subsiste,
præter spatium desertum	excepté un espace désert
et primordia cæca.	et des principes (atomes) invisibles.
Nam de quacumque parti	Car de quelque partie que
constitues	tu établiras
corpora cesse prius,	des atomes s'être retirés auparavant,
hæc pars erit	cette partie sera
janua lethi rebus :	une porte de mort pour les êtres :
omnis turba materiaï	toute la foule de la matière (des éléments)
se dabit foras	se mettra dehors (s'échappera)
hac.	par-là.

Hæc¹ si pernosces, parva perfunctus opella
(Namque alid² ex alio clarescet), non tibi cæca
Nox iter eripiet, quin ultima Naturaï
Pervideas; ita res accendent lumina rebus³.

Si après un faible effort vous avez compris ces premières vérités, la philosophie n'aura plus de ténèbres, la Nature plus de secrets pour vous. Vos principes s'éclairciront les uns par les autres, et les connaissances acquises vous serviront de flambeau pour en acquérir de nouvelles.

Si pernosces hæc,	Si-tu-connais à fond ces choses,
functus opella parva	t'étant acquitté d'un effort faible
(namque alid	(car une autre chose
clarescet ex alio),	s'éclaircira à-la-suite-d'une autre chose),
nox cæca	le nuit obscure
non eripiet tibi	ne dérobera pas à toi
iter,	le chemin,
quin pervideas	*en empêchant* que tu ne voies-à-fond
ultima Naturaï;	les derniers *secrets* de la Nature ;
ita res	ainsi les choses (les vérités) [ses.
accendent lumina rebus.	allumeront des lumières pour les cho-

NOTES

DU LIVRE PREMIER DES MORCEAUX CHOISIS DE LUCRÈCE.

I.

Page 2 : 1. *Æneadum genetrix*. Les Romains prétendaient descendre d'Énée, fils d'Anchise et de Vénus.

Page 4 : 1. *De rerum Natura*. Ce sont les principes naturels de tout ce qui existe.

— 2. *Memmiadæ*. Memmius, à qui Lucrèce dédia son poëme, était neveu du célèbre tribun, qui, au témoignage de Salluste, combattit avec une énergie si passionnée le pouvoir de la noblesse. Lui-même fut préteur en Bithynie, et tribun du peuple. Moins heureux dans sa candidature au consulat, il échoua malgré l'appui de Pompée. Il fut même accusé de brigue, et le talent de Cicéron ne put le préserver de l'exil ; il se retira à Athènes, puis à Patras. Il aimait les lettres et la philosophie. Orateur distingué, il composa aussi des vers empreints de la facile morale d'Épicure. Les éloges dont Lucrèce combla Memmius nous semblent quelque peu exagérés ; mais le poëte était son protégé, son ami peut-être ; et l'hyperbole a toujours été prodiguée aux Mécènes.

— 3. *Mœnera*, forme archaïque pour *munera*.

— 4. *Militiai*. Nous trouverons fréquemment chez Lucrèce cette forme primitive du génitif singulier de la première déclinaison, forme remplacée définitivement au siècle d'Auguste par la terminaison *æ*.

— 5. *Tempore iniquo*. A l'époque où Lucrèce écrivait ce poëme, les discordes civiles ensanglantaient le sol de l'Italie.

II.

Page 6 : 1. *Graius homo*. Épicure, philosophe athénien, né en 311, mort en 270 avant Jésus-Christ. Lucrèce ne fait que reproduire exactement les doctrines de ce philosophe.

— 2. *Irritat*, crase, pour *irritavit*. La dernière syllabe devient longue à cause de la contraction.

— 3. *Cupiret*, forme archaïque pour *cuperet*.

— 4. *Flammantia mœnia mundi.* Les anciens croyaient que les régions supérieures du ciel, qui limitaient le monde, étaient occupées par une substance subtile et enflammée qu'ils appelaient *éther*, de αἴθω, brûler.

— 5. *Omne*, le grand tout, τὸ πᾶν, qui, outre l'univers matériel, comprenait encore le grand vide.

— 6. *Quid.... nequeat.* Épicure distingue le possible, ce qui se produit en vertu des lois naturelles, du merveilleux, qu'il n'admet point.

— 7. *Quoique*, forme archaïque pour *cuique*.

— 8. *Atque alte terminus hærens.* Métaphore empruntée aux bornes dont on se servait pour limiter les champs et qu'on enfonçait profondément dans le sol.

Page 8 : 1. *Endogredi*, forme archaïque pour *ingredi*.

— 2. *Aulide*, Aulis, ville et port de Béotie sur l'Euripe.

— 3. *Iphianassar.* C'est le nom qu'Homère (Iliade, IX, 143) donne à la fille d'Agamemnon, appelée par les tragiques *Iphigénie*. Suivant une tradition, cette princesse fut sacrifiée à Diane, pour apaiser la colère de la déesse, et obtenir un vent favorable qui permit à la flotte grecque de quitter le port d'Aulis.

— 4. *Prima virorum*, hellénisme pour *primi viri*.

— 5. *Infula.... profusa est.* La bandelette de laine, *infula*, était fixée sur le front de la victime par des rubans de lin, *vittæ*, dont les deux bouts retombaient symétriquement de chaque côté de la tête.

— 6. *Princeps.* Iphianassa était l'aînée des enfants d'Agamemnon et de Clytemnestre.

Page 10 : 1. *Posset.... hymenæo.* Elle avait été appelée au camp, sous le prétexte d'être unie à Achille.

On pourra encore lire et traduire avec fruit les passages suivants : sur l'ignorance des hommes (103-131); sur la difficulté d'exposer en vers latins les systèmes philosophiques des Grecs (137-145); sur l'ordre constant qui règne dans la reproduction des êtres (160-184).

III.

Page 10 : 1. *In sua corpora.* Ce sont les éléments dont chaque corps est composé, les atomes.

— 2. *Foret usus,* archaïsme pour *opus foret.*

— 3. *Per inania.* Ce sont les espaces libres, laissés vides entre les particules de la matière.

— 4. *Præterea.... iclas.* Après avoir parlé des corps qui sont désagrégés par un choc violent, Lucrèce s'occupe de ceux qui se dissolvent lentement par l'action du temps.

Page 12 : 1. *Generatim,* en conservant à chaque espèce son type distinctif et générique.

— 2. *Redducit,* ramène, parce que ce n'est qu'une combinaison nouvelle d'éléments déjà employés.

— 3. *Æther sidera pascit.* Les anciens considéraient le soleil et les astres comme des flambeaux qui avaient besoin de s'alimenter à la source ardente de l'éther.

— 4. *Consumpse,* forme archaïque, et crase pour *consumpsisse.*

— 5. *Denique.* Lucrèce passe à un autre ordre d'idées. Si les principes des corps n'étaient pas éternels, le plus léger choc suffirait pour les anéantir.

— 6. *Endopedite,* forme archaïque pour *impedite.* Lucrèce suppose que les atomes qui composent les corps sont plus ou moins étroitement agrégés.

— 7. *Vis quæque,* toute force, même la plus faible.

Page 14 : 1. *Pereunt imbres.* C'est une objection : mais, dira-t-on.

— 2. *Pater æther.* L'éther, ou ciel, peut être considéré comme le père des êtres, puisque c'est lui qui fait descendre la pluie fécondante dans le sein de la Terre qualifiée elle-même du nom de mère.

Page 16 : 1. *Alid,* forme archaïque pour *aliud.*

— 2. *Rem gigni.... aliena..* D'après ce système, c'est la mort qui est le principe de la vie.

IV.

Page 18 : 1. *Mollis aquæ natura,* tournure poétique pour *aqua quæ natura est mollis.*

— 2. *Sic.* Ce mot indique la seconde partie de la comparaison,

Page 20 : 1. *Factis ac moribus.* Les vents sont ici comme personnifiés.

Voyez un beau passage sur les progrès imperceptibles de la dissolution des corps (301-330); et une explication poétique de la pénétrabilité des corps (347-359).

V.

Page 20 : 1. *Heraclitus,* Héraclite, né à Éphèse, surnommé σκοτεινός, le Ténébreux, à cause de ce langage obscur que Lucrèce lui reproche ici.

— 2. *Quamde,* forme archaïque pour *quam.*

— 3. *Graces.* Lucrèce ne fait pas le procès à tous les Grecs; il reconnaît qu'il y a parmi eux des esprits sérieux.

Page 22 : 1. *Super.* Le feu, considéré au point de vue général, domine pour ainsi dire les différentes formes sous lesquelles il se manifeste.

— 2. *Disque sipatis,* tmèse pour *dissipatisque.*

— 3. *Amplius hoc,* en outre de cela, c'est-à-dire, sauf ces différences d'ardeur et d'éclat dont le poëte vient de parler.

— 4. *Talibus in causis,* pour de telles causes, c'est-à-dire, selon que le feu est plus ou moins condensé ou raréfié.

— 5. *Non credit.* Lucrèce met Héraclite en contradiction avec lui-même. Les sens nous font connaître non-seulement le feu, mais aussi l'eau, la terre, la mer, etc. Pourquoi le premier de ces témoignages serait-il seul vrai, et les autres, erronés ?

Page 24 : 1. *Summam.... relinquat,* mais admet encore qu'il existe un seul principe élémentaire qui est autre que le feu.

— 2. *Aera,* l'air. C'était le système d'Anaximène de Milet.

— 3. *Humorem,* l'eau : système de Thalès de Milet.

— 4. *Terram,* la terre : système de Phérécyde.

— 5. *Conduplicant,* admettent deux éléments générateurs, comme Xénophane.

— 6. *Quattuor.... rentur.* Certains philosophes, dont le plus célèbre est Empédocle, pensaient que le monde résulte de l'harmonie de quatre éléments.

— 7. *Empedocles.* Empédocle, d'Agrigente, florissait vers la fin du cinquième siècle avant Jésus-Christ. Il avait composé un poëme sur la Nature.

— 8. *Triquetris.... in oris.* La Sicile est de forme triangulaire ; elle s'avance dans la mer par les trois promontoires de Pélore, de Pachynum et de Lilybée.

— 9. *Æquor Ionium.* La mer d'Ionie s'étendait entre la Sicile et la Crète.

Page 26 : 1. *Charybdis*, le célèbre gouffre de Charybde, tant chanté par les poëtes anciens.

— 2. *Vociferantur.* La beauté et l'éclat des vers font mieux ressortir la grandeur des doctrines.

— 3. *Supera*, forme archaïque pour *supra*.

— 4. *Lauro.* Le trépied, sur lequel siégeait la prêtresse, était couronné de lauriers, ainsi que la prêtresse elle-même.

Voyez encore les passages suivants : La Nature se transforme à l'infini (804-830) ; réfutation des homœoméries d'Anaxagore, qui prétend que tout corps renferme en soi, à l'état latent, les éléments de tous les autres (875-905).

VI.

Page 28 : 1. *Nec me animi fallit,* hellénisme pour *nec meum animum fallit.*

— 2. *Thyrso*, dans le sens de *aculeo divino.* Le thyrse, consacré à Bacchus, était une lance entourée de lierre et terminée le plus souvent par une pomme de pin.

— 3. *Unde,* en traitant un sujet qui n'avait encore inspiré aucun poëte.

— 4. *Id,* cette application de la poésie aux idées philosophiques.

Page 30 : 1. *Labrorum tenus.* Les lèvres seules sont trompées, puisque le corps malade reçoit le remède qui lui est en réalité le plus profitable.

— 2. *Deceptaque non capiatur.* L'enfant est trompé, mais dans son intérêt, ce n'est donc pas une tromperie réelle. *Capiatur* est employé ici dans le sens de *decipiatur.*

— 3. *Hæc ratio,* ce système, celui d'Épicure.

— 4. *Naturam....figura.* C'est comme s'il y avait : *quæ sit totius rerum naturæ figura.*

— 5. *Compta* est pris ici dans son sens propre de disposé, arrangé.

Voyez le système d'Épicure sur la formation de l'univers par des combinaisons fortuites d'atomes (1020-1041).

VII.

Page 30 : 1. *In his rebus*, à ce sujet, quant au mouvement des atomes.

— 2. *Omnia niti*. Les Péripatéticiens admettaient une attraction centrale, qu'ils supposaient exercée par la terre.

Page 32 : 1. *Ictibus externis*. Lucrèce pense que les atomes, en se heurtant les uns contre les autres, forment sans cesse des agrégations nouvelles, et qu'ainsi ce sont ces chocs créateurs qui renouvellent et conservent le monde.

— 2. *Quoquam posse resolvi*. D'après le système que combat Lucrèce, les corps ne peuvent se dissoudre et se disperser dans l'espace (*quoquam resolvi*), parce qu'ils sont maintenus par l'attraction terrestre.

— 3. *Niti sursum*, faire effort pour monter en haut, c'est-à-dire, vers le centre par rapport aux antipodes.

— 4. *Retro.... posta*, les objets renversés.

— 5. *Subtu'*, forme archaïque pour *subtus* : au-dessous de nous, c'est-à-dire aux antipodes.

— 6. *Hac causa*, pour ce motif, parce que c'est le centre.

Page 34 : 1. *Æquis ponderibus*, parce que la rapidité du mouvement des corps dans l'espace est toujours proportionnée à leur poids.

— 2. *Præterea.... fingunt*. En outre, les philosophes que combat Lucrèce, imaginent que cette attraction ne s'exerce que sur certains corps.

— 3. *Pasci*. Certains philosophes anciens ont cru que le soleil et les astres trouvent dans les espaces célestes des principes ignés dont ils s'alimentent et qui ne sont autres que les vapeurs dégagées du sein de la terre.

Page 36 : 1. *Vesci sæcla*. Deuxième exception à la règle de l'attraction centrale proposée par les adversaires de Lucrèce : c'est de la terre qui est au-dessous d'eux que les hommes tirent leurs aliments, c'est de son sein encore que la séve féconde monte dans les arbres.

— 2. *Circum tegere omnia cœlum*. Les anciens admettaient une voûte céleste impénétrable.

— 3. *Mœnia mundi*. Les murailles du monde, si elles n'étaient étayées par la voûte du ciel, voleraient en éclats sous la pression des éléments intérieurs. Troisième exception à l'attraction centrale, d'après les adversaires mêmes de Lucrèce.

— 4. *Parti,* ablatif archaïque pour *parte.*

— 5. *Cesse,* forme archaïque et crase pour *cessisse.*

Page 38 : 1 *Hæc,* les idées que vient de développer Lucrèce.

— 2. *Alid,* forme archaïque pour *aliud.*

— 3. *Res,* désigne ici les vérités connues, *rebus* les vérités à connaître.

ARGUMENT ANALYTIQUE

DES MORCEAUX EXTRAITS DU LIVRE DEUXIÈME.

I. Lucrèce fait l'éloge de la sagesse, ou plutôt de la doctrine épicurienne, qui procure le bonheur en dissipant les ténèbres de l'ignorance et en affranchissant l'âme de vains préjugés.

II. Certaines différences, qui n'altèrent pas les types, sont nécessaires pour que la mère reconnaisse ses petits et soit reconnue par eux. Ces différences n'existent pas seulement dans les objets qui nous entourent, elles se retrouvent dans les éléments qui se balancent à travers l'espace.

III. Tout corps est formé d'éléments de nature différente. La terre renferme dans son sein l'eau, le feu, et le germe des végétaux. Culte rendu à Cérès, la déesse de la terre.

IV. Tableau de la création, d'après le système d'Épicure : tout est sorti du sein de la terre fécondée par les principes humides que contient l'air ; tout y doit retourner.

V. Le poëte, frappé d'enthousiasme à la vue des merveilles célestes, s'élance au delà des limites du monde perceptible ; il proclame que la vie circule dans l'espace incommensurable et que notre monde n'est qu'un point perdu dans l'infini.

VI. Les grands corps célestes obéissent eux-mêmes aux lois qui régissent ici-bas nos existences éphémères. Un jour viendra où les voûtes du monde s'écrouleront. Déjà la terre épuisée ne crée plus d'espèces nouvelles. Le temps triomphe de tout.

LIVRE DEUXIÈME.

I.—LE BONHEUR, C'EST LE CALME DE L'AME, ET LA SCIENCE.

(V. 1-60.)

Suave, mari magno, turbantibus æquora ventis,
E terra magnum alterius spectare laborem :
Non quia vexari quemquam est jucunda voluptas,
Sed, quibus ipse malis careas, quia cernere suave est.
Suave etiam belli certamina magna tueri
Per campos instructa[1], tua sine parte pericli ;
Sed nil dulcius est, bene quam munita[2] tenere
Edita doctrina sapientum templa[3] serena ;
Despicere unde queas alios, passimque videre
Errare, atque viam palantes quærere vitæ,
Certare ingenio, contendere nobilitate,
Noctes atque dies niti præstante labore,
Ad summas emergere opes, rerumque potiri.

I

Il est doux de contempler du rivage les flots de la vaste mer soulevés par la tempête, et le péril du malheureux qu'ils vont engloutir ; non pas que l'on prenne plaisir à l'infortune d'autrui, mais parce qu'on aime à voir de quels maux on est exempt soi-même. Il est doux encore, à l'abri du péril, de promener ses regards sur deux grandes armées rangées dans la plaine. Mais de tous les spectacles, le plus agréable est de considérer, du temple serein, asile sûr élevé par la philosophie, les mortels épars s'égarer à la poursuite du bonheur, se disputer la palme du génie ou la chimère de la naissance, et se soumettre nuit et jour aux plus pénibles travaux pour s'élever à la fortune et aux grandeurs.

LIVRE DEUXIÈME.

I. — LE BONHEUR, C'EST LE CALME DE L'AME, ET LA SCIENCE.

Suave,	*Il est doux,*
ventis turbantibus æquora	les vents troublant les plaines
magno mari,	sur (de) la vaste mer,
spectare e terra	de contempler de la terre
magnum laborem alterius :	le grand effort d'autrui :
non quia	non parce que
quemquam vexari	quelqu'un être tourmenté
est voluptas jucunda,	est un plaisir agréable,
sed quia est suave	mais parce qu'il est doux
cernere quibus malis	de voir de quels maux
ipse careas.	*toi*-même tu es-exempt.
Suave etiam tueri	*Il est* doux aussi de voir
magna certamina belli	les grandes luttes de la guerre
instructa per campos,	disposées à travers les plaines,
sine tua parte pericli ;	sans ta participation du (au) danger ;
sed nil est dulcius	mais rien n'est plus doux
quam tenere	que d'occuper
templa serena	les temples sereins
bene munita	bien fortifiés [ges;
edita doctrina sapientum ;	qui ont été élevés par la science des sa-
unde queas	d'où tu puisses (d'où tu pourras)
despicere alios,	regarder-d'en-haut les autres,
videreque errare passim,	et *les* voir errer çà-et-là,
atque palantes	et dispersés
quærere viam vitæ,	chercher le chemin de la vie,
certare ingenio,	lutter de génie,
contendere nobilitate,	rivaliser de noblesse,
atque niti	et s'efforcer
noctes atque dies	les nuits et les jours
labore præstante	par un travail énergique [grandes,
emergere ad opes summas,	de s'élever aux ressources les plus
potirique rerum.	et de s'emparer des choses (du pouvoir).

O miseras hominum mentes! O pectora cæca!
Qualibus in tenebris vitæ, quantisque periclis
Degitur hoc ævi, quodcumque est! Nonne videre est
Nil aliud sibi Naturam latrare, nisi ut, quum
Corpore sejunctus dolor absit, mente fruatur
Jucundo sensu, cura semota metuque?
    Ergo corpoream ad naturam pauca videmus
Esse opus omnino, quæ demant cumque dolorem,
Delicias quoque uti multas substernere possint[1],
Gratius interdum neque Natura ipsa requirit.
Si non aurea sunt juvenum simulacra[2] per ædes,
Lampadas igniferas manibus retinentia dextris,
Lumina nocturnis epulis ut suppeditentur;
Nec domus argento fulget, auroque renidet;
Nec citharis reboant laqueata aurataque templa[3] :
Attamen inter se prostrati, in gramine molli,
Propter aquæ rivum, sub ramis arboris altæ,
Non magnis opibus jucunde corpora curant,

Malheureux humains ! cœurs aveugles ! Au milieu de quelles ténèbres et dans quels périls se passent les quelques instants de vie qui vous sont donnés ! Écoutez le cri de la Nature. Qu'exige-t-elle de vous? Un corps exempt de douleur, une âme libre de terreurs et d'inquiétudes.

Et les besoins du corps ne sont-ils pas bornés? Ne pouvez-vous pas, à peu de frais, vous garantir de la douleur, et vous procurer un grand nombre de sensations agréables? La Nature n'en demande pas davantage. Si vos festins nocturnes ne sont point éclairés par des lampadaires que soutiennent de magnifiques statues, si l'or et l'argent ne brillent point dans vos palais, si le son de la lyre ne retentit point sous vos riches lambris, du moins couchés au milieu de vos amis, sur un tendre gazon, près d'un clair ruisseau, à l'ombre d'un arbre élevé, vous goûtez des plaisirs qui coûtent peu, surtout dans

O mentes miseras hominum !	O esprits malheureux des hommes !
O pectora cæca !	O cœurs aveugles !
Qualibus in tenebris vitæ, quantisque periclis hoc ævi, quodcumque est, degitur !	Dans quelles ténèbres de la vie, et dans quels-grands périls [soit, cette *portion* du temps, quelle-qu'elle est passée ! [pas)
Nonne est videre Naturam latrare nil aliud sibi, nisi ut, quum dolor absit sejunctus corpore, fruatur mente sensu jucundo, semota cura metuque ?	N'est-il pas possible de voir (ne voit-on la Nature ne réclamer-à-grands-cris rien autre chose pour elle-même, si-ce-n'-est que, lorsque la douleur est-absente éloignée du corps, elle (la nature) jouisse de l'intelligence avec un sentiment agréable, séparée (exempte) de souci et de crainte ?
Ergo videmus pauca esse opus omnino ad naturam corpoream, quæcumque demant dolorem, quoque uti possint substernere multas delicias, neque Natura ipsa requirit gratius interdum.	Donc nous voyons peu de choses être nécessaires en-tout (à tout prendre) pour la nature corporelle, toutes-celles-qui peuvent-enlever la douleur, *et être nécessaires* aussi pour que *les hommes* puissent fouler-aux-pieds de nombreuses délices, ni la Nature elle-même n'exige *rien* de plus agréable [biens). pendant-ce-temps (tant qu'elle a ces
Si simulacra aurea juvenum retinentia manibus dextris lampadas igniferas non sunt per ædes, ut lumina suppeditentur epulis nocturnis, nec domus fulget argento, renidetque auro, et templa laqueata aurataque non reboant citharis, attamen prostrati inter se, in gramine molli, propter rivum aquæ, sub ramis arboris altæ, curant corpora jucunde non magnis opibus,	Si des statues d'-or de jeunes-gens tenant dans *leurs* mains droites des flambeaux enflammés ne sont pas à travers vos demeures, pour que des lumières soient fournies à vos festins nocturnes, et *si votre* maison ne brille pas par l'argent, et ne reluit pas *de l'éclat* de l'or, et *si* les espaces lambrissés et dorés ne retentissent pas *du son* des cithares, cependant *les hommes* étendus entre eux, sur le gazon moelleux, près d'un cours d'eau (d'un ruisseau), sous les rameaux d'un arbre élevé, soignent *leurs* corps agréablement [frais). non avec de grandes ressources (à peu de

Præsertim quum tempestas arridet, et anni
Tempora conspergunt viridantes floribus herbas.
Nec calidæ citius decedunt corpore febres,
Textilibus si in picturis ostroque rubenti
Jactaris, quam si plebeia in veste cubandum est.
   Quapropter, quoniam nil nostro in corpore gazæ
Proficiunt, neque nobilitas, neque gloria regni,
Quod superest, animo quoque nil prodesse putandum;
Si non forte, tuas legiones[1] per loca campi
Fervere quum videas, belli simulacra cientes,
Fervere quum videas classem lateque vagari,
His tibi cum rebus timefactæ relligiones
Effugiunt animo pavidæ, mortisque timores
Tum vacuum pectus linquunt curaque solutum.
   Quod si ridicula hæc ludibriaque esse videmus,
Reveraque metus hominum curæque sequaces
Nec metuunt[2] sonitus armorum, nec fera tela,
Audacterque inter reges, rerumque potentes

la riante saison, quand le printemps sème à pleines mains les fleurs sur la verdure. D'autre part la fièvre brûlante ne quitte pas plus promptement le riche qui s'agite sur la pourpre et la broderie, qu'elle ne quitte le malheureux étendu sur l'étoffe la plus commune.

Si la fortune, la naissance, le trône même, ne contribuent point au bonheur du corps, assurent-ils à l'âme un sort plus heureux? Quand vos nombreuses légions déployées agitent leurs étendards dans la plaine, quand la mer écume au loin sous le poids de vos vaisseaux, la Superstition est-elle par hasard effrayée de cet appareil, et les terreurs de la mort laissent-elles votre cœur en paix?

Vaine illusion! le cliquetis des armes n'en impose point aux soucis rongeurs. Ils se présentent fièrement à la cour des rois; ils s'as-

præsertim	surtout
quum tempestas arridet,	lorsque la température sourit,
et tempora anni	et que les saisons de l'année
conspergunt floribus	parsèment de fleurs
herbas viridantes.	les herbes verdoyantes.
Et febres calidæ	Et les fièvres brûlantes
non decedunt citius	ne se retirent pas plus promptement
corpore,	du corps,
si jactaris	si tu es agité *par la fièvre* [pis)
in picturis textilibus	sur des broderies tissées (sur de riches ta-
ostroque rubenti,	et sur la pourpre éclatante,
quam si cubandum est	que s'il *te* faut coucher
in veste plebeia.	sur une étoffe plébeienne (grossière).
Quapropter,	C'est pourquoi,
quoniam gazæ	puisque les trésors
proficiunt nil	ne profitent *en* rien
in nostro corpore,	dans (pour) notre corps,
neque nobilitas,	ni la noblesse,
neque gloria regni,	ni la gloire de la royauté,
putandum est quoque,	il faut penser aussi
quod superest,	pour *ce* qui reste,
prodesse nil animo;	*ces biens* ne servir en rien à l'esprit;
si forte,	si par hasard,
quum videas legiones tuas	tandis que tu vois des légions à-toi
fervere	s'échauffer (s'agiter)
per loca campi,	à travers les espaces d'une plaine,
cientes simulacra belli,	produisant des simulacres de guerre,
quum videas classem	tandis que tu vois une flotte *à toi*
fervere	s'agiter
vagarique late,	et se répandre au-loin,
relligiones pavidæ	les superstitions craintives
timefactæ	effrayées de *cet appareil*
non effugiunt tibi animo	ne s'enfuient pas pour toi de l'esprit
cum his rebus,	avec ces choses (dès que tu possèdes ces
terroresque mortis	et *si* les terreurs de la mort [choses),
linquunt tum pectus	ne laissent *pas* alors *ton* cœur
vacuum solutumque cura.	vide et dégagé de souci.
Quod si videmus	Que si nous voyons
hæc esse ridicula	ces choses être ridicules
ludibriaque,	et *être* des jouets, [mes
et revera metus hominum	et *si* effectivement les craintes des hom-
curæque sequaces	et les soucis acharnés-après *nous*
non metuunt	ne craignent pas
sonitus armorum,	les bruits des armes,
nec tela fera,	ni les traits cruels,
versanturque audacter	et se tiennent audacieusement
inter reges,	au milieu des rois,

Versantur, neque fulgorem reverentur ab auro,
Nec clarum vestis splendorem purpureaï ;
Quid dubitas quin omne sit hoc rationis egestas,
Omnis quum in tenebris præsertim vita laboret?
Nam veluti pueri trepidant, atque omnia cæcis
In tenebris metuunt, sic nos in luce timemus
Interdum nihilo quæ sunt metuenda magis quam
Quæ pueri in tenebris pavitant, finguntque futura.
Hunc igitur terrorem animi tenebrasque necesse est
Non radii solis, neque lucida tela diei
Discutiant, sed Naturæ species ratioque.

II. — NUL ÊTRE N'EST ABSOLUMENT SEMBLABLE A UN AUTRE.
(V. 342-387.)

Præterea genus humanum, mutæque natantes
Squammigerum pecudes, et læta arbusta, feræque,
Et variæ volucres, lætantia quæ loca aquarum
Concelebrant circum ripas, fontesque, lacusque ;
Et quæ pervolgant nemora avia pervolitantes[1] :
Horum unum quodvis generatim sumere pergo ;

seoient à leurs côtés sur le trône, sans respect pour l'éclat de l'or ni de la pourpre. Ces vaines terreurs ne sont que le fruit de l'ignorance et des ténèbres où nous vivons plongés. Car si les enfants s'effrayent de tout pendant l'obscurité de la nuit, nous-mêmes, en plein jour, nous sommes les jouets de terreurs aussi frivoles. Pour dissiper ces craintes et ces ténèbres il est besoin non des rayons du soleil et de la lumière du jour, mais de l'étude réfléchie de la Nature.

II

Considérez encore l'espèce humaine, les muets habitants de l'onde, les reptiles armés d'écailles, les riants arbrisseaux, les monstres sauvages, les oiseaux au plumage varié, ceux qui se plaisent au bord des eaux, des fontaines et des lacs, et ceux qui volent dans les bois solitaires. Comparez les individus de chaque espèce, vous

MORCEAUX CHOISIS. LIVRE II. 55

potentesque rerum,	et des maîtres des choses (du monde),
neque reverentur	et s'ils ne respectent pas
fulgorem ab auro,	l'éclat *qui s'échappe* de l'or,
nec splendorem clarum	ni l'éclat brillant
vestis purpureaï,	d'un vêtement de-pourpre,
quid dubitas	en quoi doutes-tu (peux-tu douter)
quin hoc omne sit	que tout cela ne soit
egestas rationis,	un manque de réflexion,
quum præsertim	d'-autant-que surtout
omnis vita	toute *notre* vie
laboret in tenebris?	se-passe-péniblement dans les ténèbres?
Nam veluti pueri	Car de-même-que les enfants
trepidant,	tremblent,
atque metuunt omnia	et craignent toutes choses
in tenebris cæcis,	dans les ténèbres obscures,
sic nos timemus interdum	ainsi nous nous craignons parfois
in luce	à la lumière (en plein jour)
quæ sunt metuenda	des choses qui ne sont à craindre
nihilo magis	en rien plus
quam quæ pueri pavitant	que *celles* dont les enfants s'effrayent
in tenebris,	dans les ténèbres,
finguntque futura.	et *qu'ils se* figurent devoir arriver.
Igitur necesse est	Donc il est nécessaire
non radii solis,	non *que* les rayons du soleil,
neque tela lucida diei,	ni les traits lumineux du jour,
sed species Naturæ	mais *que* le spectacle de la Nature
ratioque	et *que* la réflexion
discutiant	dissipent
hunc terrorem animi	cette terreur de l'esprit
tenebrasque.	et *ces* ténèbres *de l'esprit*.

II. — NUL ÊTRE N'EST ABSOLUMENT SEMBLABLE A UN AUTRE.

Præterea genus humanum,	En outre la race humaine,
pecudesque mutæ natantes	et les troupeaux muets qui nagent
squammigerum,	des porte-écailles (des poissons),
et arbusta læta,	et les arbustes riants,
feræque,	et les bêtes-sauvages,
et volucres variæ	et les oiseaux variés
quæ concelebrant	qui peuplent [ble des eaux]
loca lætantia aquarum	les lieux agréables (le voisinage agréa-
circum ripas,	autour des rives,
fontesque, lacusque,	et les sources, et les lacs,
et quæ pervolitantes	et *ceux* qui volant-à-travers *les bois*
pervolgant nemora avia :	fréquentent les bois écartés :
perge sumere	mets-toi à prendre
unum quodvis horum	un *animal* quelconque de ces *animaux*

Invenies tamen¹ inter se distare figuris,
Nec ratione alia proles cognoscere matrem,
Nec mater posset prolem : quod posse videmus,
Nec minus atque homines inter se nota cluere².

Nam³ sæpe ante deum vitulus delubra decora
Thuricremas propter mactatus concidit aras,
Sanguinis exspirans calidum de pectore flumen :
At mater, virides saltus orbata peragrans,
Linquit humi pedibus vestigia pressa bisulcis,
Omnia convisens oculis loca, si queat usquam
Conspicere amissum fœtum ; completque querelis
Frondiferum nemus adsistens, et crebra revisit
Ad stabulum, desiderio perfixa juvenci :
Nec teneræ salices, atque herbæ rore vigentes,
Fluminaque ulla queunt, summis labentia ripis,
Oblectare animum, subitamque⁴ avertere curam ;
Nec vitulorum aliæ species per pabula læta
Derivare queunt alio curaque levare :
Usque adeo quiddam proprium notumque requirit !

y trouverez des différences : sans ces nuances variées, comment les mères et les enfants pourraient-ils se reconnaître? Cependant l'instinct ne les trompe jamais ; et les hommes ne se distinguent pas plus sûrement entre eux.

Quand la hache sacrée a fait tomber au pied de l'autel chargé d'encens un jeune taureau baigné dans son sang, celle qui était sa mère parcourt les vertes forêts, et empreint sur le sable la trace profonde de ses pieds. Ses regards inquiets demandent à tous les lieux voisins le tendre nourrisson qu'elle a perdu. Souvent elle s'arrête dans l'obscurité des bois qu'elle fait retentir de ses plaintes. Souvent elle retourne à l'étable poursuivie par ses regrets. Les tendres saules, les herbes ranimées par la rosée, les fleuves qui coulent à pleins bords n'ont plus assez de charmes pour la détourner de sa douleur. Les jeunes taureaux qui paissent dans les gras pâturages ne peuvent faire illusion à sa tendresse. Ce n'est pas là l'enfant

generatim ;	genre-par-genre ;
invenies tamen	tu trouveras cependant
differre inter se figuris,	ces animaux différer entre eux de formes,
nec proles cognoscere	ni les petits ne *pourraient* connaître
matrem	*leur* mère
alia ratione,	par une autre manière,
nec mater	ni la mère [géniture :
posset prolem :	ne pourrait *connaître autrement sa* pro-
quod videmus	chose que nous voyons
posse,	*ces animaux* pouvoir,
et cluere	et *nous voyons eux* être
non minus nota inter se	non moins connus entre eux
atque homines.	et (que) les hommes *le sont entre eux*.
Nam sæpe vitulus	Car souvent un veau
concidit mactatus	tombe égorgé
ante delubra decora deum,	devant les sanctuaires parés des dieux,
propter aras	auprès des autels
thuricremas,	où-brûle-l'encens,
exspirans de pectore	rejetant de *sa* poitrine
flumen calidum sanguinis.	un flot chaud de sang.
At mater orbata,	Mais la mère privée *de son petit*,
peragrans virides saltus,	parcourant les verts pâturages-boisés,
linquit humi vestigia	laisse à terre des traces
pressa pedibus bisulcis,	empreintes par *ses* pieds fendus,
convisens oculis	visitant des yeux
omnia loca,	tous les lieux,
si queat	pour voir si elle pourrait
conspicere usquam	apercevoir quelque-part
fœtum amissum,	*son* petit perdu,
adsistensque	et s'arrêtant
complet querelis	elle remplit de *ses* plaintes
nemus frondiferum,	le bois feuillu,
et crebra revisit	et souvent elle revient-pour-voir
ad stabulum,	vers l'étable,
perfixa desiderio juvenci :	transpercée du regret du jeune-taureau :
nec salices teneræ,	ni les saules tendres,
atque herbæ vigentes rore	et les herbes vigoureuses par la rosée,
ullave flumina	ou aucuns fleuves [pleins bords)
labentia summis ripis	coulant dans les rives à-la-surface (à
queunt	ne peuvent
oblectare animum,	charmer *son* cœur,
averterequecuramsubitam :	et éloigner *ce* souci soudain :
nec aliæ species vitulorum	ni les autres images des veaux
per pabula læta	à travers les riants pâturages
queunt derivare alio,	ne peuvent détourner ailleurs *son esprit*,
levareque cura :	et *la* soulager de *son* souci :
usque adeo requirit	jusqu'à-ce-point (tant) elle cherche

Præterea teneri tremulis cum vocibus hædi
Cornigeras norunt matres, agnique petulci
Balantum pecudes : ita, quod Natura reposcit,
Ad sua quisque fere¹ decurrunt ubera lactis.

Postremo quodvis frumentum² ; non tamen omne³,
Quodque suo in genere, inter se simile esse videbis,
Quin intercurrat quædam distantia formis :
Concharumque genus parili ratione videmus
Pingere telluris gremium, qua mollibus undis
Littoris incurvi bibulam lavit æquor arenam.
Quare etiam atque etiam simili ratione necesse est,
Natura quoniam constant, neque facta manu sunt
Unius ad certam formam primordia rerum⁴,
Dissimili inter se quadam volitare⁵ figura.

Perfacile est jam animi ratione exsolvere nobis,
Quare fulmineus multo penetralior ignis⁶,
Quam noster fluat e tædis terrestribus ortus.
Dicere enim possis cœlestem fulminis ignem
Subtilem magis e parvis constare figuris⁷,

qu'elle cherche. Ses yeux et son cœur ne sauraient s'y méprendre.

Les agneaux bondissants, les chevreaux dont la voix est encore tremblante, reconnaissent aussi leurs mères, et guidés par la Nature, ils courent en général aux mamelles qui doivent les allaiter.

Enfin prenez un épi au hasard ; malgré la ressemblance des grains dans chaque espèce, vous y remarquerez des nuances différentes ; elles sont encore plus sensibles dans les coquillages qui colorent le sein de la terre, aux endroits où le sable s'est abreuvé des flots de l'Océan. Pourquoi donc, je le répète, les éléments ne différeraient-ils pas comme les corps? Ils sont l'ouvrage de la Nature : et puisque l'art ne les a pas fondus dans un moule commun, ils doivent flotter dans le vide sous des formes diverses.

Par ce principe, vous expliquerez pourquoi le feu du tonnerre est plus pénétrant que la flamme des matières terrestres : vous direz que les feux du ciel, formés d'éléments plus subtils, s'insinuent

quiddam proprium notumque!	quelque chose *qui lui est* propre et *qui lui est* connu !
Præterea teneri hædi norunt matres cornigeras cum vocibus tremulis, agnique petulci pecudes balantum ; ita decurrunt feræ, quod Natura reposcit, quisque ad ubera lactis sua.	En outre les jeunes chevreaux reconnaissent *leurs* mères cornues avec *leurs* voix tremblantes, et les agneaux bondissants [bêlants: reconnaissent les troupeaux des *animaux* ainsi ils accourent en-général, *ce* que la Nature réclame, chacun [tiennent. vers les sources de lait qui-leur-appar-
Postremo frumentum quodvis : non videbis tamen omne, quodque in suo genere, esse simile inter se, quin quædam distantia intercurrat formis, videmusque genus concharum pingere ratione parili gremium telluris, qua æquor lavit undis mollibus arenam littoris incurvi bibulam.	Enfin *prends* des céréales quelconques : tu ne verras pas cependant tous *les épis*, chacun dans son espèce, être semblables entre eux, sans-qu'une certaine différence se-trouve-entre *leurs* formes, et nous voyons l'espèce des coquillages émailler d'une manière semblable le sein de la terre, à-l'-endroit-où la mer baigne de *ses* vagues molles le sable du rivage recourbé *sable* qui-s'imprègne.
Quare etiam atque etiam, quoniam primordia rerum constant Natura, neque facta sunt manu ad formam certam unius, necesse est ratione simili volitare quadam figura dissimili inter se.	C'est pourquoi *je le dis* encore et encore, puisque les principes des êtres subsistent par la Nature, et n'ont pas été faits par la main selon la forme déterminée d'un seul *principe*, [ble il est nécessaire par une raison sembla-*ces principes* voltiger (flotter) avec une certaine forme différente (qui les fait différer) entre eux.
Jam est perfacile nobis exsolvere ratione animi quare ignis fulmineus fluat multo penetralior quam noster ignis ortus e tædis terrestribus. Possis enim dicere ignem cœlestem fulminis magis subtilem constare e parvis figuris,	Maintenant il est très-facile pour nous d'expliquer par la réflexion de l'esprit pourquoi le feu de-la-foudre [trant coule (s'insinue) beaucoup plus péné-que notre feu né de torches-de-pin terrestres. Tu pourrais en effet dire le feu céleste de la foudre plus subtil (éléments), être composé de petites formes (de petits

Atque ideo transire foramina, quæ nequit ignis
Noster hic e lignis ortus, tædaque creatus.

III. — LE MYTHE DE CYBÈLE.
(V. 589-642.)

Principio tellus habet in se corpora prima,
Unde mare immensum volventes flumina fontes
Assidue renovent : habet ignes unde oriantur.
Nam multis succensa locis ardent sola terræ :
Eximiis[1] vero furit ignibus impetus Ætnæ.
Tum porro nitidas fruges, arbustaque læta
Gentibus humanis habet unde extollere possit;
Unde etiam fluidas frondes, et pabula læta
Montivago generi possit præbere ferarum.

Quare magna deum Mater, Materque ferarum,
Et nostri Genetrix hæc dicta est corporis una.
Hanc veteres Graium docti cecinere poetæ
Sublimem in curru bijugos agitare leones,
Aeris in spatio magnam pendere docentes[2]
Tellurem, neque posse in terra sistere terram[3].

dans des pores où ne peut pénétrer notre flamme grossière sortie d'un bois résineux.

III

Commençons par la terre. La terre contient les éléments des grands fleuves qui vont sans cesse renouveler la mer; elle contient les principes des feux souterrains qui la dévorent, de ces flammes bouillonnantes que l'Etna vomit dans sa fureur. Elle contient enfin les germes des grains et des fruits qu'elle offre à l'homme, ceux des feuilles souples et des gras pâturages destinés à nourrir les hôtes farouches des montagnes.

Voilà pourquoi on lui a donné les noms de Mère auguste des dieux et des animaux, de Créatrice du genre humain. Les doctes poëtes de l'ancienne Grèce la représentaient assise sur un char traîné par des lions; ils nous enseignaient par là que, suspendue dans l'espace, elle ne pourrait avoir pour base une autre terre. Les animaux furieux

atque transire ideo foramina,	et traverser pour-cela des pores,
quæ hic ignis noster ortus e lignis,	que ce feu nôtre né de morceaux-de-bois
creatusque tæda nequit.	et créé par une torche-de-pin ne-peut-pas *traverser*.

III. — LE MYTHE DE CYBÈLE.

Principio	D'abord
tellus habet in se corpora prima,	la terre a en elle-même des éléments premiers (des principes),
unde fontes volventes flumina renovent assidue mare immensum;	d'où les sources roulant des fleuves peuvent-renouveler continuellement la mer immense;
habet unde ignes oriantur.	elle a *des principes* d'où les feux peuvent-naître.
Nam sola terræ ardent succensa multis locis;	Car les fondements de la terre brûlent embrasés en beaucoup d'endroits;
impetus vero Ætnæ furit ignibus eximiis.	et l'impétuosité de l'Etna fait-rage par des feux extraordinaires.
Tum porro habet unde possit extollere gentibus humanis fruges nitidas, arbustaque læta;	Puis encore elle a *des principes* d'où elle peut-élever (tirer) pour les nations humaines les moissons riantes, et les arbres productifs;
unde possit etiam præbere generi ferarum montivago frondes fluidas, et pabula læta.	*elle a des principes* d'où elle peut encore fournir à la race des bêtes-sauvages *race* qui-erre-sur-les-montagnes des feuilles souples, et des pâturages fertiles.
Quare hæc dicta est una magna Mater deum, Materque ferarum, et Genetrix nostri corporis.	C'est pourquoi celle-ci (la terre) a été appelée seule (de préférence aux la grande Mère des dieux, [autres] et la Mère des bêtes-fauves, et la Génératrice de notre corps.
Veteres poetæ docti Graium cecinere hanc sublimem in curru agitare leones bijugos, docentes tellurem magnam pendere in spatio aeris, neque terram posse sistere in terra.	Les anciens poëtes savants des Grecs ont dit-dans-leurs-chants celle-ci élevée sur un char diriger des lions attelés-deux-ensemble, enseignant *par-là* la terre vaste être-suspendue dans l'espace de l'air, et la terre ne pouvoir se poser sur une *autre* terre.

Adjunxere feras ; quia, quamvis effera, proles
Officiis debet molliri victa parentum :
Muralique caput summum cinxere corona ;
Eximiis munita¹ locis quod sustinet urbes :
Quo nunc insigni per magnas prædita terras
Horrifice² fertur divinæ matris imago.
Hanc variæ gentes, antiquo more sacrorum³,
Idæam vocitant Matrem, Phrygiasque catervas
Dant comites, quia primum ex illis finibus edunt
Per terrarum orbem fruges cœpisse creari.
Gallos attribuunt⁴ ; quia, numen qui violarint
Matris, et ingrati genitoribus inventi sint,
Significare volunt indignos esse putandos,
Vivam progeniem qui in oras luminis edant.
Tympana tenta tonant palmis, et cymbala circum
Concava, raucisonoque minantur cornua cantu,
Et Phrygio stimulat numero⁵ cava tibia mentes :
Telaque præportant, violenti signa furoris,
Ingratos animos atque impia pectora volgi

soumis au joug, signifient que les bienfaits des parents doivent triompher des caractères les plus farouches. On lui a ceint la tête d'une couronne murale, parce que sa surface est couverte de villes et de forteresses. Cette couronne guerrière inspire encore aujourd'hui la terreur aux peuples chez qui l'on promène la statue de la déesse. Les nations de tout pays, suivant un usage antique et solennel, l'appellent Idéenne, et lui donnent pour cortége une troupe de Phrygiens, parce que le genre humain doit à l'industrie de ces peuples la culture des grains. Ses prêtres sont mutilés pour enseigner aux mortels que ceux qui outragent la majesté sainte d'une mère, ou qui manquent de reconnaissance envers un père, sont indignes euxmêmes de revivre dans leur postérité. Ces vils ministres font résonner dans leurs mains des tambours bruyants, des cymbales retentissantes, le cornet au son rauque et menaçant, et la flûte creuse dont les accents phrygiens excitent la fureur dans les âmes. Leurs bras sont

Adjunxere feras;	Ils ont ajouté des bêtes-sauvages;
quia proles,	parce qu'une progéniture,
quamvis effera,	quelque farouche *qu'elle soit*,
debet molliri	doit s'adoucir
victa officiis parentum :	vaincue par les bons-offices des parents :
cinxereque summum caput	et ils *lui* ont ceint le haut de la tête
corona murali,	d'une couronne murale,
quod munita	parce qu'étant fortifiée,
locis eximiis	dans des lieux choisis (favorables)
sustinet urbes :	elle soutient les villes :
quo insigni nunc prædita	duquel insigne maintenant douée (parée)
imago matris divinæ	l'image de la mère divine
fertur horrifice	est portée de-manière-à-effrayer
per magnas terras;	à travers les grandes terres (l'univers);
variæ gentes,	les diverses nations,
more antiquo sacrorum,	d'après la coutume antique des *rites sa-*
vocitant hanc	appellent celle-ci [crés,
Matrem Idæam,	la Mère Idéenne,
dantque comites	et *lui* donnent pour compagnes
catervas Phrygias,	des troupes phrygiennes,
quia edunt	parce qu'elles disent
fruges cœpisse creari	les grains avoir commencé à naître
primum ex illis finibus	pour-la-première-fois de ce territoire-là
per orbem terrarum.	à travers le globe de la terre.
Attribuunt Gallos,	Elles lui assignent *pour prêtres* les Galles,
quia volunt	parce qu'elles veulent
significari	être signifié (donner à entendre)
qui violarint	*ceux* qui ont violé
numen matris,	la divinité d'une mère,
inventique sint ingrati	et qui ont été trouvés ingrats
genitoribus,	pour *leurs* pères,
putandos esse indignos	devoir être réputés indignes
qui edant	qu'ils produisent (de produire)
progeniem vivam	une progéniture vivante
in oras luminis.	aux régions de la lumière (à la lumière).
Tympana tenta tonant	Les tambours tendus retentissent
palmis,	sous les mains *des Galles*,
et circum cymbala concava,	et autour les cymbales creuses,
cornuaque minantur	et les cornets menacent
cantu raucisono,	par un chant rauque,
et tibia cava	et la flûte creuse
stimulat mentes	excite les esprits
numero Phrygio :	par le mode phrygien :
præportantque tela,	et ils portent-devant *eux* des traits,
signa furoris violenti	signes d'un délire violent (prêts à la vio-
quæ possint	qui puissent [lence]
conterrere metu	épouvanter de crainte (frapper de terreur)

Conterrere metu quæ possint numine Divæ.
   Ergo quum primum, magnas invecta per urbes,
Munificat tacita mortales muta salute [1],
Ære atque argento sternunt iter omne viarum
Largifica stipe [2] ditantes; ninguntque rosarum
Floribus, umbrantes [3] Matrem comitumque catervas.
   Hic armata manus (*Curetas* [4] nomine Graii
Quos memorant *Phrygios*) inter se forte catenas
Ludunt, in numerumque exsultant; sanguinolenti,
Terrificas capitum quatientes numine cristas,
Dictæos referunt *Curetas*, qui Jovis illum
Vagitum in Creta quondam occultasse feruntur :
Quum pueri [5] circum puerum pernice chorea,
Armati in numerum pulsarent æribus æra,
Ne Saturnus eum malis mandaret adeptus,
Æternumque daret matri sub pectore volnus.
Propterea [6] magnam armati Matrem comitantur,
Aut [7] quia significant Divam prædicere, ut armis
Ac virtute velint patriam defendere terram,

aussi armés de piques, instruments de la mort, pour jeter l'épouvante dans les cœurs impies et dénaturés.

   Aussi tandis que la statue muette de la déesse, portée dans les grandes villes, répand silencieusement sur les mortels les effets de sa munificence, tous les chemins sont jonchés d'or et d'argent; les prêtres sont comblés de dons; une nuée de fleurs odorantes ombrage la Mère des dieux et son cortége.

   Alors une troupe armée, que les Grecs nomment Curètes Phrygiens, jouent et se frappent entre eux avec de pesantes chaînes; ils dansent et regardent avec joie le sang qui coule de leurs corps; les aigrettes menaçantes qu'ils agitent sur leurs têtes, rappellent ces anciens Curètes qui couvraient, dans la Crète, les vagissements de Jupiter, alors qu'enfants, ils exécutaient en armes des danses rapides autour de son berceau, et frappaient en mesure l'airain bruyant, de peur que Saturne ne dévorât le dieu de sa dent cruelle, et ne portât une éternelle blessure au cœur de sa divine mère. Voilà pourquoi la déesse est environnée de gens armés. Peut-être aussi veut-elle avertir par-là les hommes de se tenir prêts à défendre leur patrie les

numine divæ	par la puissance de la déesse
animos ingratos,	les esprits ingrats
atque pectora impia volgi.	et les cœurs impies du vulgaire.
Ergo, quam primum	Donc, lorsque d'abord (dès que)
invecta per magnas urbes,	portée à travers les grandes villes,
muta munificat mortales	muette elle gratifie les mortels
salute tacita,	d'une prospérité silencieuse,
sternunt	ils (les mortels) jonchent
omne iter viarum	tout le parcours des routes
ære atque argento,	d'airain et d'argent,
ditantes stipe largifica;	l'enrichissant d'une menue-monnaie abondante;
ninguntque	et ils font-pleuvoir-comme-neige
floribus rosarum,	avec des fleurs des roses,
umbrantes Matrem	ombrageant la Mère
catervasque comitum.	et les troupes de ses compagnons.
Hic manus armata	Alors une troupe armée (des hommes armés)
(quos Graii	(que les Grecs
memorant nomine	appellent par le nom
Curetas Phrygios),	Curètes phrygiens),
ludunt inter se forte	imitent-en-jouant entre eux de-temps-en-temps
catenas,	des chaînes,
exsultantque in numerum;	et bondissent en cadence;
sanguinolenti,	barbouillés-de-sang,
quatientes numine capitum	agitant par le mouvement de *leurs* têtes
cristas terrificas,	des aigrettes effrayantes,
referunt Curetas Dictæos,	ils rappellent les Curètes de Dicté,
qui feruntur	qui sont rapportés
occultasse quondam in Creta	avoir caché jadis en Crète
illum vagitum Jovis,	ce vagissement de Jupiter,
circum quem puerum	autour duquel enfant
pueri chorea pernice,	*eux-mêmes* enfants avec une danse rapide,
armati,	étant armés,
pulsarent æra æribus	choquaient l'airain contre l'airain
in numerum,	en cadence,
ne Saturnus	de peur que Saturne
adeptus eum	n'ayant atteint lui
mandaret malis,	ne *le* livrât à *ses* mâchoires (ne le dévorât,
daretque matri	et ne causât à *sa* mère
volnus æternum	une blessure éternelle
sub pectore.	sous *son* cœur.
Comitantur propterea	Ils accompagnent à-cause-de-cela
armati	étant armés
magnam Matrem;	la grande Mère;
aut quia significant	ou parce qu'ils donnent-à-entendre
Divam prædicere	la déesse avertir-par-avance
ut velint defendere	que *les mortels* veuillent défendre
armis ac virtute	par les armes et le courage

Præsidioque parent decorique parentibus esse.

IV. — COMMENT SE FORMENT LES CORPS.

(V. 990-1021.)

Denique cœlesti sumus omnes semine oriundi[1] :
Omnibus ille idem[2] pater est, unde alma liquentes
Humorum guttas mater quum Terra recepit,
Fœta parit nitidas fruges arbustaque læta,
Et genus humanum ; parit omnia sæcla ferarum,
Pabula quum præbet[3], quibus omnes corpora pascunt,
Et dulcem ducunt vitam prolemque propagant.
Quapropter merito maternum nomen adepta est.
Cedit item retro de terra quod fuit ante
In terras; et quod missum est ex ætheris oris,
Id rursum cœli relatum templa receptant[4].
Neve putes æterna minus residere potesse[5]
Corpora prima, quod in summis fluitare videmus
Rebus, et interdum nasci subitoque perire;
Nec sic interimit mors res, ut materiaï
Corpora conficiat, sed cœtum dissupat ollis :

armes à la main, et d'être à la fois la gloire et le soutien de leurs parents.

IV

Enfin, nous sommes tous enfants du ciel: le ciel est notre père commun ; la terre, notre mère commune, fécondée par les gouttes liquides qu'elle reçoit d'en haut, produit à la fois les arbrisseaux, les moissons, les hommes, et tous les animaux, puisque c'est elle qui leur fournit à tous les aliments, à l'aide desquels ils nourrissent leurs corps, jouissent de la vie, et propagent leur espèce. C'est pour cela que nous lui avons donné avec raison le nom de mère. Les corps sortis de son sein y rentrent une seconde fois, et la matière descendue de l'air est reçue de nouveau dans les plaines éthérées. Si les atomes se détachent sans cesse de la surface des corps, s'ils vous paraissent naître et mourir à chaque instant, ne doutez pas pour cela de leur éternité. La mort, en détruisant les corps, ne touche point aux éléments. Son pouvoir se borne à rom-

IV. — COMMENT SE FORMENT LES CORPS.

terram patriam,	la terre de-la-patrie,
parentque esse	et qu'ils se préparent à être
præsidio decorique	à soutien et à honneur
parentibus.	à *leurs* parents.
Denique	Enfin
omnes sumus oriundi	tous nous sommes nés
semine cœlesti ;	d'un germe céleste ;
ille est pater	celui-ci (le ciel) est le père
idem omnibus,	le même pour tous,
unde quum terra	d'où (duquel) lorsque la terre
mater alma	*notre* mère nourricière
recepit guttas liquentes	a reçu les gouttes liquides
humorum,	des pluies,
fœta parit	fécondée elle enfante
fruges nitidas,	les moissons riantes,
arbustaque læta,	et les arbres productifs,
et genus humanum ;	et le genre humain ;
parit	elle enfante
omnia sæcla ferarum,	toutes les espèces des animaux,
quum præbet pabula	tandis qu'elle fournit (des aliments)
quibus omnes	par lesquels tous
pascunt corpora,	nourrissent *leurs* corps,
et ducunt vitam dulcem,	et mènent la vie *qui est* douce,
propagantque prolem.	et propagent *leur* espèce.
Quapropter	C'est pourquoi
adepta est merito	elle a acquis avec-raison
nomen maternum.	le nom de-mère.
Quod fuit ante	*Ce* qui a existé auparavant,
de terra	*sorti* de la terre
cedit retro item	va en-arrière (retourne) de même
in terras ;	dans les terres (la terre) ;
et templa cœli	et les espaces du ciel
receptant rursum relatum	reçoivent de-nouveau ramené
id quod missum est	ce qui a été envoyé
ex oris ætheris.	des régions de l'éther.
Neve putes corpora prima	Et ne pense pas les éléments premiers
potesse residere minus	pouvoir subsister (être) moins
æterna,	éternels,
quod videmus fluitare	parce que nous *les* voyons flotter
in summis rebus,	à la surface des êtres,
et interdum nasci	et parfois naître
perireque subito ;	et périr subitement ;
nec mors interimit res,	et la mort ne détruit pas les êtres,
sic ut conficiat	de-telle-sorte-qu'elle anéantisse

Inde aliis aliud conjungit, et efficit, omnes
Res ut convertant formas, mutentque colores,
Et capiant sensus, et puncto tempore reddant :
Ut noscas referre, eadem primordia rerum
Cum quibus, et quali positura contineantur,
Et quos inter se dent motus accipiantque.
Namque eadem cœlum, mare, terras, flumina, solem
Significant[1] ; eadem fruges, arbusta, animantes.
Quin etiam refert nostris in versibus ipsis,
Cum quibus, et quali sint ordine quæque locata :
Si non omnia sint, at multo maxima pars est
Consimilis[2] : verum positura discrepitant hæc.
Sic ipsis in rebus item jam materiaï
Intervalla viæ, connexus, pondera, plagæ,
Concursus, motus, ordo, positura, figuræ,
Quum permutantur, mutari res quoque debent.

pre les tissus, à produire de nouveaux assemblages, à changer les formes et les couleurs, à donner ou à reprendre le sentiment au moment fixé par la Nature. De là vous devez concevoir combien il est essentiel d'avoir égard au mélange, à l'arrangement et aux mouvements réciproques des atomes, puisque les mêmes éléments dont résultent le ciel, la mer, la terre, les fleuves et le soleil, concourent aussi à former les grains, les arbres et les animaux. Ainsi dans nos vers mêmes, l'ordre et la combinaison des lettres sont essentiels, parce que les mots, composés en partie des mêmes éléments, ne diffèrent que par l'arrangement. Il en est de même des corps de la nature : changez les distances, les directions, les liens, les pesanteurs, les chocs, les rencontres, l'ordre, l'arrangement et la figure des atomes, vous aurez des résultats différents.

corpora materiaï;	les éléments de la matière; [ments
sed dissupat ollis	mais elle disperse pour eux (pour ces élé-
cœtum :	leur assemblage :
inde conjungit aliud	puis elle unit un autre *élément*
aliis,	avec d'autres,
et efficit ut omnes res	et fait que tous les êtres
convertant formas,	convertissent *leurs* formes,
mutentque colores,	et changent *leurs* couleurs,
et capiant sensus,	et reçoivent les sens,
et reddant	et *les* rendent (les perdent)
tempore puncto :	au temps marqué :
ut noscas referre	afin que tu connaisses qu'il importe
cum quibus,	avec quels *éléments*,
et quali positura	et dans quelle position
eadem primordia rerum	les mêmes principes des êtres
contineantur,	sont-tenus-ensemble,
et quos motus dent	et quels mouvements ils donnent
accipiantque inter se;	et reçoivent entre eux ; [duisent)
namque eadem significant	car les mêmes *principes* font-voir (pro-
cœlum, mare, terras,	le ciel, la mer, les terres,
flumina, solem;	les fleuves, le soleil ;
eadem fruges,	les mêmes *produisent* les moissons,
arbusta, animantes.	les arbres, les animaux.
Quin etiam refert	Bien plus il importe
in nostris versibus ipsis	dans nos vers eux-mêmes
cum quibus,	avec quelles *lettres*,
et quali ordine	et dans quel ordre
quæque locata sint :	chaque *lettre* a été placée :
si omnia non sint,	si toutes *les lettres* ne sont pas *semblables*,
at pars	du-moins la partie
multo maxima	de beaucoup la plus grande
est consimilis :	est semblable :
verum hæc discrepitant	mais ces *lettres* diffèrent
positura.	par *leur* position.
Sic item jam	Ainsi de même maintenant
in rebus ipsis	dans les êtres eux-mêmes
quum	lorsque
intervalla materiaï,	les intervalles de la matière,
viæ, connexus,	les routes, les enlacements,
pondera, plagæ, concursus,	les poids, les chocs, les rencontres,
motus, ordo, positura,	les mouvements, l'ordre, la position,
figuræ,	les figures,
permutantur,	sont changés,
res quoque debent mutari.	les êtres aussi doivent être changés.

V. — LA VIE EST RÉPANDUE DANS L'UNIVERS ENTIER.

(V. 1022-1052, 1055-1056, 1063-1075.)

Nunc animum nobis adhibe veram ad rationem :
Nam tibi vehementer[1] nova res molitur[2] ad aures
Accidere, et nova se species ostendere rerum.
Sed neque tam facilis res ulla est, quin ea primum
Difficilis magis[3] ad credendum constet : itemque
Nil adeo magnum, nec tam mirabile quidquam
Principio, quod non minuant[3] mirarier omnes
Paulatim, ut cœli clarum purumque colorem,
Quemque in se cohibent palantia sidera passim,
Lunæque et solis præclara luce nitorem;
Omnia quæ si nunc primum mortalibus adsint,
Ex improviso seu sint objecta repente,
Quid magis his rebus poterat mirabile dici,
Aut minus ante[4] quod auderent fore credere gentes?
Nil, ut opinor; ita hæc species miranda fuisset;
Quam tibi[5] jam nemo[6], fessus satiate videndi,
Suspicere in cœli dignatur lucida templa.

V

Maintenant, ô Memmius, prêtez l'oreille à la voix de la philosophie : elle brûle de vous faire entendre des vérités inconnues, et d'exposer à vos yeux un nouvel ordre de choses. Néanmoins, comme il n'y a pas d'opinion si simple qui ne soit difficile à adopter au premier abord, il n'y a pas non plus d'objets si admirables qui ne cessent, avec le temps, de nous surprendre. Si l'azur des cieux et les brillants flambeaux de la nuit, la lune et le disque pompeux du soleil, présentés aux humains pour la première fois, étonnaient leurs regards par une apparition soudaine, que pourrait offrir la Nature de comparable à ce spectacle? Et quel mortel eût osé le croire possible? Aucun, je pense : tant ce spectacle exciterait d'admiration! Cependant ces merveilles, nous en sommes rassasiés ; à peine daignons-nous jeter un coup d'œil sur la voûte brillante des cieux.

V. — LA VIE EST RÉPANDUE DANS L'UNIVERS ENTIER.

Nunc	Maintenant
adhibe nobis animum	applique-nous *ton* esprit (ton attention)
ad veram rationem :	à la véritable doctrine :
nam res nova	car une vérité nouvelle
molitur vehementer	fait-effort vivement
accidere aures tibi,	pour arriver aux oreilles à toi,
et nova species rerum	et un nouvel aspect des choses
se ostendere.	fait-effort pour se montrer *à toi*.
Sed neque ulla res	Mais ni aucune chose
est tam facilis,	n'est si facile,
quin ea constet primum	qu'elle ne soit d'abord
magis difficilis	plus difficile
ad credendum ;	à croire ;
itemque	et de même
nil adeo magnum,	rien n'*est* tellement grand,
nec quidquam	ni quoi-que ce-soit [ment
tam mirabile principio	n'*est* si admirable dans le commence-
quod omnes non minuant	que tous ne discontinuent
paulatim	peu-à-peu
mirarier,	d'admirer ;
ut colorem	comme la couleur
clarum purumque	claire et pure
cœli,	du ciel,
quemque sidera	et *la couleur* que les astres
palantia passim	errants çà-et-là
cohibent in se,	renferment en eux-mêmes,
nitoremque lunæ et solis	et l'éclat du soleil et de la lune
luce præclara ;	*éclat* d'une lumière brillante ;
omnia quæ	toutes choses qui [la-première-fois
si adsint nunc primum	si elles apparaissaient maintenant pour-
mortalibus,	aux mortels,
seu objecta sint repente	ou qu'elles eussent été offertes soudain
ex improviso,	à l'improviste,
quid poterat dici	quelle chose pouvait être dite
magis mirabile his rebus,	plus admirable que ces choses-là,
aut quod gentes	ou que les nations
auderent minus credere ante	osassent moins croire auparavant
fore ?	devoir se produire ?
Nil, ut opinor ;	Rien, comme je pense ;
ita hæc species	tant ce spectacle
fuisset miranda ;	aurait été admirable ;
quam quisque,	lequel *spectacle* chacun,
fessus satiate videndi,	fatigué de l'ennui de voir, [vois],
non jam dignatur tibi	ne daigne plus pour toi (comme tu le
suspicere	lever-les-yeux
in templa lucida cœli.	vers les espaces lumineux du ciel.

Desine quapropter, novitate exterritus ipsa,
Exspuere ex animo rationem; sed magis acri[1]
Judicio perpende, et, si tibi vera videtur,
Dede manus : aut, si falsa est, accingere contra.
Quærit enim ratione animus, quum summa loci sit
Infinita foris, hæc extra mœnia mundi;
Quid sit ibi porro, quo prospicere usque velit mens,
Atque animi jactus liber quo pervolet ipse.
  Principio, nobis in cunctas undique partes,
Et latere ex utroque, infra superaque, per omne
Nulla est finis, uti docui; res ipsaque per se
Vociferatur, et elucet natura profundi.
Nullo jam pacto verisimile esse putandum est,
Undique quum vorsus spatium vacet infinitum,

. . . .

Hunc unum terrarum orbem cœlumque creatum,
Nil agere illa foris tot corpora materiaï.

. . . .

Quare etiam atque etiam tales fateare necesse est
Esse alios alibi congressus materiaï,

Ainsi, Memmius, la nouveauté des objets que je vous offre, au lieu de vous rebuter, doit réveiller votre attention ; il faut que vous pesiez mes idées, que vous les embrassiez, si elles sont vraies, et que vous vous armiez contre elles, si elles sont fausses. J'examine ce qu'il y a au delà des limites de notre monde, dans ces immenses régions où l'esprit libre d'entraves aime à s'égarer sur les ailes de l'imagination.

  Je l'ai dit déjà; ce grand tout est infini. A droite, à gauche, sur notre tête, sous nos pieds, il n'y a point de limites. Ainsi l'attestent et la voix de l'évidence, et la nature même de l'infini. Est-il probable, quand un espace immense s'étend en tous sens,.... qu'il n'y ait eu que notre globe et notre firmament de créés, et qu'un si grand nombre d'atomes restent oisifs dans les espaces ultérieurs?.... Vous êtes donc forcé de convenir qu'il a dû se former ailleurs d'autres agrégats semblables à celui que l'air embrasse dans son enceinte immense.

Quapropter desine,	C'est pourquoi cesse,
exterritus novitate ipsa,	effrayé par la nouveauté elle-même,
exspuere ex animo	de rejeter de *ton* esprit
rationem;	*cette* doctrine;
sed perpende	mais examine *la*
judicio magis acri,	avec un jugement plus attentif,
et, si videtur tibi vera,	et, si elle paraît à toi vraie,
dede manus :	donne les mains (cède à la vérité) :
aut, si est falsa,	ou, si elle est fausse,
accingere contra.	arme-toi contre *elle*.
Animus quærit enim	*Mon* esprit cherche en effet
ratione,	par la raison,
quum summa loci	puisque la totalité de l'espace
sit infinita foris,	est infinie au-dehors,
extra hæc mœnia mundi,	hors de ces murailles du monde,
quid sit ibi porro,	ce qui est là au-loin,
quo usque mens	jusqu'où l'intelligence
velit prospicere,	voudrait voir,
atque quo	et où
jactus liber animi	l'essor libre de l'esprit
ipse pervolet.	lui-même pénétrerait.
Principio,	D'abord,
nulla finis est	aucune limite n'est
per omne,	dans le *grand* tout,
in cunctas partes undique	en tous sens de-toute-part
nobis,	pour nous,
et ex utroque latere,	et de l'un-et-l'autre côté,
infra, superaque,	au-dessous, et au-dessus,
uti docui;	comme je *l*'ai enseigné ;
resque ipsa vociferatur	et la chose elle-même *le* crie,
per se,	par elle-même, [nifeste.
naturaque profundi elucet.	et la nature de *l'espace* profond est-ma-
Jam putandum est	Alors il faut penser
esse verisimile nullo pacto,	n'être vraisemblable en aucune façon,
quum spatium infinitum	puisqu'un espace infini
vacet undique vorsus,	est-vide dans toutes-les-directions,
. . . .	. . . .
. . . .	. . . .
hunc unum orbem terrarum	ce seul globe des terres
cœlumque creatum,	et *ce seul* ciel avoir été créé,
corpora tot illa materiaï	*et* tant de ces éléments de matière
nil agere foris.	ne rien faire (être oisifs) au-dehors.
. . . .	. . . .
. . . .	. . . .
Quare etiam atque etiam	C'est pourquoi *je te dis* encore et encore
necesse est fateare	il est nécessaire que tu avoues
alios congressus materiaï	d'autres assemblages de la matière

Qualis hic est, avido[1] complexu quem tenet æther.
　Præterea, quum materies est multa parata,
Quum locus est præsto, nec res, nec causa moratur
Ulla, geni[2] debent nimirum et confieri res.
Nunc et seminibus si tanta est copia, quantam
Enumerare ætas animantum non queat omnis;
Visque eadem et natura[3] manet, quæ semina rerum
Conjicere in loca quæque queat, simili ratione,
Atque huc sunt conjecta; necesse est confiteare
Esse alios aliis terrarum in partibus orbes,
Et varias hominum gentes et sæcla ferarum.

VI. — LA TERRE VIEILLIT, ET ELLE DOIT PÉRIR.
(1120-1157.)

　Sic igitur magni quoque circum mœnia mundi
Expugnata, dabunt labem, putresque ruinas.
Omnia debet enim cibus integrare novando,
Et fulcire cibis ac omnia sustentare.
Nequidquam[1], quoniam nec venæ[2] perpetiuntur[3]
Quod satis est, neque quantum opus est Natura ministrat.

　Au reste, toutes les fois qu'il y a de la matière en abondance, qu'il y a un espace pour la recevoir, et que nul obstacle ne vient arrêter son mouvement, il doit nécessairement se former des êtres. Et si avec cela le nombre des éléments est tel que tous les hommes réunis ne pourraient dans la durée entière de leur vie parvenir à les compter, s'ils ont pour se réunir ailleurs les mêmes facultés et la même nature que les atomes de notre monde, vous êtes obligé d'avouer que les autres régions de l'espace ont aussi leurs mondes, leurs hommes et leurs animaux divers.

VI

　Ainsi les voûtes de notre monde, assaillies de tous côtés, tomberont aussi en ruines, et deviendront la proie de la corruption. En effet tous les corps ont besoin d'être réparés et renouvelés par des aliments, par des sucs nourriciers qui soutiennent l'édifice entier de la machine. Mais ce mécanisme ne peut durer éternellement : d'un côté, les canaux par où se distribue la sève nourricière, ne sont pas toujours en état d'en recevoir autant qu'il en faudrait; de l'autre, la Nature se lasse de fournir sans cesse aux réparations.

esse alibi,	être ailleurs,
qualis est hic,	*tel* qu'est celui-ci,
quem æther tenet	que l'éther enferme
amplexu avido.	dans un embrassement avide.
Præterea,	En outre,
quum materies multa	lorsqu'une matière abondante
est parata,	est préparée,
quum locus est præsto,	lorsque la place est auprès,
nec ulla res,	et qu'aucune chose,
nec causa moratur,	ni *aucune* cause ne fait-obstacle,
res debent nimirum	des êtres doivent inévitablement
geni et confieri.	être produits et formés.
Nunc si copia	Maintenant si une quantité
est et seminibus	est aussi aux éléments
tanta quantam	tellement-grande que
omnis ætas animantum	toute une génération d'êtres-animés
non queat enumerare;	ne pourrait *la* supputer;
eademque vis	et *si* la même force
naturaque manet,	et *si la même* nature subsiste,
quæ queat conficere	qui puisse jeter-ensemble (réunir)
in loca quæque	dans des lieux quels-qu'*ils soient*
semina rerum,	les éléments des êtres,
ratione simili	d'une manière semblable,
atque conjecta sunt huc;	et (de même qu') ils ont été réunis *ici*;
necesse est confiteare	il est nécessaire que tu avoues
alios orbes terrarum	d'autres globes de terres
esse in aliis partibus;	être dans d'autres parties *du monde*,
et gentes varias hominum	et des races diverses d'hommes
et sæcla ferarum.	et *d'autres* espèces d'animaux.

VI. — LA TERRE VIEILLIT, ET ELLE DOIT PÉRIR.

Sic igitur	De même donc
mœnia magni mundi quoque circum	les murailles du vaste monde aussi autour (qui l'entourent) [leront),
expugnata dabunt labem,	attaqués produiront une chute (s'écrou-
ruinasque putres.	et des ruines pourries.
Cibus debet enim	La nourriture doit en effet
integrare omnia	restaurer toutes les choses
novando,	en *les* renouvelant,
ac fulcire	et étayer (fortifier)
ac sustentare omnia	et soutenir toutes les choses
cibis.	par des éléments-nutritifs.
Nequidquam,	Vainement,
quoniam nec venæ	parce que ni les veines [assez,
perpetiuntur quod satis est,	ne souffrent-jusqu'-au-bout *ce* qui est
neque Natura ministrat	ni la Nature ne fournit

Jamque adeo affecta est ætas, effœtaque tellus
Vix animalia parva creat¹, quæ cuncta creavit
Sæcla, deditque ferarum ingentia corpora partu.
Haud, ut opinor, enim mortalia sæcla superne
Aurea de cœlo demisit funis² in arva;
Nec mare, nec fluctus plangentes saxa crearunt³,
Sed genuit tellus eadem, quæ nunc alit ex se.
Præterea nitidas fruges vinetaque læta
Sponte sua primum mortalibus ipsa creavit :
Ipsa dedit dulces fœtus et pabula læta,
Quæ nunc vix nostro grandescunt aucta labore;
Conterimusque boves, et vires agricolarum
Conficimus, seris vix agris suppeditati⁴ :
Usque adeo pereunt fœtus augentque⁵ labores!
    Jamque caput quassans grandis suspirat arator
Crebrius incassum magnum cecidisse laborem ;
Et, quum tempora temporibus præsentia confert

Et même dès à présent le monde est sur son déclin. La terre épuisée n'enfante plus qu'avec peine de chétifs animaux, elle dont le sein fécond créa jadis toutes les espèces vivantes, et construisit les flancs robustes des bêtes féroces. Car je ne croirai pas qu'une chaîne d'or ait fait descendre les animaux du haut du ciel dans nos plaines, ni qu'ils aient été produits par les flots qui se brisent contre les rochers. La même terre qui les nourrit aujourd'hui, leur donna naissance autrefois. C'est elle qui créa pour les mortels, et qui leur offrit d'elle-même les moissons jaunissantes, les riants vignobles et les gras pâturages. A peine accorde-t-elle aujourd'hui ces mêmes productions aux efforts de nos bras. Le taureau maigrit sous le joug ; le cultivateur s'épuise à la charrue ; c'est à peine si les champs paresseux fournissent à ses besoins : la récolte va toujours en diminuant, comme la fatigue en augmentant.

Déjà le vieux laboureur, secouant la tête, raconte en soupirant combien de fois il a été frustré du fruit de ses pénibles travaux. Il

quantum est opus.	autant-qu'il est besoin.
Jamque adeo	Et déjà précisément (même)
ætas affecta est,	l'âge *du monde* est affaibli,
tellusque effœta	et la terre épuisée
creat vix parva animalia,	crée à-peine de petits animaux,
quæ creavit cuncta sæcla,	*elle* qui créa toutes les espèces,
deditque partu	et donna par un enfantement (enfanta)
corpora ingentia ferarum.	les corps énormes des bêtes-sauvages.
Funis aurea enim	Une corde d'-or en effet
non demisit, ut opinor,	n'a pas laissé-tomber, à-ce-que je pense,
superne	d'en-haut
de cœlo in arva	du ciel dans les champs
sæcla mortalia,	les espèces mortelles,
nec mare,	ni la mer,
nec fluctus plangentes saxa	ni les flots battant les rochers
crearunt,	n'ont créé *ces espèces*,
sed eadem tellus,	mais la même terre,
quæ nunc alit ex se,	qui maintenant *les* nourrit d'elle-même,
genuit.	*les* a enfantées.
Præterea	En outre
ipsa creavit primum	elle-même a créé d'abord
sua sponte	par sa propre-force
mortalibus	pour les mortels
fruges nitidas	les moissons riantes
vinetaque læta :	et les vignobles productifs :
ipsa dedit	elle-même a donné
fœtus dulces	les productions agréables
et pabula læta,	et les pâturages fertiles,
quæ nunc grandescunt vix	qui maintenant croissent à-peine
aucta nostro labore ;	augmentés par notre travail ;
conterimusque boves	et nous usons *nos* bœufs
conficimusque	et nous achevons (nous ruinons)
vires agricolarum,	les forces des laboureurs,
vix suppeditati	à peine fournis-du-nécessaire
agris tardis :	par les champs tardifs :
usque adeo	jusqu'à-ce-point (tant)
fœtus pereunt,	les productions dépérissent,
laboresque augent !	et les travaux augmentent !
Jamque grandis arator	Et déjà le vieux laboureur
quassans caput	secouant la tête
suspirat	se-plaint-en-soupirant
magnum laborem	*son* grand travail
cecidisse incassum	être tombé inutilement
crebrius ;	plus fréquemment ;
et quum confert	et lorsqu'il compare
tempora præsentia	les temps présents
temporibus præteritis,	aux temps passés,

Præteritis, laudat fortunas sæpe parentis;
Et crepat, antiquum genus ut pietate repletum[1]
Perfacile angustis tolerarit finibus ævum,
Quum minor esset agri multo modus ante viritim;
Nec tenet omnia paulatim tabescere, et ire
Ad scopulum[2], spatio ætatis defessa vetusto.

compare le temps passé avec le présent, il envie le sort de ses pères, et parle sans cesse de ces siècles fortunés, où l'homme plein de respect pour les dieux, vivait plus heureux avec moins de terres, et récoltait d'abondantes moissons sur un modique héritage. Il ne sait pas que tous les corps vont en dépérissant, et que le temps est l'écueil fatal où tous les êtres viennent faire naufrage.

laudat sæpe	il loue souvent
fortunas parentis,	le sort de *son* père,
et crepat,	et il a-sans-cesse-à-la-bouche,
ut genus antiquum	comment la race antique
repletum pietate	remplie de piété
tolerarit ævum perfacile	a soutenu *sa* vie très-facilement
finibus angustis,	dans des limites étroites,
quum ante modus agri	bien-qu'auparavant la mesure de champ
esset multo minor viritim ;	fût beaucoup moindre par-homme ;
nec tenet	et il ne sait pas
omnia tabescere paulatim	toutes les choses dépérir peu-à-peu
et ire ad scopulum,	et aller vers l'écueil,
defessa	fatiguées [lesse).
spatio vetusto ætatis.	par l'espace ancien de l'âge (par la vieil-

NOTES

DU DEUXIÈME LIVRE DES MORCEAUX CHOISIS DE LUCRÈCE.

I.

Page 48 : 1. *Certamina.... instructa*, équivaut à *certamina exercituum instructorum*.

— 2. *Bene munita*, fortifiés contre l'ignorance et la superstition.

— 3. *Templa*. C'est le temple intellectuel élevé par la raison, et où l'homme adore la vérité.

Page 50 : 1. *Delicias... possint*. L'homme n'a besoin que de peu de choses pour se préserver de la douleur physique, et aussi pour avoir la force de fouler aux pieds toutes les délices, heureux qu'il est d'une médiocrité calme et exempte de souffrances.

— 2. *Aurea juvenum simulacra*, statues d'or représentant des jeunes gens qui portaient des candélabres.

— 3. *Templa*, appartements élevés, magnifiques. *Templum* signifie au propre tout vaste espace.

Page 52 : 1. *Tuas legiones*. Lucrèce cite le général d'armée, comme exemple du pouvoir absolu.

— 2. *Nec metuunt*. La terreur et les soucis ne craignent pas les gardes des rois; c'est-à-dire, que la puissance royale ne peut nous en exempter.

Page 54 : 1. *Quin omne.... egestas*. Les souffrances de l'homme sont le fait de l'ignorance, sans que la richesse et la puissance puissent rien contre elles.

Voyez encore les passages suivants : sur le mouvement des atomes (61-78); sur l'extrême mobilité des atomes (141-153); sur les tendances naturelles des corps (184-215); sur l'immobilité apparente de l'univers (308-332).

II.

Page 54 : 1. *Genus humanum.... percolitantes*. Tous les nominatifs de cette énumération ne sont accompagnés d'aucun verbe; après *percolitantes*, il y a anacoluthe dans la phrase.

Page 56 : 1. *Tamen*. Quoique ces animaux appartiennent à la même famille.

— 2. *Cluere*, infinitif du verbe archaïque *clueo*, mis pour *esse*.

— 3. *Nam...* Lucrèce donne comme preuve de la dissemblance de tous les êtres, la facilité avec laquelle ils se reconnaissent entre eux.

— 4. *Subitam*. Ce mot prête à deux interprétations également plausibles : 1° *curam qua subito confecta est*, son bonheur lui a été soudain ravi ; 2° *curam quæ subito rediit*, ce souci vient tout à coup l'assaillir, quand elle pourrait en être distraite.

Page 58 : 1. *Fere*, en général ; il peut y avoir quelques exceptions à cette loi de l'instinct.

— 2. *Quodris frumentum*. La phrase est encore suspendue, comme nous l'avons déjà remarqué au début de ce morceau.

— 3. *Omne*. Il est impossible, même dans le mot à mot, de conserver en français ce singulier à cause de *inter se*.

— 4. *Primordia rerum*. Les atomes étant nés d'eux-mêmes ne peuvent être assujettis à un type unique. C'est une attaque indirecte à la doctrine platonicienne, doctrine qui donne pour modèles aux choses des idées incréées.

— 5. *Volitare*. Les Épicuriens supposaient que les atomes flottent au hasard dans le vide.

— 6. *Ignis*. Lucrèce constate que les différences qu'il a notées dans toutes les espèces d'êtres organisés se retrouvent aussi dans les phénomènes physiques ; par exemple, l'action du feu est plus ou moins pénétrante, selon le degré de subtilité des éléments qui le composent.

— 7. *Figuris*, les formes de ces corps élémentaires.

Voyez encore le passage sur la formation des corps qui flattent ou blessent nos organes (409-425).

III.

Page 60 : 1. *Eximiis*. Dans l'antiquité, où l'on ne connaissait guère que le bassin de la Méditerranée, l'Etna était regardé comme le plus violent des volcans.

— 2. *Docentes*, enseignant par là. Le char de Cybèle est l'emblème du mouvement terrestre à travers le vide.

— 3. *In terra.... terram*. Il n'est pas de terre, c'est-à-dire, de point d'appui dans l'espace, sur lequel la terre puisse se poser.

Page 62 : 1. *Munita*, parce qu'elle porte les villes fortifiées et qu'elle a créé leurs défenses naturelles.

— 2. *Horrifice*. Le culte de Cybèle était accompagné de cérémonies mystérieuses et bizarres.

— 3. *Antiquo more sacrorum*, d'après les rites antiques de ce culte qui se célébrait en Phrygie.

— 4. *Gallos*. Les prêtres de Cybèle s'appelaient *Galli*, Galles, du nom d'un fleuve de Phrygie, parce que, suivant une légende, après avoir bu de l'eau de ce fleuve, ils furent frappés d'une telle démence qu'ils se mutilèrent eux-mêmes. Il est probable que ces Galles avaient été primitivement des blasphémateurs que la déesse avait punis de leurs insultes en les frappant d'une folie furieuse. Elle les traînait derrière son char pour étaler aux yeux des peuples le témoignage de sa redoutable puissance.

— 5. *Phrygio numero*. Le mode phrygien était propre, disait-on, à jeter les âmes dans un transport furieux.

Page 64 : 1. *Munificat.... salute*. La déesse, sous la forme d'une pierre grossière, muette par conséquent (*muta*), apportait joie e prospérité (*salute*) partout où elle passait.

— 2. *Stipe*. Les citoyens, même les plus pauvres, gratifiaient de quelque monnaie les prêtres de la déesse, là où passait son cortége.

— 3. *Umbrantes*. Ils ombrageaient en quelque sorte tout le cortége sous une pluie de roses.

— 4. *Curetas*. Il y avait deux sortes de Curètes : les Curètes crétois ou Corybantes, prêtres de Jupiter, et qui l'avaient, dit-on, nourri dans son enfance, et les Curètes phrygiens, prêtres de Cybèle. Ces deux colléges religieux se rattachaient l'un à l'autre.

— 5. *Pueri*. Les Corybantes, à cette époque, étaient enfants eux-mêmes.

— 6. *Propterea*, pour ce motif, c'est-à-dire, pour rappeler leur affiliation aux Curètes crétois.

— 7. *Aut*. Seconde explication proposée par le poëte.

Voyez encore les passages suivants : sur la nature des dieux (614-659) ; sur les combinaisons possibles des atomes (687-709); les atomes ne sont pas colorés (794-809) ; les corps doués de sentiment sont formés d'atomes insensibles (864-881); la mort et la douleur n'est qu'un déplacement d'atomes; or les atomes par eux-mêmes sont insensibles (943-971).

IV.

Page 66 : 1. *Oriundi.* Scandez ŏrĭūndī. La voyelle *i* forme une diphthongue avec la syllabe *un* qui suit.

— 2. *Ille*, le ciel dont l'idée est comprise dans *cœlesti*. Par un idiotisme fréquent, *ille* se rapporte à l'attribut *pater*.

— 3. *Pabula quum præbet.* La terre peut être regardée comme la mère des animaux, non parce qu'elle les enfante de son sein, mais parce qu'elle les nourrit.

— 4. *Cœli.... receptont.* Il s'opère une décomposition qui rend à la terre les principes solides, et au ciel les principes humides et subtiles.

— 5. *Potesse*, infinitif archaïque pour *posse*.

Page 68 : 1. *Significant.* Ce sont les mêmes éléments qui, diversement combinés, engendrent tout le corps de l'univers.

— 2. *Si non.... consimilis.* Ce sont presque toujours les mêmes signes qui composent les mots les plus différents.

V.

Page 70 : 1. *Vehementer.* Les deux premières syllabes de ce mot forment une seule syllabe qui est longue.

— 2. *Molitur.* Lucrèce ne se dissimule pas qu'il aura quelque peine à faire accepter cette doctrine de la pluralité des mondes.

— 3. *Magis*, plus difficile d'abord qu'elle ne le devient ensuite.

— 4. *Ante*, avant que ce spectacle frappât leurs regards.

— 5. *Tibi*, explétif. Le sens est : tu peux voir que.

— 6. *Nemo.* Il est indispensable, pour faire le mot à mot de cette phrase de résoudre *nemo* en *non quisque*.

Page 72. *Magis acri.* L'attention doit être d'autant plus vive que la doctrine est plus nouvelle.

Page 74 : 1. *Avido.* L'éther embrasse la terre avec une sorte d'avidité comme s'il craignait qu'aucune parcelle ne s'en échappât dans l'espace infini.

— 2. *Geni*, infinitif archaïque pour *gigni*.

— 3. *Vis.... et natura*, hendiadyin poétique pour *vis naturæ*.

Voyez encore le passage sur l'accroissement et le dépérissement successif des êtres (1106-1128).

VI.

Page 74 : 1. *Necquicquam*. Un temps viendra où les corps ne pourront plus renouveler leurs principes en s'alimentant aux sources de la nature.

— 2. *Venæ*, les canaux par lesquels la séve nourricière se distribue.

— 3. *Perpetiuntur*. Ces veines sont obstruées par l'effet de la vieillesse et ne peuvent plus recevoir une quantité suffisante de sucs nourriciers.

Page 76 : 1. *Animalia... creat*. Épicure croyait à une création permanente, mais, selon Lucrèce, la nature ne produisait plus que des êtres moins grands, ce qui indiquerait qu'elle dégénère.

— 2. *Funis* est employé ici au féminin (exemple peut-être unique), à moins qu'on ne suppose qu'*aurea* se rapporte à *sæcla*, au temps de l'âge d'or, ce qui est peu vraisemblable. Lucrèce fait sans doute ici allusion à cette chaîne d'or dont parle Homère au huitième livre de l'Iliade, et le long de laquelle Jupiter aurait laissé tomber du ciel tous les êtres qui devaient peupler la terre.

— 3. *Nec.... crearunt*. Allusion au système de Thalès qui enseignait que l'eau est le principe universel.

— 4. *Suppeditati*. Le passif de *suppeditare* ne s'emploie d'ordinaire qu'avec un nom de chose pour sujet. Il est ici dans le sens de *rebus suppeditatis*. — *Seris*, les champs qui ne produisent que tardivement, après de longs efforts.

— 5. *Augent*, est pris dans le sens neutre pour *augentur*.

Page 78 : 1. *Pietate repletum*. Le laboureur attribue à la piété de ses ancêtres la prospérité dont ils jouissaient.

— 2. *Ad scopulum*. C'est l'écueil où doit se briser le monde que le poëte compare ici à un navire en détresse. Toutefois beaucoup de commentateurs lisent *ire ad capulum*, aller au tombeau. *Capulus* signifie cercueil.

ARGUMENT ANALYTIQUE

DES MORCEAUX EXTRAITS DU LIVRE TROISIÈME.

I. Le poëte s'élance, à la suite d'Épicure, au sein des vérités éternelles. Il voit les dieux dans leur immuable sérénité, et les révolutions célestes qui s'accomplissent à travers l'espace infini.

II. La crainte de la mort préoccupe tous les esprits; elle est la source réelle de la plupart des passions coupables qui nous assiégent. Le seul moyen de s'affranchir de cette terreur, c'est d'étudier la Nature.

III. Le poëte étudie les relations de l'âme et du corps. L'intelligence de l'homme croît et décroît avec ses forces physiques.

IV. La Nature répond aux plaintes de ceux qui regrettent la brièveté de la vie; et le poëte nous montre que les prétendus supplices du Tartare ne sont qu'une allégorie, et n'existent réellement que dans notre vie morale. Enfin il nous exhorte de nouveau à nous adonner à l'étude de la Nature, pour bannir cette vaine terreur de la mort.

LIVRE TROISIÈME.

I. — BIENFAITS DE LA PHILOSOPHIE D'ÉPICURE.

(V. 1-30.)

E tenebris tantis[1] tam clarum extollere lumen
Qui primus[2] potuisti, illustrans commoda vitæ,
Te sequor, o Graiæ gentis decus, inque tuis nunc
Fixa pedum pono pressis vestigia signis,
Non ita certandi cupidus, quam propter amorem,
Quod te imitari aveo. Quid enim contendat hirundo
Cycnis[3]? Aut quidnam tremulis facere artubus hædi
Consimile in cursu possint, ac fortis equi vis?
Tu, pater, es rerum inventor; tu patria[4] nobis
Suppeditas præcepta, tuisque ex, inclute, chartis,
Floriferis ut apes in saltibus omnia libant,
Omnia nos itidem depascimur aurea[5] dicta,
Aurea, perpetua semper dignissima vita.

I

O toi, l'ornement de la Grèce, toi qui le premier portas la lumière au milieu des ténèbres pour éclairer l'homme sur ses vrais intérêts, je suis tes pas, j'ose marcher sur tes traces; mais comme ton disciple, et non pas comme ton rival. Vit-on jamais l'hirondelle défier le cygne, et le chevreau tremblant s'élancer dans la carrière comme le coursier vigoureux? O mon père! ô génie créateur! quelles sages leçons tu donnes à tes enfants! L'abeille ne cueille pas plus de miel dans les bois fleuris que nous ne puisons de vérités précieuses dans tes écrits divins, dignes d'être médités à jamais.

LIVRE TROISIÈME.

I. — BIENFAITS DE LA PHILOSOPHIE D'ÉPICURE.

O decus gentis Graiæ, | O gloire de la nation grecque,
qui primus potuisti | toi qui le premier as pu
extollere | faire-sortir
e tenebris tantis | de ténèbres si-grandes
lumen tam clarum, | une lumière si éclatante,
illustrans | mettant-au-grand-jour [vie heureuse),
commoda vitæ, | les avantages de la vie (ce qui fait la
sequor te, | je te suis,
ponoque nunc | et je pose maintenent
in tuis signis pressis | sur tes traces foulées *par moi*
vestigia pedum fixa, | les plantes de *mes* pieds que j'enfonce,
non ita cupidus certandi, | non tellement désireux de rivaliser,
quam propter amorem, | qu'à cause de *mon* désir,
quod aveo imitari te. | parce que je suis-avide de t'imiter.
Quid enim hirundo | En quoi (comment) en effet l'hirondelle
contendat cycnis ? | lutterait-elle avec les cygnes ?
Aut quidnam hædi | Ou quelle chose les chevreaux
possint facere in cursu | pourraient-ils faire dans la course
artubus tremulis | avec *leurs* membres tremblants
consimile | de semblable   [sier fougueux?
ac vis equi fortis ? | et (à ce que fait) la force d'un cour-
Tu, pater, | Toi, ô père,   [tème) ;
es inventor rerum ; | *tu* es l'inventeur de *ces* choses (de ce sys-
tu suppeditas nobis | toi tu donnes à nous
præcepta patria ; | des préceptes paternels ;
utque apes libant omnia | et comme les abeilles goûtent à tout
in saltibus floriferis, | dans les pâturages-boisés fleuris,
itidem nos, inclute, | du même nous, illustre *mortel*,
depascimur dicta aurea | nous nous repaissons des paroles d'-or
ex tuis chartis, | *tirées* de tes écrits,
aurea dignissima semper | *paroles* d'-or, très-dignes à-tout-jamais
vita perpetua. | d'une existence éternelle.

Nam, simul ac ratio tua cœpit vociferari,
Naturam rerum divina mente coortam [1],
Diffugiunt animi terrores; mœnia mundi
Discedunt [2]; totum video per inane geri res;
Apparet Divum numen [3], sedesque quietæ,
Quas neque concutiunt venti, neque nubila nimbis
Adspergunt, neque nix, acri concreta pruina,
Cana cadens violat : semperque innubilus æther
Integit, et large diffuso lumine ridet.
Omnia suppeditat porro Natura, neque ulla
Res animi pacem delibat tempore in ullo.
At contra nusquam apparent Acherusia templa;
Nec tellus obstat [4], quin omnia dispiciantur,
Sub pedibus quæcunque infra per inane geruntur.
His tibi me rebus [5] quædam divina voluptas
Percipit atque horror [6], quod sic Natura tua vi
Tam manifesta patet ex omni parte retecta.

Ta sagesse proclame les lois de la Nature, telles que les a conçues ton génie divin; et déjà les terreurs de la Superstition s'évanouissent; les limites du monde disparaissent; je vois l'univers se former au milieu du vide; je vois la cour des dieux, dans ces tranquilles demeures qui ne sont jamais ébranlées par les vents, ni troublées par les orages, que respectent les flocons de la neige condensés par le froid piquant, qu'enveloppe sans cesse un air pur, et où brille une lumière qui se répand au loin. C'est à ces intelligences célestes que la Nature prodigue tous ses biens. Rien ne peut en aucun temps altérer la paix de leurs âmes. D'un autre côté, les espaces de l'Achéron s'évanouissent; la terre n'est plus un obstacle qui nous empêche de voir ce qui se passe sous nos pieds dans le vide. Ces grands objets m'inspirent une volupté divine, et j'éprouve un saint frémissement en considérant par quels heureux efforts tu as su déchirer le voile dont se couvrait la Nature.

Nam, simul ac	Car, dès que
tua ratio cœpit	ta raison a commencé
vociferari naturam rerum	à proclamer la nature des choses
coortam mente divina,	*telle qu'elle est* sortie de *ton* esprit divin,
terrores animi diffugiunt;	les terreurs de l'âme fuient-çà-et-là,
mœnia mundi discedunt;	les murailles du monde se retirent;
video res geri	je vois les choses se passer
per inane totum;	à travers le vide entier;
numen Divum apparet,	la puissance des dieux apparaît,
sedesque quietæ,	et *leurs* demeures paisibles,
quas neque venti	que ni les vents
concutiunt,	n'ébranlent,
neque nubila	ni les nuages
adspergunt nimbis,	n'arrosent par les pluies,
neque cana nix,	ni la blanche neige,
concreta pruina acri,	condensée par une gelée piquante,
violat cadens;	ne viole en tombant;
ætherque innubilus	et *que* l'éther sans-nuages
integit semper,	couvre toujours,
ridetque	et *cet éther* a-un-aspect-riant [au-loin.
lumine diffuso large.	par la lumière répandue en-tous-sens
Porro Natura	En outre la Nature
suppeditat omnia,	fournit tout *aux dieux*,
neque ulla res	ni aucune chose
delibat in ullo tempore	n'effleure en aucun temps
pacem animi.	la paix de *leur* esprit.
At contra	Mais au contraire
templa Acherusia	les espaces de-l'-Achéron
apparent nusquam;	n'apparaissent nulle-part;
nec tellus obstat,	ni la terre n'empêche
quin omnia	que toutes les choses
quæcunque geruntur	toutes-celles-qui se-font
per inane	à travers le vide
infra sub pedibus,	au-dessous sous *nos* pieds,
dispiciantur.	ne soient-nettement-aperçues.
Quædam voluptas divina	Une certaine volupté divine
atque horror	et le frisson
percipit me tibi	saisit moi pour toi (ces vérités),
his rebus,	par ces choses (quand je me pénètre de
quod natura patet sic	parce que la nature est-ouverte ainsi
tam manifesta,	si manifeste,
retecta ex omni parte	dévoilée de toute part
tua vi.	par ta force (ton génie).

II. — LA CRAINTE DE LA MORT EST LA SOURCE DE TOUS NOS MAUX.

(V. 35-42, 48-93.)

Jam metus ille foras præceps Acheruntis agendus,
Funditus humanam qui vitam turbat ab imo,
Omnia suffundens mortis nigrore, neque ullam
Esse voluptatem liquidam puramque relinquit.
   Nam quod sæpe [1] homines morbos magis esse timendos,
Infamemque ferunt vitam, quam Tartara lethi;
. . . .
Extorres idem patria, longeque fugati
Conspectu ex hominum, fœdati crimine turpi,
Omnibus ærumnis affecti denique, vivunt [2] :
Et, quocunque tamen miseri venere, parentant,
Et nigras mactant pecudes, et Manibu' Divis [3]
Inferias mittunt; multoque in rebus acerbis
Acrius [4] advertunt animos ad relligionem :
Quo magis in dubiis hominem spectare periclis
Convenit, adversisque in rebus noscere qui sit.
Nam veræ voces tum demum pectore ab imo
Ejiciuntur; et eripitur persona, manet res.

II

   Maintenant il faut chasser au loin la crainte de l'Achéron, cette chimère qui empoisonne le bonheur dans sa source, qui répand sur tout la teinte lugubre de la mort, et qui ne nous laisse jouir d'aucune volupté pure et sans mélange.

   Vous trouverez souvent des hommes qui vous diront que la douleur et l'infamie sont plus à craindre que les abîmes de la mort.... Mais considérez ces mêmes hommes bannis de leur patrie, proscrits de la société, flétris par des accusations infamantes, en proie aux peines les plus amères ; ils vivent pourtant ; et en quelque lieu qu'ils traînent leurs malheurs, ils y célèbrent des funérailles, ils égorgent des brebis noires. Ils sacrifient aux dieux mânes ; l'adversité réveille encore plus vivement dans leurs esprits toutes les idées religieuses. Ce sont donc les dangers qui nous apprennent à juger les hommes. C'est alors seulement que la vérité sort du cœur ; le masque tombe, et l'homme se montre à nu.

II. — LA CRAINTE DE LA MORT EST LA SOURCE DE TOUS NOS MAUX.

Jam ille metus Acheruntis	Maintenant cette crainte de l'Achéron
qui turbat funditus ab imo	qui trouble complétement par la base
vitam humanam,	la vie humaine,
suffundens omnia	couvrant toutes les choses
nigrore mortis,	de la couleur-noire de la mort,
neque relinquit	et *qui* ne laisse
ullam voluptatem	aucun plaisir
esse liquidam puramque,	être pur et sans-mélange,
agendus præceps foras.	*est* devant être poussée en-avant au-dehors.
Nam quod homines	Car *quant à ce* que les hommes
ferunt sæpe	proclament souvent
morbos	les maladies
esse magis timendos,	être plus à-craindre,
vitamque infamem	et une vie déshonorée *être plus à craindre*
quam Tartara lethi;	que le Tartare *séjour de la mort*;
. . . .	. . . .
. . . .	. . . .
idem extorres patria,	ces mêmes *hommes* bannis de *leur* patrie,
fugatique longe	et chassés au-loin
ex conspectu hominum,	de la présence des hommes,
fœdati crimine turpi,	souillés par une accusation infamante,
denique affecti	enfin frappés
omnibus ærumnis,	par toutes les peines,
vivunt :	vivent (consentent à vivre) :
et, tamen	et, cependant
quocunque miseri	en-quelque-lieu-que *ces* malheureux
venere,	soient venus,
parentant,	ils font-des-sacrifices-pour-leurs-parents,
et mactant pecudes nigras;	et immolent des brebis noires;
et mittunt inferias	et envoient des offrandes-de-propitiation
Divis Manibus;	aux dieux mânes;
advertuntque animos	et ils tournent *leurs* esprits
multo acrius	bien plus vivement
ad relligionem	vers la religion
in rebus acerbis.	dans les circonstances pénibles.
Quo convenit magis	Par quoi (c'est pourquoi) il convient davantage
spectare hominem	de considérer un homme
in periclis dubiis,	dans les périls d'une-issue-douteuse,
noscereque	et d'apprendre-à-connaître
in rebus adversis	dans les circonstances contraires
qui sit.	quel il est.
Nam tum demum	Car alors seulement
voces veræ	des paroles sincères
ejiciuntur ab imo pectore,	s'échappent du fond du cœur,

Denique¹ avarities et honorum cæca cupido,
Quæ miseros² homines cogunt transcendere fines
Juris, et interdum socios scelerum atque ministros,
Noctes atque dies niti præstante labore
Ad summas emergere opes ; hæc volnera vitæ,
Non minimam partem, mortis formidine aluntur.
Turpis enim fama, et contemptus, et acris egestas,
Semota ab dulci vita stabilique videntur,
Et quasi jam lethi portas cunctarier ante³ :
Unde homines, dum se, falso terrore coacti,
Refugisse volunt, longe longeque recesse⁴,
Sanguine civili rem conflant; divitiasque
Conduplicant avidi, cædem cæde accumulantes;
Crudeles gaudent in tristi funere fratris⁵,
Et consanguineum mensas odere timentque⁶.
Consimili ratione ab eodem sæpe timore⁷
Macerat invidia : ante oculos illum esse potentem,
Illum adspectari, claroque incedere honore,
Ipsi se in tenebris volvi cœnoque queruntur.

Enfin l'avarice et l'aveugle désir des honneurs, ces passions qui tourmentent l'homme et le poussent à franchir les bornes de l'équité, qui lui font entreprendre ou partager des crimes, qui l'assujettissent nuit et jour aux plus durs travaux pour s'élever à la fortune ; ces poisons de la société, c'est en grande partie la crainte de la mort qui les verse dans nos âmes. L'ignominie, le mépris et l'indigence paraissent incompatibles avec une vie douce et tranquille. On les regarde comme le cortége de la mort. C'est pour se dérober à ces lugubres avant-coureurs que l'homme en proie à de fausses alarmes cimente sa fortune du sang de ses concitoyens, accumule des trésors en accumulant des crimes, suit avec joie les funérailles de son frère, et craint de s'asseoir à la table de ses proches.

C'est encore la crainte de la mort qui ronge le cœur de l'envieux. Il se plaint que les distinctions et la puissance soient pour les grands de la terre, et pour lui la fange et l'avilissement ; une partie de ces

et persona eripitur,	et le masque est arraché,
res manet.	la chose (la réalité) reste.
Denique avarities	Enfin la cupidité
et cupido cæca honorum	et la passion aveugle des honneurs
quæ cogunt	qui poussent
homines miseros	les hommes malheureux
transcendere fines juris,	à franchir les limites du droit,
et interdum socios	et parfois complices
atque ministros scelerum	et instruments des crimes
niti noctes atque dies	à s'efforcer les jours et les nuits
labore præstante	par un travail énergique
emergere ad summas opes;	de s'élever aux plus grandes richesses;
hæc volnera vitæ	ces blessures de la vie
aluntur	sont entretenues
non partem minimam	non *pour* une partie très-petite
formidine mortis.	par la crainte de la mort.
Fama enim turpis	En effet une renommée honteuse (flétrie)
et contemptus,	et le mépris,
et acris egestas	et l'âpre indigence
videntur semota	paraissent *être* éloignés
ab vita dulci stabilique,	d'une vie douce et tranquille,
et quasi cunctarier jam	et comme hésiter (attendre) déjà
ante portas lethi :	devant les portes du trépas. :
unde, dum homines,	d'où, tandis que les hommes,
coacti terrore falso,	poussés par une terreur non-fondée,
volunt se refugisse,	veulent eux-mêmes s'être éloignés,
recesse longe longeque,	*et* s'être écartés loin et loin,
conflant rem	ils enflent *leur* fortune
sanguine civili;	par le sang de-leurs-concitoyens;
avidique	et avides
conduplicant divitias;	il doublent *leurs* richesses,
accumulantes cædem cæde;	accumulant meurtre sur meurtre;
crudeles gaudent	cruels ils se réjouissent [frère;
in tristi funere fratris;	à-propos-des tristes funérailles de *leur*
et odere timentque	et ils haïssent et craignent
mensas consanguineum.	les tables de *leurs* proches.
Ratione consimili	D'une manière semblable
invidia macerat sæpe	l'envie *les* mine souvent
ab eodem timore :	par-suite-de la même peur :
queruntur	ils se plaignent
illum esse potentem	celui-là (tel ou tel) être puissant
ante oculos,	devant *leurs* yeux,
illum adspectari,	celui-là (tel ou tel) être regardé,
et incedere honore claro,	et s'avancer avec un honneur brillant,
ipsi se volvi	*et* eux-mêmes *se plaignent* soi être roulés
in tenebris cœnoque.	dans les ténèbres et *dans* la fange.
Intereunt partim	ils périssent en-partie

Intereunt partim statuarum et nominis ergo :
Et sæpe usque adeo, mortis formidine[1], vitæ
Percipit humanos odium lucisque videndæ,
Ut sibi consciscant mœrenti pectore lethum,
Obliti fontem curarum hunc esse timorem[2];
Hunc vexare pudorem, hunc vincula amicitiaï
Rumpere, et in summa pietatem evertere fundo :
Nam jam sæpe homines patriam carosque parentes
Prodiderunt, vitare Acherusia templa petentes.

Nam, veluti[3] pueri trepidant, atque omnia cæcis
In tenebris metuunt, sic nos in luce timemus
Interdum, nihilo quæ sunt metuenda magis, quam
Quæ pueri in tenebris pavitant, finguntque futura.
Hunc igitur terrorem animi tenebrasque necesse est
Non radii solis, neque lucida tela diei
Discutiant, sed Naturæ species, ratioque.

III. — RAPPORTS INTIMES DE L'AME ET DU CORPS.
(V. 418-455, 460-462, 464-470, 475-483, 486-504.)

. . . . . Velut infirmo pueri teneroque vagantur
Corpore, sic animi sequitur[1] sententia tenuis :

malheureux s'immolent au désir d'un vain nom et d'une statue. La crainte de la mort inspire à d'autres un tel dégoût pour la vie, que souvent leur désespoir arme leurs mains contre eux-mêmes. Hélas! ils ignorent que la source de leurs peines est cette crainte même de la mort; que c'est elle qui fait violence à l'honneur, qui brise les liens de l'amitié, et qui foule aux pieds la Nature elle-même. En effet, n'a-t-on pas vu souvent des hommes trahir leur patrie, leurs parents, leurs devoirs les plus saints pour éviter la mort ?

Les enfants s'effrayent de tout pendant la nuit, et nous-mêmes, en plein jour, nous sommes les jouets de terreurs aussi frivoles. Pour bannir ces alarmes, pour dissiper ces ténèbres, il est besoin, non des rayons du soleil, ni de la lumière du jour, mais de l'étude réfléchie de la Nature.

III

Dans l'enfance, une machine frêle et délicate sert de berceau à un esprit aussi faible qu'elle. L'âge, en fortifiant les membres, mûrit

ergo statuarum et nominis,	pour des statues et un nom,
et sæpe odium vitæ	et souvent le dégoût de la vie
videndæque lucis	et de voir la lumière
percipit humanos,	saisit les humains,
formidine mortis,	par la crainte de la du trépas,
usque adeo ut	jusqu'à un-tel-point que
pectore mœrenti	leur cœur étant affligé
consciscant sibi lethum,	ils se donnent la mort,
obliti hunc timorem	ayant oublié cette crainte,
esse fontem curarum,	être la source des soucis,
hunc vexare pudorem,	cette *crainte* violer l'honneur,
hunc rumpere	cette *crainte* briser
vincula amicitiaï,	les liens de l'amitié,
et in summa	et enfin
evertere pietatem fundo :	renverser la piété de sa base :
nam sæpe jam	car souvent déjà
homines petentes vitare	les hommes cherchant à éviter
templa Acherusia,	les espaces de-l'-Achéron,
prodiderunt patriam	ont trahi *leur* patrie [chers.
parentesque caros.	et *leurs* parents *qui devraient leur être*
Nam velut pueri	Car de-même-que les enfants
trepidant,	tremblent,
atque metuunt omnia	et craignent toutes choses
in tenebris cæcis,	dans les ténèbres obscures,
sic nos timemus interdum	ainsi nous nous craignons parfois
in luce	à la lumière (en plein jour)
quæ sunt metuenda	des choses qui ne sont à craindre
nihilo magis,	en rien plus,
quam quæ pueri pavitant	que *celles* dont les enfants s'effrayent
in tenebris,	dans les ténèbres,
finguntque futura.	et qu'ils *se* figurent devoir arriver.
Igitur est necesse	Donc il est nécessaire
non radii solis,	non *que* les rayons du soleil,
neque tela lucida diei,	ni les traits lumineux du jour,
sed species Naturæ	mais *que* le spectacle de la Nature
ratioque	et *que* la réflexion
discutiant	dissipent
hunc terrorem animi	cette terreur de l'esprit
tenebrasque.	et *ces* ténèbres.

III. — RAPPORTS INTIMES DE L'AME ET DU CORPS.

Velut pueri vagantur	De-même-que les enfants errent
corpore infirmo teneroque,	avec un corps faible et délicat,
sic sententia animi	ainsi la pensée de l'esprit (la faculté de
sequitur tenuis.	suit faible. [penser
Inde, ubi ætas adolevit	Puis, quand l'âge s'est accru

Inde, ubi robustis adolevit viribus ætas,
Consilium quoque majus, et auctior est animi vis :
Post, ubi jam validis quassatum est viribus ævi
Corpus, et obtusis ceciderunt viribus artus,
Claudicat ingenium, delirat linguaque mensque :
Omnia deficiunt, atque uno tempore desunt.

. . . .

Huc accedit, uti videamus, corpus ut ipsum
Suscipere immanes morbos durumque dolorem,
Sic animum curas acres, luctumque, metumque[1].

. . . .

Quin etiam[2] morbis in corporis avius errat
Sæpe animus : dementit enim, deliraque fatur;
Interdumque gravi lethargo fertur in altum
Æternumque[3] soporem, oculis nutuque cadenti :
Unde neque exaudit voces, neque noscere vultus
Illorum potis est, ad vitam qui revocantes
Circumstant, lacrymis rorantes ora genasque.

. . . .

Denique cur, hominem quum vini vis penetravit

aussi l'intelligence et augmente la vigueur de l'âme. Ensuite, quand l'effort puissant des années a courbé le corps, émoussé les organes, et épuisé les forces, le jugement chancelle, et l'esprit s'embarrasse comme la langue. Enfin tous les ressorts de la machine manquent à la fois....

Ajoutez que l'esprit est tourmenté par les soucis, la tristesse et l'effroi, comme le corps par la douleur et la maladie. . . . .

Ne voyons-nous pas même souvent dans les maladies du corps, la raison s'égarer, la démence et le délire s'emparer de l'âme ? Quelquefois une violente léthargie la plonge dans un assoupissement profond et sans fin. Les yeux se ferment, la tête n'a plus de soutien. Le malade n'entend point la voix, ne reconnaît point les traits de ses parents en larmes qui entourent son lit et s'efforcent de réveiller en lui le sentiment....

Enfin, lorsque le vin, cette liqueur active, s'est rendu maître de

viribus robustis,	par des forces robustes,
consilium quoque majus,	l'intelligence aussi *est* plus grande,
et vis animi	et la force de l'esprit
est auctior.	est plus développée.
Post, ubi corpus	Puis, quand le corps
jam quassatum est	a déjà été ébranlé
viribus validis ævi,	par les forces puissantes de l'âge,
et artus ceciderunt	et *que* les membres sont tombés (se sont
viribus obtusis,	les forces étant émoussées, [affaissés)
ingenium claudicat,	l'esprit boite (perd sa solidité),
linguaque delirat	et la langue extravague
mensque :	ainsi-que l'intelligence :
omnia deficiunt,	toutes les choses manquent, [temps.
atque desunt uno tempore.	et font-défaut dans un seul *et même*
. . . .	. . . .
Huc accedit uti,	A cela s'ajoute que,
ut videamus corpus ipsum	comme nous voyons le corps lui-même
suscipere morbos immanes	subir des maladies terribles
doloremque durum,	et une souffrance cruelle,
sic animum	ainsi *nous voyons* l'esprit *subir*
curas acres,	des soucis vifs (cuisants),
luctumque metumque.	et la douleur et la crainte.
. . . .	. . . .
. . . .	. . . .
Quin etiam	Bien plus
in morbis corporis	dans les maladies du corps
animus errat sæpe avius :	l'esprit erre souvent égaré :
dementit enim,	il entre-en-démence en effet
faturque delira ;	et dit des choses extravagantes ;
interdumque fertur	et quelquefois il est porté
lethargo gravi	par une léthargie pesante
in soporem altum	dans un sommeil profond
æternumque,	et éternel,
oculis nutuque	les yeux et la tête-qui-chancelle
cadenti :	tombant (s'affaissant) :
unde	d'où (du fond de ce sommeil,
neque exaudit voces,	ni il n'entend les voix,
neque est potis	ni il n'est capable
noscere vultus illorum	de reconnaître les visages de ceux
qui, revocantes ad vitam,	qui, *le* rappelant à la vie,
circumstant,	se-tiennent-autour-de *lui*,
rorantes ora genasque	arrosant *leurs* visages et *leurs* joues
lacrymis.	de larmes.
Denique cur,	Enfin pourquoi,
quum vis acris vini	lorsque la force vive du vin
penetravit hominem,	a pénétré dans l'homme,

Acris, et in venas discessit diditus ardor,
Consequitur gravitas membrorum, præpediuntur
Crura vacillanti, tardescit lingua, madet mens,
Nant oculi, clamor, singultus, jurgia gliscunt,
Et jam cetera de genere hoc quæcunque sequuntur?
Cur ea sunt, nisi quod vehemens violentia vini
Conturbare animam consuevit corpore in ipso?

. . . .

   Quin etiam, subita vi morbi[1] sæpe coactus,
Ante oculos aliquis nostros, ut fulminis ictu
Concidit, et spumas agit, ingemit, et tremit artus ;
Desipit, extentat nervos, torquetur, anhelat
Inconstanter, et in jactando membra fatigat.
Nimirum, quia vis morbi, distracta per artus,
Turbat agens animam, spumans ut in æquore salso
Ventorum validis fervescit viribus unda.
Exprimitur porro gemitus, quia membra dolore
Afficiuntur, et omnino quod semina vocis [2]

l'homme, et a fait couler le feu dans ses veines brûlantes, pourquoi ses membres sont-ils pesants, sa démarche incertaine, ses pas chancelants, sa langue embarrassée, son âme noyée, ses yeux obscurcis? Pourquoi ces clameurs, ces hoquets, ces querelles et ces disputes, enfin tous les désordres que l'ivresse traîne à sa suite? Que signifie tout cela? sinon que la force du vin attaque l'âme elle-même au fond de nos corps?

   Mais voici un autre spectacle : c'est un malheureux attaqué d'un mal subit, qui tombe tout à coup à nos pieds, comme frappé de la foudre. Sa bouche écume, sa poitrine gémit, ses membres palpitent ; hors de lui, il se roidit, se débat ; sa respiration est pénible et irrégulière ; il s'épuise et s'agite en tout sens. C'est que la violence du mal répandu dans les membres pénètre jusqu'à l'âme et la trouble, comme le souffle d'un vent impétueux fait bouillonner les flots écumants de la mer. Un gémissement sort de la poitrine ; c'est la douleur qui l'arrache ; les éléments de la voix, chassés tous ensemble,

ardorque diditus	et que la chaleur distribuée
discessit in venas,	s'est répandue dans les veines,
gravitas membrorum	la pesanteur des membres
consequitur,	suit-elle (en est-elle la conséquence),
crura præpediuntur	pourquoi les jambes sont-elles embar-
vacillanti,	pour l'homme chancelant, [rassées,
lingua tardescit,	pourquoi la langue devient-elle lente,
mens madet,	pourquoi l'esprit est-il noyé,
oculi nant,	pourquoi les yeux nagent-ils,
clamor, singultus, jurgia	pourquoi le cri, les hoquets, les débats
gliscunt,	augmentent-ils, [ce genre
et jam cetera de hoc genere	et en outre toutes-les-autres-choses de
quæcumque sequuntur?	toutes-celles-qui suivent *l'ivresse*?
Cur ea sunt,	Pourquoi ces *désordres* ont-ils-lieu,
nisi quod	si-ce-n'est parce que
violentia vehemens vini	la violence intense du vin
consuevit	a-coutume
conturbare animam	de troubler l'âme
in corpore ipso?	dans le corps même?
Quin etiam,	Bien plus,
sæpe aliquis coactus	souvent quelqu'un contraint
vi subita morbi,	par la violence soudaine d'une maladie,
ut ictu fulminis,	comme par un coup de foudre,
concidit	tombe
ante nostros oculos,	devant nos yeux, [cume),
et agit spumas,	et pousse (rejette) des écumes (de l'é-
ingemit,	gémit,
et tremit artus;	et tremble de *ses* membres;
desipit,	il-a-le-délire,
extentat nervos,	il roidit *les* nerfs,
torquetur,	il se-tord, [irrégulière,
anhelat inconstanter,	il respire-péniblement d'une-manière-
et fatigat membra	et fatigue *ses* membres
in jactando.	en s'agitant (dans des convulsions).
Nimirum,	Rien-d'étonnant,
quia vis morbi	parce que la force de la maladie
distracta per artus	répandue à travers les membres
turbat animam agens,	trouble l'âme en *la* poussant *dehors*,
ut in æquore salso	comme dans la plaine salée
unda spumans fervescit	l'onde écumante bouillonne
viribus validis ventorum.	sous les forces puissantes des vents.
Gemitus porro exprimitur,	Un gémissement alors est arraché,
quia membra	parce que les membres
afficiuntur dolore,	sont frappés par la souffrance,
et quod semina vocis	et parce que les éléments de la voix
eliciuntur omnino,	sont attirés-au-dehors entièrement,
et glomerata	et s'étant accumulés

Eliciuntur, et ore foras glomerata feruntur
Qua quasi consuerunt, et sunt munita viaï[1],
Desipientia fit, quia vis animi atque animaï[2]
Conturbatur, et, ut docui[3], divisa seorsum
Disjectatur, eodem illo distracta veneno[4].
Inde, ubi jam morbi reflexit[5] causa, reditque
In latebras ater corrupti corporis humor[6] ;
Tum quasi talipedans primum consurgit, et omnes
Paulatim redit in sensus, animamque[7] receptat.

IV. — LA MORT EST UN ASILE CONTRE LES AGITATIONS, LES DOULEURS ET LES DÉGOUTS DE LA VIE.

(V. 944-1088.)

. . . . Si vocem rerum Natura repente
Mittat, et hoc aliquoi nostrum[1] sic increpet ipsa :
« Quid tibi tantopere est, mortalis, quod nimis ægris
Luctibus indulges? Quid mortem congemis, ac fles?
Nam si grata fuit tibi vita anteacta priorque,
Et non omnia, pertusum congesta quasi in vas,
Commoda perfluxere, atque ingrata interiere,
Cur non, ut plenus vitæ conviva, recedis,
Æquo animoque capis securam, stulte, quietem?

se précipitent en foule par le canal qu'ils trouvent ouvert, et que l'habitude leur a rendu familier. La démence naît du trouble de l'esprit et de l'âme, qui, séparés par la violence du mal, exercent en désordre leurs facultés. Mais quand les humeurs qui causaient la maladie ont repris un autre cours, quand le noir poison est rentré dans ses réservoirs cachés, le malheureux se relève d'abord en chancelant, et recouvre peu à peu l'usage des sens et de la raison.

IV

Si la Nature élevait tout à coup la voix, et nous faisait entendre ces reproches : « Mortel, pourquoi te désespérer ainsi? Pourquoi
« gémir et pleurer aux approches de la mort? Si tu as passé jus-
« qu'ici des jours agréables, si ton âme n'a pas été un vase sans
« fond où se soient perdus les plaisirs et le bonheur, que ne sors-
« tu de la vie comme un convive rassasié? Insensé! que n'acceptes-

feruntur foras ora	sont portés au-dehors par la bouche
qua quasi consuerunt,	par où ils ont en-quelque-sorte coutume,
et qua sunt munita viaï.	et par où sont les *parties* tracées de la
Desipientia fit,	La déraison a-lieu, [route.
quia vis	parce que la force
animi atque animæ	de l'esprit et de l'âme
conturbatur,	est troublée,
et divisa, ut docui,	et divisée, comme je l'ai enseigné,
disjectatur seorsum,	est-jetée çà-et-là séparément,
distracta	désunie
illo eodem veneno.	par ce même poison.
Inde, ubi jam	Par-suite, dès que déjà
causa morbi reflexit,	la cause de la maladie s'est éloignée,
humorque ater	et que l'humeur noire
corporis corrupti	d'un corps corrompu
redit in latebras,	retourne dans des réservoirs-cachés,
tum consurgit primum	alors il (le malade) se lève d'abord
quasi talipedans,	comme chancelant,
et redit paulatim	et rentre peu-à-peu
in omnes sensus,	dans *l'usage de* tous *ses* sens,
receptatque animam.	et recouvre la vie.

IV. — LA MORT EST UN ASILE CONTRE LES AGITATIONS, LES DOULEURS ET LES DÉGOUTS DE LA VIE.

Si Natura rerum	Si la Nature des choses
mittat repente vocem,	émettait (élevait) soudain la voix,
et ipsa increpet sic hoc	et qu'elle-même fît-entendre ainsi ceci
alicui nostrum :	à quelqu'un de nous :
Quid est tibi tantopere,	Qu'y a t-il pour toi tant,
mortalis,	mortel,
quod indulges luctibus	*pour que* tu t'abandonnes à des plaintes
nimis ægris?	trop chagrines?
Quid congemis mortem,	Pourquoi gémis-tu sur la mort,
ac fles?	et pleures-tu?
Nam si vita	Car si la vie
anteacta priorque	passée-antérieurement et précédente
fuit grata tibi,	a été agréable pour toi,
et omnia commoda	et *si* tous les avantages
non perfluxere,	n'ont pas coulé-à-travers,
quasi congesta,	comme entassés
in vas pertusum,	dans un vase troué,
atque interiere ingrata,	et n'ont *pas* disparu non-agréables,
cur non recedis,	pourquoi ne t'éloignes-tu-pas,
ut conviva plenus vitæ,	comme un convive plein de la vie,
stulteque,	et insensé, [tranquille
capis animo æquo	*pourquoi ne* prends-tu *pas* d'un esprit

Sin ea¹, quæ fructus cunque es, periere profusa,
Vitaque in offensu est; cur amplius addere quæris,
Rursum quod pereat male et ingratum occidat omne?
Nec potius vitæ finem facis atque laboris²?
Nam tibi præterea quod machiner inveniamque,
Quod placeat, nihil est : eadem sunt omnia semper.
Si tibi non annis corpus jam marcet³, et artus
Confecti languent; eadem tamen omnia restant,
Omnia si pergas vivendo vincere sæcla,
Atque etiam potius, si nunquam sis moriturus. »
Quid respondemus, nisi justam intendere litem
Naturam, et veram verbis exponere causam?
At qui obitum lamentetur, miser amplius æquo,
Non merito inclamet magis, et voce increpet acri?
« Aufer abhinc lacrymas, Barathre⁴, et compesce querelas. »
Grandior hic vero si jam seniorque queratur :
« Omnia perfunctus⁵ vitai præmia, marces;
Sed quia semper aves quod abest, præsentia temnis,

« tu tranquillement le calme et le repos? Si, au contraire, tu as
« gaspillé tous les biens qui se sont offerts, si la vie ne t'offre
« plus que des dégoûts, pourquoi voudrais-tu multiplier des jours
« qui doivent s'écouler avec le même désagrément, et s'évanouir à
« jamais sans te procurer aucun plaisir? Que ne cherches-tu dans
« la fin de la vie un terme à tes peines? Car enfin, quelques ef-
« forts que je fasse, je ne peux rien inventer de nouveau qui te
« plaise : je n'ai toujours à t'offrir que les mêmes objets. Ton corps
« n'est pas encore usé par la vieillesse, ni tes membres flétris par
« les ans ; mais attends-toi à voir toujours la même suite d'objets,
« quand ta vie triompherait d'un grand nombre de siècles, et bien
« plus encore, quand elle ne devrait jamais finir. »
Eh bien! qu'aurions-nous à répondre à la Nature, sinon que le
procès qu'elle nous intente est juste et qu'elle ne dit que la vérité?
Mais si c'est un malheureux plongé dans la misère qui se lamente au
bord de la tombe, n'aurait-elle pas encore plus de raison de l'ac-
cabler de reproches, et de lui crier d'une voix sévère : « Misérable!
va pleurer loin d'ici, et ne m'importune plus de tes plaintes? » Et
à ce vieillard accablé d'années qui ose encore murmurer : « Homme
« insatiable! tu t'affaiblis après avoir joui de tous les avantages de

quietem securam?	un repos exempt-de-soucis?
Sin ea,	Si-au-contraire ces *biens*
quæcunque fructus es,	tous-ceux-dont tu as joui,
periere profusa,	ont été perdus dissipés,
vitaque est in offensu,	et *si* la vie est pour *toi* en occasion-de-heurts,
cur quæris addere amplius	pourquoi cherches-tu à ajouter en-plus
quod pereat rursum	quelque chose qui se perde de-nouveau
male,	mal (sans fruit),
et occidat omne ingratum?	et périsse tout-entier non-agréable?
Nec facis potius	Et pourquoi ne fais-tu pas plutôt
finem vitæ atque laboris?	la fin de *ta* vie et de *ta* peine?
Nam nihil est	Car il n'est rien
quod machiner præterea	que je puisse-imaginer encore
inveniamque tibi,	et que je puisse-trouver pour toi,
quod placeat :	qui *te* plaise :
omnia sunt semper eadem.	toutes les choses sont toujours les mêmes.
Si corpus	Si le corps
non marcet jam tibi annis,	n'est pas déjà flétri pour toi par les ans,
et artus languent	et *si les* membres *ne* languissent *pas*
confecti ;	étant accablés ;
tamen omnia restant eadem,	cependant toutes les choses restent les mêmes,
si pergas	*même* si tu continuais
vincere vivendo	de vaincre en vivant
omnia sæcla,	toutes les générations,
atque etiam potius,	et même plutôt
si sis nunquam moriturus.	si tu n'étais jamais destiné-à-mourir.
Quid respondemus	Que répondons-nous
nisi Naturam	sinon la Nature
intendere litem justam,	*nous* intenter un procès juste,
et exponere verbis	et exposer par *ces* paroles
causam veram?	la cause vraie (la cause de la vérité)?
At non inclamet	Mais ne gourmanderait-elle pas
et increpet	et ne réprimanderait-elle *pas*
voce acri	d'une voix sévère
multo magis merito	avec beaucoup plus de raison juste
qui miser amplius æquo	*celui* qui malheureux plus qu'*il n'est*
lamentetur obitum :	se lamenterait sur la mort :
Barathre,	Homme-digne-du-barathrum,
aufer abhinc lacrymas,	emporte loin-d'-ici les larmes,
et compesce querelas.	et réprime *tes* plaintes.
Si vero hic	Mais si celui-ci
jam grandior seniorque	déjà plus avancé *en âge* et plus vieux
queratur :	se plaignait :
Perfunctus	Ayant-joui-jusqu'-au-bout
omnia præmia vitaï	de tous les avantages de la vie,
marces;	tu te flétris;
sed quia aves semper	mais parce que tu désires toujours

Imperfecta tibi elapsa est ingrataque vita,
Et necopinanti mors ad caput adstitit ante
Quam satur ac plenus possis discedere rerum.
Nunc aliena tua tamen ætate omnia mitte,
Æquo animoque, agedum, jam aliis concede : necesse est. »
   Jure, ut opinor, agat, jure increpet inciletque [1].
Cedit enim, rerum novitate extrusa, vetustas
Semper, et ex aliis aliud reparare necesse est;
Nec quidquam in barathrum, nec Tartara decidit atra.
Materies opus est, ut crescant postera sæcla ;
Quæ tamen omnia te, vita perfuncta, sequentur [2].
Nec minus ergo ante hæc, quam nunc, cecidere cadentque.
Sic alid ex alio nunquam desistet oriri ;
Vitaque mancipio nulli datur, omnibus usu.
   Respice item, quam nil ad nos anteacta vetustas
Temporis æterni fuerit, quam nascimur ante.
Hoc igitur speculum nobis Natura futuri
Temporis exponit : post mortem denique nostram,

« la vie ; mais parce que tu convoites toujours ce qui te manque et
« que tu dédaignes ce que tu as, tu as toujours vécu sans plaisir,
« tu n'as vécu qu'à demi, et la mort te surprend avant que ton
« avidité soit assouvie. L'heure est venue : renonce à mes présents,
« ils ne sont plus de ton âge ; laisse jouir les autres, et fais le sacri-
« fice de bon gré, puisqu'il est indispensable. »
   Ces reproches ne sont-ils pas justes ? N'est-ce pas une loi de la
Nature que la vieillesse cède la place au jeune âge, et qu'ainsi les
êtres se perpétuent les uns par les autres ? Rien ne tombe dans l'a-
bîme du Tartare. Il faut que la génération présente serve de se-
mence aux races futures. Celles-ci passeront bientôt elles-mêmes, et
ne tarderont pas à te suivre. Les êtres actuellement existants dispa-
raîtront comme ceux qui les ont précédés. Chacun fournit sa part
aux reproductions de la Nature, et nous n'avons que l'usufruit de
la vie sans en avoir la propriété.
   Quel rapport ont eu avec nous les siècles sans nombre qui ont précédé notre naissance ? C'est un miroir où la Nature nous montre les

quod abest,	ce qui est éloigné,
temnis præsentia,	et que tu méprises les *biens* présents,
vita elapsa est tibi	la vie s'est écoulée pour toi
imperfecta ingrataque,	imparfaite et non-agréable,
et mors adstitit ad caput	et la mort s'est présentée devant *ta* tête
necopinanti,	à *toi* ne-t-y-attendant pas,
ante quam possis	avant que tu puisses
discedere	te retirer
satur ac plenus rerum.	rassassié et plein des choses.
Nunc tamen mitte	Maintenant cependant renvoie
omnia aliena tua ætate,	toutes les choses étrangères à ton âge,
agedumque,	et allons,
jam concede aliis	maintenant fais-place aux autres
animo æquo :	avec un esprit tranquille :
necesse est.	cela est nécessaire. [justice ;
Agat, ut opinor, jure;	Elle agirait, comme je pense, avec
increpet	elle réprimanderait
inciletque jure.	et gourmanderait avec justice.
Vetustas enim,	La vieillesse en effet,
extrusa novitate rerum,	chassée par la nouveauté des êtres,
cedit semper,	se retire toujours,
et necesse est reparare	et il est nécessaire *la Nature* refaire
alid ex aliis ;	un autre *être* avec d'autres *êtres* ;
nec quidquam decidit	ni rien ne tombe
in barathrum,	dans un gouffre,
nec atra Tartara.	ni *dans* le noir Tartare.
Opus est materies,	Il est besoin de matière [sent ;
ut sæcla postera crescant ;	pour que les générations futures crois-
quæ tamen omnia,	lesquelles cependant toutes,
perfuncta vita,	s'étant acquittées de la vie,
sequentur te.	suivront toi :
Et ergo	Et donc *lesgénérations* [ci
non minus cecidere ante hæc	ne sont pas moins tombées avant celles-
quam nunc,	qu'elles ne *tombent* maintenant,
cadentque.	et qu'elles *ne* tomberont *encore*.
Sic nunquam alid	Ainsi jamais un autre *être*
desistet oriri ex alio,	ne cessera de naître d'un autre *être*,
vitaque datur nulli	et la vie n'est donnée à aucun
mancipio,	en-pleine-propriété ;
omnibus usu.	*elle est donnée* à tous en usufruit.
Respice item	Regarde de même
quam vetustas anteacta	combien la longue-durée antérieure
temporis æterni	du temps éternel
fuerit nil ad nos,	n'a été rien par-rapport-à nous,
ante quam nascimur.	avant que nous naissions.
Igitur Natura	Donc la Nature
exponit nobis hoc speculum	expose à nous ce miroir

Num quid ibi horribile apparet? Num triste videtur
Quidquam? Nonne omni somno securius¹ exstat?
    Atque ea² nimirum, quæcunque Acherunte profundo
Prodita sunt esse, in vita sunt omnia nobis.
Nec miser impendens magnum timet aere saxum
Tantalus, ut fama est, cassa³ formidine torpens :
Sed magis in vita Divum metus⁴ urget inanis
Mortales, casumque timent, quemcunque ferat fors.
    Nec Tityum volucres ineunt Acherunte jacentem :
Nec, quod sub magno scrutentur pectore, quidquam
Perpetuam ætatem poterunt reperire profecto,
Quamlibet immani projectu corporis exstet;
Qui non sola novem dispansis jugera membris
Obtineat, sed qui terraï totius orbem,
Non tamen æternum poterit perferre dolorem;
Nec præbere cibum proprio de corpore semper.
Sed Tityus nobis hic est, in amore jacentem
Quem volucres⁵ lacerant, atque exest anxius angor,

temps qui suivront notre mort. Qu'ont-ils donc de si triste et de si effrayant? N'est-ce pas la tranquillité du plus profond sommeil?

Toutes les horreurs qu'on raconte des Enfers, c'est dans la vie que nous les trouvons. Ce malheureux Tantale glacé d'effroi sous l'énorme rocher qui va tomber, c'est l'homme livré à la Superstition, qui redoute le vain courroux des dieux dans tous les événements qu'amène le hasard.

Il n'est pas vrai non plus que Titye, couché sur le bord de l'Achéron, soit dévoré par des vautours. Trouveraient-ils, pendant l'éternité, de quoi fouiller dans sa vaste poitrine, quand même l'énorme étendue de son corps couvrirait la terre entière, au lieu de neuf arpents? Pourrait-il d'ailleurs résister à une douleur éternelle, et fournir d'éternels aliments à la voracité de ses bourreaux? Le vrai Titye est celui que l'amour a terrassé, que rongent les soucis dévorants, et dont le cœur est en proie à tous les tourments des passions.

temporis futuri :	du temps futur :
denique	enfin
post nostram mortem,	après notre mort,
num quid horribile	est-ce-que quelque chose d'horrible
apparet ibi?	apparaît là?
Num quidquam triste	Est ce que rien de triste
videtur?	est vu?
Nonne exstat	N'existe-t-il pas *quelque chose*
securius omni somno?	plus tranquille que tout sommeil?
Atque nimirum ea,	Et assurément ces *supplices*,
quæcunque prodita sunt	tous-ceux-qui ont été rapportés
esse Acherunte profundo,	être dans l'Achéron profond,
sunt omnia nobis	sont tous pour nous
in vita.	dans la vie.
Nec miser Tantalus,	Ni le malheureux Tantale,
torpens formidine cassa,	engourdi par une terreur vaine,
timet, ut fama est,	ne craint, comme le bruit *en est*,
magnum saxum	un grand rocher
impendens aere,	suspendu dans l'air,
sed magis in vita	mais plutôt dans la vie
metus inanis Divum	la crainte vaine des dieux
urget mortales,	presse les mortels,
timentque casum	et ils redoutent l'événement
quemcunque sors ferat.	quel-que-soit-celui-que le sort apporte.
Nec volucres	Ni des oiseaux
ineunt Tityum	ne se-jettent-sur Titye
jacentem Acherunte :	gisant sur (près de) l'Achéron :
nec poterunt profecto	ni ils ne pourront assurément
reperire ætatem perpetuam	trouver pendant une durée éternelle
quidquam quod scrutentur	quelque chose qu'ils fouillent (à fouiller)
sub magno pectore,	sous sa vaste poitrine,
quamlibet immani	par quelqu'immense [terre
projectu corporis	développement de *son* corps *étendu-à-*
exstet ;	qu'il dépasse *la taille ordinaire*;
qui obtineat	lequel occuperait (aurait beau occuper)
membris dispansis	de *ses* membres déployés
non novem jugera sola,	non pas neuf arpents seuls (seulement),
sed qui	mais lequel *aurait beau occuper*
orbem terraï totius,	le globe de la terre tout-entière,
non poterit tamen	il ne pourra pas cependant [éternelle,
perferre dolorem æternum,	supporter-jusqu'-au-bout une douleur
nec præbere semper cibum	ni fournir toujours une nourriture
de proprio corpore.	de son propre corps.
Sed hic est nobis Tityus,	Mais celui-là est pour nous Titye,
quem jacentem in amore,	lequel gisant dans l'amour,
volucres lacerant,	des oiseaux déchirent
atque angor anxius	et *que* l'anxiété qui-tourmente

Aut alia quavis scindunt cuppedine¹ curæ.

Sisyphus in vita quoque nobis ante oculos est,
Qui petere a populo fasces, sævasque secures²
Imbibit, et semper victus tristisque recedit.
Nam petere imperium, quod inane est, nec datur unquam,
Atque in eo semper durum sufferre laborem,
Hoc est adverso nixantem trudere monte
Saxum, quod tamen a summo jam vertice rursum
Volvitur, et plani raptim petit æquora campi.

Deinde animi ingratam³ naturam pascere semper,
Atque explere bonis rebus, satiareque nunquam ;
Quod faciunt nobis annorum tempora⁴, circum
Quum redeunt, fœtusque ferunt, variosque lepores;
Nec tamen explemur vital fructibus unquam :
Hoc, ut opinor, id est, ævo florente puellas,
Quod memorant, laticem pertusum congerere in vas⁵,
Quod tamen expleri nulla ratione potestur⁶.

Cerberus et Furiæ jam vero, et lucis egenus
Tartarus, horriferos eructans faucibus æstus,

Le vrai Sisyphe, nous l'avons aussi sous les yeux dans la vie : c'est celui qui s'obstine à demander au peuple les faisceaux et les haches redoutables, et qui se retire toujours avec des refus, et la tristesse dans le cœur. S'épuiser en travaux continuels pour un honneur qui n'est rien, et qu'on ne peut obtenir, voilà ce que j'appelle pousser avec effort vers la cime d'un mont un énorme rocher qui retombe aussitôt, et roule précipitamment dans la plaine.

Puis repaître à chaque instant la faim de son âme, la combler de biens sans jamais la rassasier, voir le retour des saisons, en cueillir les fruits, s'enivrer de leurs douceurs et n'être pas content de tous ces avantages, n'est-ce pas le supplice de ces jeunes femmes qui versent sans cesse de l'eau dans un vase sans fond, sans pouvoir jamais l'emplir ?

Ce Cerbère, ces Furies, ce Tartare ténébreux dont les bouches vomissent la flamme, sont autant d'objets fabuleux qui n'existent

exest,	rouge,
aut curæ scindunt	ou *que* les soucis mettent-en pièces
quavis alia cuppedine.	par quelqu'autre passion.
Sisyphus est quoque	Sisyphe est aussi
ante oculos nobis	devant les yeux à nous
in vita,	dans la vie,
qui imbibit	*c'est celui* qui s'est mis *dans l'esprit*
petere a populo	de demander au peuple
fasces securesque sævas,	les faisceaux et les haches redoutables,
et recedit semper	et *qui* se retire toujours
victus tristisque.	vaincu et triste.
Nam petere imperium,	Car demander un pouvoir,
quod est inane,	qui est une chose vaine,
nec unquam datur,	et *qui* n'est jamais donné
hoc est trudere saxum	cela est pousser un rocher
nixantem	en-faisant-effort [d'une montagne),
monte adverso,	sur une montagne opposée (sur la pente
quod tamen	lequel *rocher* cependant
volvitur rursum	roule en-arrière [au sommet),
jam a vertice summo,	déjà du sommet le plus élevé (à peine
et petit raptim	et gagne précipitamment
æquora campi plani.	les surfaces de la plaine unie.
Deinde pascere semper	Puis repaître toujours
naturam ingratam animi,	une nature ingrate d'esprit,
atque explere	et *la* remplir
rebus bonis,	de choses bonnes,
nunquamque satiare;	et ne *la* rassasier jamais;
quod tempora anni	ce que les saisons de l'année
faciunt nobis,	font pour nous,
quum redeunt circum,	lorsqu'elles reviennent en-cercle,
feruntque fœtus,	et qu'elles apportent des productions
leporesque varios,	et des agréments variés, [rassasiés
nec tamen explemur unquam	et cependant nous ne sommes jamais
fructibus vitaï,	des avantages de la vie,
hoc est, ut opinor,	cela est, comme je pense,
id quod memorant,	ce que l'on raconte, [sant
puellas ætate florente	*à savoir* des jeunes-filles d'un âge floris-
congerere laticem	verser de l'eau
in vas pertusum;	dans un tonneau percé;
quod tamen	lequel cependant
potestur expleri	ne peut être rempli
nulla ratione.	en aucune façon.
Jam vero	Et en outre
Cerberus et Furiæ,	Cerbère et les Furies,
et Tartarus egenus lucis,	et le Tartare dépourvu de lumière,
eructans faucibus	rejetant de *ses* gorges
æstus horriferos,	des bouillonnements effrayants,

Hæc neque sunt usquam, neque possunt esse profecto.
Sed metus in vita pœnarum pro malefactis
Est insignibus insignis, scelerisque luela,
Carcer, et horribilis de saxo jactu' deorsum[1],
Verbera, carnifices, robur[2], pix, lamina, tædæ.
Quæ tamen etsi absunt, at mens sibi conscia facti[3],
Præmetuens, adhibet stimulos, torretque flagellis :
Nec videt interea, qui terminus esse malorum
Possit, nec quæ sit pœnarum denique finis ;
Atque eadem metuit magis hæc ne in morte gravescant.
Hinc Acherusia fit stultorum denique vita[4].

   Hoc etiam tibi tute interdum dicere possis :
« Lumina sis[5] oculis etiam bonus Ancu'[6] reliquit,
Qui melior multis quam tu fuit, improbe, rebus.
Inde alii multi reges rerumque potentes
Occiderunt, magnis qui gentibus imperitarunt.
Ille quoque[7] ipse, viam qui quondam per mare magnum
Stravit, iterque dedit legionibus ire per altum,

point, et ne peuvent exister. Mais les malfaiteurs sont punis dans cette vie par la crainte de peines proportionnées à leurs crimes. Tels sont les cachots, la chute du haut du Capitole, les faisceaux, les tortures, les poteaux, la poix, les lames, les torches. Et si les bourreaux manquent, la conscience elle-même, tourmentée d'avance par la crainte du châtiment, déchire le cœur de ses fouets, le perce de ses aiguillons. Joignez à cela l'incertitude de l'état futur : on ne sait quel doit être le terme des maux qu'on souffre ; on craint que la mort ne les aggrave encore. Ainsi, la vie présente est l'enfer des insensés.

   Homme injuste, ne devrais-tu pas quelquefois te dire : « Ancus lui-même est mort, ce bon prince, supérieur à moi par ses vertus. Les rois, les grands de la terre, après avoir gouverné le monde, ont tous disparu. Ce monarque de l'Asie, qui s'ouvrit jadis une route à travers le vaste Océan, qui apprit à ses légions à marcher sur l'a-

hæc neque sunt usquam,	ces choses ni ne sont nulle-part,
neque profecto possunt esse.	ni assurément ne peuvent être.
Sed metus insignis	Mais une crainte insigne
pœnarum	des châtiments
pro malefactis insignibus	pour des méfaits insignes
est in vita,	est dans la vie,
carcerque, luela sceleris,	et la prison, expiation du crime,
et jactus horribilis	et le jet horrible
deorsum de saxo,	du-haut-en-bas d'un rocher,
verbera, carnifices,	les fouets, les bourreaux, [ture),
pix, robur,	la poix, le bois (les instruments de tor-
lamina, tædæ.	la lame-de-fer, les torches.
Quæ tamen	Lesquelles choses cependant
etsi absunt,	même-si elles manquent, [soi-même
at mens conscia sibi	du-moins l'esprit ayant-conscience-en
facti,	du fait (de la faute),
præmetuens,	redoutant-d'-avance le *châtiment*
adhibet stimulos,	applique des aiguillons,
torretque flagellis :	et brûle à coups-de-fouet :
nec videt interea,	et il ne voit pas cependant
qui terminus	quel terme
possit esse malorum,	peut être de *ses* maux (à ses maux),
nec quæ sit denique	ni quelle est au-bout-du-compte
finis pœnarum,	la fin de *ses* châtiments,
atque metuit	et il craint
ne hæc eadem	que ces mêmes *tourments*
gravescant magis in morte.	ne s'aggravent davantage dans la mort.
Hinc vita stultorum	Par là la vie des sots
fit denique Acherusia.	devient enfin une *vie* d'enfer.
Possis tute	Tu pourrais toi-même
dicere tibi interdum	te dire parfois
hoc etiam :	ceci aussi :
Bonus Ancus etiam	Le bon Ancus même
reliquit sis oculis	a quitté de ses yeux
lumina :	les lumières (la lumière) :
qui fuit, improbe,	lequel fut, méchant,
melior quam tu	meilleur que toi
multis rebus.	en beaucoup de choses.
Inde multi alii reges	Puis beaucoup d'autres rois
potentesque rerum	et de maîtres du monde
qui imperitarunt	qui ont commandé
magnis gentibus,	à de grandes nations,
occiderunt.	sont morts.
Ille ipse quoque,	Celui-là même aussi,
qui quondam stravit viam	qui jadis aplanit (s'ouvrit) une route
per magnum mare,	à travers la vaste mer,
deditque legionibus	et donna à *ses* légions

Ac pedibus salsas docuit super ire lacunas,
Et contempsit, aquis insultans, murmura ponti,
Lumine adempto, animam moribundo corpore fudit
Scipiades, belli fulmen, Carthaginis horror,
Ossa dedit terræ, proinde ac famul [1] infimus esset.
Adde repertores doctrinarum atque leporum [2];
Adde Heliconiadum comites; quorum unus Homerus,
Sceptra potitus, eadem aliis [3] sopitu' quiete est.
Denique, Democritum [4] postquam matura vetustas
Admonuit memores motus languescere mentis,
Sponte sua letho caput obvius obtulit ipse.
Ipse Epicurus obit, decurso lumine vitæ,
Qui genus humanum ingenio superavit, et omnes
Præstrinxit, stellas exortus uti ætherius sol.

Tu vero dubitabis, et indignabere obire,
Mortua quoi [5] vita est prope jam vivo atque videnti [6] !
Qui somno partem majorem conteris ævi,
Et vigilans stertis, nec somnia cernere cessas,
Sollicitamque geris cassa formidine mentem [7],

bîme profond, bravant le vain courroux de l'élément captif qui frémissait sous ses pieds, il est mort lui-même, et son âme a quitté ses membres défaillants. Scipion, ce foudre de guerre, la terreur de Carthage, a livré ses ossements à la terre comme le plus humble des esclaves. Joignez-y les inventeurs des sciences et des arts, les compagnons des Muses, et Homère, leur souverain, qui repose comme eux dans la tombe. Enfin Démocrite, averti par l'âge que les ressorts de son esprit commençaient à s'user, présenta volontairement sa tête à la mort. Épicure lui-même a vu le terme de sa carrière, lui qui s'éleva bien au-dessus de l'humanité et qui éclipsa les plus brillants génies comme l'éclat du soleil levant fait disparaître la lumière des étoiles.

Et tu balances, tu t'indignes de mourir, toi dont la vie est une mort continuelle, toi qui te vois mourir à chaque instant; toi qui livres au sommeil la plus grande partie de tes jours, qui dors même en veillant, et dont les idées sont des songes ; toi qui toujours en proie aux préjugés, aux terreurs chimériques, aux inquiétudes dévoran-

ire iter per altum,	de suivre un chemin à-travers la hau-
ac docuit ire pedibus,	et leur apprit à aller à pieds [te-mer,
super lacunas salsas,	sur les étangs salés,
et, insultans aquis,	et, bondissant-sur les eaux,
contempsit murmura ponti,	méprisa les murmures de la mer,
lumine adempto,	la lumière lui ayant été ravie,
fudit animam	a exhalé son âme
corpore moribundo.	de son corps mourant.
Scipiades,	Scipion,
fulmen belli,	foudre de guerre,
horror Carthaginis,	effroi de Carthage,
dedit ossa terræ,	a donné ses ossements à la terre,
proinde ac esset	comme s'il était
is imus famul.	un infime esclave.
Adde	Ajoute
repertores doctrinarum	les inventeurs des sciences
atque leporum;	et des grâces; [l'-Hélicon;
adde comites Heliconiadum;	ajoute les compagnons des déesses-de-
quorum Homerus unus	desquels Homère seul (entre tous)
potitus sceptra,	ayant conquis le sceptre
sopitus est	a été endormi
eadem quiete aliis.	du même repos que les autres.
Denique,	Enfin,
postquam vetustas matura	après que la vieillesse mûre
admonuit Democritum	avertit Démocrite [souvenir
motus mentis memores	les mouvements de l'esprit qui-font-
languescere,	devenir-languissants,
ipse obvius	lui-même allant-au-devant
obtulit sua sponte	offrit de son propre-gré
caput letho.	sa tête à la mort.
Epicurus ipse obit,	Épicure lui-même est mort, [parcourue,
lumine vitæ decurso,	la lumière de la vie (sa carrière) ayant été
qui superavit ingenio	lui qui surpassa par le génie
genus humanum,	le genre humain,
et præstrinxit omnes,	et éclipsa tous les mortels,
uti sol ætherius exortus	comme le soleil éthéré s'étant levé
stellas.	éclipse les étoiles.
Tu vero dubitabis,	Et toi tu hésiteras,
et indignabere obire,	et tu t'indigneras de mourir,
quoi vivo atque videnti	toi pour qui vivant et voyant [mort)!
vita est prope mortua!	la vie est presque morte (est presque la
qui conteris somno	toi qui uses dans le sommeil
partem majorem ævi,	la partie la plus grande de ton temps,
et stertis vigilans,	et qui ronfles éveillé,
nec cessas cernere somnia,	et qui ne cesses pas de voir des songes,
gerisque mentem sollicitam	et qui portes un esprit inquiet
formidine cassa,	d'une terreur vaine,

Nec reperire potes¹ quid sit tibi sæpe mali, quum
Ebrius urgeris multis miser undique curis,
Atque animi incerto fluitans errore vagaris? »
    Si possent homines, proinde ac sentire videntur
Pondus inesse animo, quod se gravitate fatiget,
Et quibus id fiat causis cognoscere, et unde
Tanta mali tanquam moles in pectore constet;
Haud ita vitam agerent, ut nunc plerumque videmus,
Quid sibi quisque velit nescire, et quærere semper,
Commutare locum, quasi onus² deponere possit.
Exit sæpe foras magnis ex ædibus ille,
Esse domi quem pertæsum est, subitoque revertit :
Quippe foris nihilo melius qui sentiat esse.
Currit agens mannos ad villam hic præcipitanter,
Auxilium tectis quasi ferre ardentibus instans :
Oscitat extemplo, tetigit quum limina villæ;
Aut abit in somnum gravis, atque oblivia quærit;

tes, ne sais pas en démêler la cause, et dont l'âme est toujours incertaine, flottante, égarée! »

    Si les hommes connaissaient la cause et l'origine des maux qui assiégent leur âme, comme ils sentent le poids accablant qui s'appesantit sur eux, leur vie ne serait pas si malheureuse. On ne les verrait pas chercher toujours, sans savoir ce qu'ils désirent, et changer sans cesse de place, comme si, par là, ils pouvaient se délivrer du fardeau qui les accable. Celui-ci quitte son riche palais pour se dérober à l'ennui; mais il y rentre un moment après, ne se trouvant pas plus heureux ailleurs. Cet autre se sauve à toute bride dans ses terres. On dirait qu'il court y éteindre un incendie; mais à peine a-t-il touché le seuil de sa maison de campagne, qu'il y trouve l'ennui. Il succombe au sommeil, et cherche à s'oublier lui-même. Dans un moment, vous allez le voir rega-

nec potes reperire sæpe	et qui ne peux trouver souvent
quid mali sit tibi,	quel genre de mal est à toi,
quum ebrius	quand ivre
miser urgeris undique	malheureux tu es pressé de-toute-part
curis multis,	par des soucis nombreux,
atque vagaris	et que tu erres
fluitans errore incerto	flottant par l'hésitation incertaine
animi.	de ton esprit.
Si homines,	Si les hommes,
proinde ac videntur	de même qu'ils paraissent
sentire pondus,	sentir un poids,
quod fatiget se gravitate,	qui fatigue eux-mêmes par sa pesan-[teur,
inesse animo,	être-dans leur âme,
possent et cognoscere	pouvaient également connaître
quibus causis id fiat,	par quelles causes cela a-lieu,
et unde	et d'où
tanquam tanta moles mali	comme une si-grande masse de mal
constet in pectore;	existe dans leur cœur ;
haud agerent vitam ita,	ils ne passeraient pas leur vie ainsi,
ut videmus nunc	comme nous voyons maintenant
plerumque	la-plupart-du temps
nescire,	eux ne pas-savoir,
et quærere semper	et chercher toujours
quid quisque velit sibi,	quelle chose chacun veut pour soi-même,
commutare locum,	changer de place,
quasi possit	comme-s'il pouvait (s'ils pouvaient)
deponere onus.	déposer ce fardeau.
Sæpe ille	Souvent celui-là
quem pertæsum est	qui s'est dégoûté
esse domi,	d'être chez-lui,
exit foras	sort au-dehors [somptueuses),
ex magnis ædibus,	de grandes demeures (de demeures
revertitque subito :	et revient subitement :
quippe qui sentiat	attendu-qu'il s'aperçoit [mieux)
esse melius nihilo	n'être mieux en rien (que rien n'est
foris.	au-dehors.
Hic currit præcipitanter	Celui-ci court précipitamment
ad villam,	vers sa maison-de-campagne,
agens mannos,	poussant ses bidets,
quasi instans	comme se pressant
ferre auxilium	de porter secours
tectis ardentibus;	à son habitation embrasée;
oscitat extemplo,	il bâille aussitôt, [de-campagne,
quum tetigit limina villæ,	lorsqu'il a touché le seuil de sa maison-
aut gravis	ou-bien pesant
abit in somnum,	il se laisse-aller au sommeil,
atque quærit oblivia;	et cherche l'oubli;

Aut etiam properans urbem petit atque revisit.
Hoc se quisque modo fugit : at, quem scilicet, ut fit,
Effugere haud potis est, ingratis hæret et angit,
Propterea, morbi quia causam non tenet æger :
Quam bene si videat, jam rebus quisque relictis
Naturam primum studeat cognoscere rerum;
Temporis æterni quoniam, non unius horæ,
Ambigitur status, in quo sit mortalibus omnis
Ætas post mortem, quæ restat cunque [1], manenda.

gner la ville avec la même promptitude. C'est ainsi que chacun se fuit sans cesse ; mais on ne peut s'éviter. On se retrouve, on s'importune, on se tourmente toujours. C'est qu'on ignore la cause de son mal. Si on la connaissait, renonçant à tous ces vains remèdes, on se livrerait à l'étude de la Nature, puisqu'il est question, non pas du sort d'une heure, mais de l'état éternel qui doit succéder à la mort.

aut etiam properans	ou même se hâtant
petit urbem,	gagne la ville,
atque revisit.	et revient-la-voir.
Quisque se fugit hoc modo :	Chacun se fuit soi-même de cette manière :
at ingratis hæret	mais à-regret l'*homme* reste-attaché à celui
quem scilicet,	que naturellement,
ut fit,	comme *cela* arrive,
non est potis effugere,	il n'est pas capable d'éviter, (même);
et angit ;	et il *le* tourmente (il se tourmente soi-die:
propterea, quia æger,	parce, qu'*étant* malade,
non tenet causam morbi :	il ne connaît pas la cause de sa maladie
quam si videat bene,	laquelle *cause* s'il voyait bien,
quisque,	chacun, lors,
rebus relictis jam,	les *autres* occupations étant laissées dès-
studeat primum	s'appliquerait d'abord
cognoscere Naturam rerum,	à connaître la Nature des choses,
quoniam status	puisque l'état
temporis æterni,	du temps éternel,
non unius horæ	non d'un seul moment
ambigitur,	est-mis-en-question,
in quo	*pour savoir* dans quel *état*
sit mortalibus	est pour les mortels
omnis ætas	tout l'âge (toute l'existence)
manenda post mortem,	qui-doit-subsister après la mort,
quæcunque restat.	quelle-que-soit-l'*existence*-qui reste.

NOTES

DU TROISIÈME LIVRE DES MORCEAUX CHOISIS DE LUCRÈCE.

I.

Page 86 : 1. *E tenebris tantis*, les ténèbres de l'ignorance, de la superstition.

— 2. *Primus*. Démocrite avait cependant énoncé le premier le système de la philosophie atomistique, mais Épicure l'avait développé et mis en relief.

— 3. *Cycnis*. Le cygne avait chez les anciens, comme oiseau chanteur, une réputation usurpée.

— 4. *Patria*, comme un père le fait pour ses enfants.

— 5. *Aurea*, éclatants et précieux comme l'or. C'est ainsi que les Grecs avaient donné le nom de χρυσέα ἔπη, vers dorés, à des sentences attribuées à Pythagore.

Page 88 : 1. *Divina mente coortam*. Quelques commentateurs, trouvant ce passage obscur, lisent *haud divina*. Le sens est alors : Ta raison proclame que l'univers n'est point l'ouvrage de Dieu. Rien n'autorise une pareille conjecture.

— 2. *Mœnia mundi discedunt*. Contrairement à l'opinion généralement accréditée chez les anciens, Lucrèce admettait l'infini de l'espace.

— 3. *Divum numen*. Épicure croyait à l'existence des dieux ; mais il les regardait comme indifférents aux choses humaines, et impuissants à modifier les lois de la nature.

— 4. *Nec tellus obstat*. La terre ne peut arrêter les regards de la raison qui nulle part ne découvre l'Enfer.

— 5. *His tibi rebus*. Ici *tibi* est encore explétif. Le sens est : En me pénétrant de ces idées que tu as exprimées.

— 6. *Horror*, frisson religieux, comme celui que les païens éprouvaient devant le trépied de la Pythonisse. Épicure n'est-il pas pour Lucrèce le prophète sacré qui révèle les vérités philosophiques ?

II.

Page 90 : 1. *Nam quod sæpe*. L'idée de Lucrèce est celle-ci : Il y a des hommes qui proclament que la mort n'est pas à redouter; mais leur conduite dément leurs paroles; ce n'est pas chez eux une croyance fondée sur la raison, c'est pure forfanterie.

— 2. *Vivunt.* Lucrèce regardait le suicide comme légitime, et même en certains cas, comme honorable; c'était aussi l'opinion des stoïciens.

— 3. *Manibu' Divis*, aux dieux mânes, pour les désarmer et obtenir la prolongation de leur misérable existence.

— 4. *Multo acrius.* Ils affectaient l'incrédulité et la force d'âme dans la prospérité; mais la terreur les ramène au pied des autels.

Page 92 : 1. *Denique.* Dans les vers qui suivent, Lucrèce énumère les crimes de toute espèce auxquels la crainte de la mort peut pousser les hommes.

— 2. *Miseros*, malheureux, parce que la passion les aveugle et leur inspire des actions coupables.

— 3. *Lethi.... ante.* Voici quel est le raisonnement subtil de Lucrèce : Une vie pauvre et obscure, c'est presque la mort pour l'homme avide de jouir et de briller, et pour échapper à cette mort anticipée dont il a une aussi vive horreur que de la mort réelle, il se jette dans tous les excès, dans tous les crimes des guerres civiles.

— 4. *Recesse*, crase, et forme archaïque pour *recessisse*.

— 5. *Crudeles.... fratris*, parce que la mort de leur frère double leur fortune.

— 6. *Et consanguineum.... timentque*, parce qu'ils craignent d'être traités eux-mêmes comme ils ont traité leurs proches, d'être empoisonnés dans un festin.

— 7. *Ab.... timore.* Dans les vers précédents, le poëte a parlé des hommes qu'effraye *acris egestas*; il s'occupe maintenant de ceux auxquels font peur *turpis fama* et *contemptus*, c'est-à-dire, des ambitieux.

Page 94 : 1. *Mortis formidine*, par crainte, non de la mort physique, mais de la mort morale, c'est-à-dire, de l'obscurité, de l'oubli où ils appréhendent de languir.

— 2. *Hunc timorem*, cette crainte de la mort, entendue comme plus haut.

— 3. *Nam veluti.* Nous avons déjà vu au livre deuxième, v. 54-60 les sept vers qui suivent, nous les retrouverons encore au livre sixième, v. 35-41.

Voyez encore les passages suivants : sur les éléments dont l'âme est composée (178-204); sur les causes physiques de la colère, du courage, du calme, de la peur (290-304).

III.

Page 94 : 1. *Sequitur.* Ce verbe indique que la faiblesse de l'intelligence est la conséquence de la faiblesse de notre corps.

Page 96 : 1. *Curas.... metumque.* Ce sont les maladies de l'âme.

— 2. *Quin etiam.* Non-seulement l'âme a ses maladies distinctes, comme le corps a les siennes; mais souvent elle participe à celles du corps.

— 3. *Æternum.* Ce n'est pas le sommeil éternel de la mort, puisque le malade sort parfois de la léthargie et revient à la santé. C'est un sommeil prolongé et qu'aucun moyen ne peut rompre.

Page 98 : 1. *Subita vi morbi,* l'épilepsie.

— 2. *Semina vocis,* les sons naturels, qui forment les éléments de la voix.

Page 100 : 1. *Munita viaï,* pour *munita via est.* Toutefois beaucoup de commentateurs sous-entendent *dentibus* après *munita,* et considèrent cette expression comme l'équivalent de l'expression homérique ἕρκος ὀδόντων.

— 2. *Animi atque animaï.* Dans Lucrèce *animus* est synonyme de *mens,* c'est l'entendement. *Anima* est le principe de la vie subordonné à l'esprit, *animus.*

— 3. *Docui.* Lucrèce a dit plus haut (v. 397-420) que l'union de l'esprit et de l'âme est indispensable à la vie.

— 4. *Eodem illo veneno,* ce poison mystérieux qui a provoqué l'accès épileptique.

— 5. *Reflexit,* neutre, c'est-à-dire, *e venis recessit.*

— 6. *Ater.... humor.* Les humeurs corrompues (*venenum*) qu'on supposait être la cause de l'épilepsie.

— 7. *Animam.* C'est la vie dans son expansion entière, avec toutes ses facultés, toute sa puissance.

Voyez encore les passages suivants : sur la nécessité de l'union du corps et de l'âme (557-564, 580-590); sur l'ébranlement que le corps ressent des secousses de l'âme (592-606); sur la divisibilité de l'âme (642-670); sur l'uniformité de l'instinct dans les animaux (741-753); sur la mort qui n'a rien de redoutable, puisqu'après elle il n'y a plus de sentiment (812-854, 883-931.)

IV.

Page 100 : 1. *Aliquoi nostrum*, à un de nous trop attaché aux choses de ce monde et glacé d'horreur à la pensée de la mort. — *Aliquoi*, forme archaïque pour *alicui*.

Page 102 : 1. *Sin ea....* Seconde partie du dilemme. — *Fructus*, forme archaïque pour *fruitus*.

— 2. *Quod pereat male*, des jours qui seraient perdus pour toi, qui ne t'apporteraient pas plus de jouissances que le passé.

— 3. *Si.... marcet*, en supposant cette condition la plus favorable de toutes, que tu puisses échapper à l'affaiblissement de l'âge.

— 4. *Barathre*, apostrophe empruntée aux Grecs : Ὦ βάραθρε, c'est-à-dire, homme digne d'être précipité dans le barathrum, gouffre où l'on jetait les criminels à Athènes.

— 5. *Omnia perfunctus....* C'est la nature qui répond au vieillard.

Page 104 : 1. *Incilet*, verbe archaïque pour *exprobret*.

— 2. *Sequentur te*, te suivront dans la dissolution, dans la mort.

Page 106 : 1. *Somno securius*. On sent que Lucrèce, épuisé par les agitations de la vie, a soif du repos par-dessus tout. Les Indiens disent : « Le sommeil vaut mieux que la veille, mais la mort vaut mieux que le sommeil. » L'apathie est le signe le plus certain d'une décadence profonde.

— 2. *Atque ea....* Lucrèce, dans le passage suivant, cherche à établir que les supplices fameux dont, suivant la Fable, l'Enfer serait le théâtre, nous les souffrons en réalité pendant notre vie terrestre.

— 3. *Cassa*, vaine, puisque le rocher ne l'écrase jamais. Lucrèce s'écarte ici de la tradition mythologique. Ce n'est pas en cela, comme tout le monde sait, que consistait le supplice de Tantale.

— 4. *Dirum metus*. La crainte des dieux représente dans la vie le supplice de Tantale.

— 5. *Volucres*. Ce sont les soucis semblables à des vautours : le soupçon, l'envie, le remords, etc.

Page 108 : 1. *Cuppedine*, forme archaïque pour *cupidine*.

— 2. *Fasces, sæcæque secures*. Hendiadyin : les faisceaux armés de haches, signe du pouvoir consulaire.

— 3. *Ingratam*, qui n'éprouve aucun plaisir, parce que nous aspirons sans cesse à d'autres biens que ceux que nous possédons.

— 4. *Quod faciunt....* Le sens est : Ce qui arrive lorsque nous ne sommes jamais satisfaits des biens que nous apporte le retour régulier des saisons.

— 5. *Pertusum vas*, le tonneau des Danaïdes.

— 6. *Potestur*, passif archaïque de *possum*.

Page 110 : 1. *Horribilis.... deorsum*. Allusion au supplice de la roche Tarpéienne.

— 2. *Robur*. Ce sont les instruments de supplice, les croix, les pieux ; ou les instruments de torture, tels que les chevalets, les coins.

— 3. *Mens sibi conscia facti*. Ainsi la crainte du châtiment, le châtiment lui-même, et le remords représentent sur la terre les trois Furies que la Fable place dans le Tartare.

— 4. *Acherusia.... vita*. Les tortures de l'enfer existent donc réellement ici-bas, et les criminels souffrent, dès cette vie, les peines qu'ils redoutent dans un autre monde.

— 5. *Sis*, forme archaïque pour *suis*.

— 6. *Ancus*, Ancus, quatrième roi de Rome, dont le nom est resté populaire. Ce vers est une citation d'Ennius.

— 7. *Ille quoque*. Xercès qui avait jeté un pont sur l'Hellespont, idée que développe le poëte dans les quatre vers suivants.

Page 112 : 1. *Famul*, forme archaïque pour *famulus*.

— 2. *Repertores doctrinarum*, les philosophes, les savants ; — *leporum*, les écrivains élégants, spirituels.

— 3. *Eadem aliis*, pour *eadem atque alii*; hellénisme; ταὐτὰ τοῖς ἄλλοις.

— 4. *Democritum*. Démocrite, philosophe grec du cinquième siècle, avant Jésus Christ, vécut cent neuf ans; il se donna, dit-on, la mort.

— 5. *Quoi*, datif archaïque pour *cui*.

— 6. *Vita est.... videnti*. Lucrèce s'adresse à ces hommes qui tiennent d'autant plus à la vie, qu'elle est plus frivole et plus enveloppée d'ignorance.

— 7. *Sollicitam mentem*. Nouvelle allusion aux terreurs superstitieuses qui torturent incessamment les mortels.

Page 114 : 1. *Nec reperire potes*, tu ne peux pas même discerner la nature de ton mal, tant tu es obsédé de préjugés et de vagues inquiétudes.

— 2. *Onus*, le fardeau moral de leurs inquiétudes.

Page 116 : 1. *Quæ restat cunque*, se rapporte à *ætas* : ce qui doit être après la mort, le sort qui nous est réservé après la dissolution de nos organes.

ARGUMENT ANALYTIQUE

DES MORCEAUX EXTRAITS DU LIVRE QUATRIÈME.

I. Selon Lucrèce, nous entrons en relation avec les objets extérieurs par l'intermédiaire de molécules extrêmement tenues, qui se détachent de la surface des corps et en reproduisent la forme. Ces molécules, il leur donne le nom de simulacres.

II. Nous tombons dans de graves erreurs toutes les fois que la raison ne vient pas contrôler le témoignage de nos sens.

III. Le son est produit par des atomes qui se détachent des corps et qui pénètrent dans les cavités de l'oreille.

IV. Le sommeil se produit lorsqu'une partie des principes animés ordinairement réunis au centre vital, est dispersée dans les membres, qu'une seconde est rejetée hors du corps humain, et une troisième repliée sur elle-même et condensée. Les objets de nos occupations habituelles sont ceux qui se présentent à nous pendant notre sommeil.

LIVRE QUATRIÈME.

I. — THÉORIE DES IDÉES-IMAGES.

(V. 33-42, 46-102).

Nunc agere incipiam tibi, quod vehementer ad has res
Attinet, esse ea, quæ rerum *simulacra* vocamus,
Quæ, quasi membranæ, summo de corpore rerum
Dereptæ, volitant ultro citroque per auras;
Atque eadem nobis vigilantibus obvia mentes
Terrificant [1], atque in somnis, quum sæpe figuras
Contuimur miras, simulacraque luce carentum,
Quæ nos horrifice languentes sæpe sopore
Excierunt; ne forte [2] animas Acherunte reamur
Effugere, aut umbras inter vivos volitare.
. . . .
Dico igitur, rerum *effigias* [3] tenuesque *figuras*
Mittier [4] ab rebus, summo de corpore earum,

I

Traitons maintenant un sujet étroitement lié aux vérités précédentes. Apprenez qu'il existe des êtres auxquels je donne le nom de *simulacres*, des espèces de membranes détachées de la surface des corps, qui, en voltigeant au hasard dans l'atmosphère, effrayent nos esprits le jour comme la nuit, et leur présentent ces figures monstrueuses, ces spectres, ces fantômes, dont l'apparition nous arrache souvent au sommeil; qu'ainsi nous ne devons pas croire que ce soient des âmes fugitives qui abandonnent les rives de l'Achéron, des ombres qui viennent errer parmi les vivants.....
Je dis donc que de la surface de tous les corps émanent des *effigies*, des *figures* déliées, auxquelles conviennent les noms de mem-

LIVRE QUATRIÈME.

I. — THÉORIE DES IDÉES-IMAGES.

Nunc incipiam	Maintenant je commencerai
agere tibi	à traiter pour toi
quod attinet vehementer	un *sujet* qui tient grandement
ad has res,	à ces choses-ci,
ea quæ vocamus	*à savoir* ce que nous appelons
simulacra rerum	les simulacres des objets
esse,	exister (avoir une existence réelle), [*les*]
quæ, quasi membranæ	lesquels *simulacres*, comme des membra-
dereptæ	détachées
de summo corpore rerum,	de la surface du corps des objets,
volitant ultro citroque	voltigent çà et là
per auras;	à travers les airs;
atque eadem obvia	et *ces* mêmes simulacres se-présentant
nobis vigilantibus	à nous éveillés,
terrificant mentes,	épouvantent *nos* esprits,
atque in somnis,	ainsi que dans les sommeils (en songe),
quum sæpe contuimur	lorsque souvent nous voyons
figuras miras,	des formes étonnantes,
simulacraque	et les simulacres
carentum luce,	d'*êtres* privés de la lumière,
quæ sæpe excierunt	qui souvent ont réveillé
horrifice	d'une-manière-effrayante
nos languentes sopore;	nous alanguis par le sommeil;
ne forte reamur	de peur que par hasard nous ne croyions
animas effugere Acherunte,	des âmes s'échapper de l'Achéron,
aut umbras volitare	ou des ombres voltiger
inter vivos.	parmi les vivants.
. . . .	. . . .
Dico igitur,	Je dis donc
effigias rerum	des effigies des objets
figurasque tenues	et des figures ténues
mittier ab rebus,	être envoyées (émaner) des objets,

Quæ quasi membranæ, vel cortex nominitanda est,
Quod speciem ac formam similem gerit ejus imago,
Quojuscunque [1] cluet de corpore fusa vagari.
Id licet hinc quamvis hebeti cognoscere corde :
Principio, quoniam mittunt in rebus apertis
Corpora res multæ; partim diffusa solute [2],
Robora ceu fumum mittunt, ignesque vaporem;
Et partim contexta magis condensaque, ut olim
Quum veteres ponunt tunicas æstate cicadæ,
Et vituli quum membranas de corpore summo
Nascentes mittunt, et item quum lubrica serpens
Exuit in spinis vestem; nam sæpe videmus
Illorum spoliis vepres volitantibus [3] auctas.
Hæc quoniam fiunt, tenuis [4] quoque debet imago
Ab rebus mitti, summo de corpore earum.
Nam, cur illa [5] cadant magis, ab rebusque recedant,
Quam quæ tenuia sunt, hiscendi est nulla potestas;
Præsertim quum sint in summis corpora rebus
Multa minuta, jaci quæ possint ordine eodem [6]

branes ou d'écorces, parce qu'elles ont la même apparence et la même forme que les corps dont elles s'échappent pour se répandre dans les airs.

L'esprit le moins pénétrant peut se convaincre de leur existence, puisqu'il y a un grand nombre de corps dont les émanations sont sensibles à l'œil. Dans les uns, ce sont des parties détachées qui se répandent en tout sens, comme la fumée qui sort du bois, et la chaleur du feu. Dans les autres, c'est un tissu ourdi et serré, comme la vieille robe que la cigale dépose pendant l'été, la membrane dont le veau naissant se débarrasse, et la dépouille du serpent que nous voyons souvent flotter sur les buissons. Ces exemples vous prouvent que la surface de tous les corps doit envoyer de pareilles images, quoique plus subtiles; car il est impossible d'expliquer pourquoi ces émanations grossières auraient plutôt lieu que celles dont la ténuité nous échappe, surtout la superficie de tous les

de summo corpore earum,	de la surface du corps de ceux-ci,
quæ quasi membranæ,	qui sont comme des membranes,
vel nominitanda est cortex,	ou ce qui doit être appelé écorce,
quod imago gerit	parce que l'image de l'*objet* a
speciem ac formam similem	une apparence et une forme semblable
ejus	à cet *objet*
de corpore quojuscunque	du corps duquel-quel-qu'il-soit
fusa	étant-émanée
cluet vagari.	elle-passe-pour se répandre *dans les airs*.
Licet cognoscere id hinc	Il est permis de connaître cela par-là
corde quamvis hebete :	avec une intelligence quelque grossière
principio,	d'abord, [qu'*elle soit*;
quoniam res multæ	parce que beaucoup d'objets
in rebus apertis	parmi les objets visibles
mittunt corpora ;	laissent-échapper des molécules ;
partim	en-partie (les unes)
diffusa solute,	répandues sans-cohésion, [fumée,
cea robora mittunt fumum,	comme les bois laissent-échapper de la
ignesque vaporem ;	et les feux la chaleur;
et partim	et en-partie (les autres)
magis contexta	*qui sont* plus liées-entre *elles*,
et condensa,	et *plus* denses,
ut olim	comme ordinairement
quum cicadæ ponunt æstate	lorsque les cigales déposent en été
veteres tunicas,	*leurs* vieilles tuniques,
et quum vituli nascentes	et lorsque les veaux naissants [branes
mittunt membranas	envoient (laissent-tomber) *leurs* mem-
de summo corpore,	de la surface de *leur* corps,
et item	et de même
quum serpens lubrica	lorsque le serpent glissant
exuit vestem in spinis ;	dépouille sa robe sur les épines ;
nam videmus sæpe	car nous voyons souvent
vepres auctas	les buissons augmentés
illorum spoliis volitantibus.	de leurs dépouilles qui voltigent.
Quoniam hæc fiunt,	Puisque ces choses ont-lieu
imago tenuis	une image ténue
debet quoque mitti	doit aussi émaner
ab rebus,	des objets,
de summo corpore earum.	de la surface du corps de ces *objets*.
Nam nulla potestas est	Car aucune possibilité n'est
hiscendi	d'ouvrir-la-bouche (de dire)
cur illa cadant	pourquoi ces *effigies* tomberaient
recedantque ab rebus,	et se détacheraient des objets,
magis quam	plutôt que
quæ sunt tenuia ;	celles qui sont ténues ;
præsertim quum	surtout quand
multa corpora minute	beaucoup de molécules très-petites

Quo fuerint, veterem et formæ servare figuram,
Et multo citius, quanto minus endopediri [1]
Parva queunt, et sunt in prima fronte locata.

Nam certe jaci [2] atque emergere multa videmus,
Non solum ex alto penitusque [3], ut diximus ante,
Verum de summis ipsum quoque sæpe colorem;
Et volgo [4] faciunt id lutea russaque vela [5]
Et ferrugina, quum, magnis intenta theatris,
Per malos volgata trabesque, trementia fluctant
Namque ibi consessum caveaï subter, et omnem
Scenaï speciem, patrum matrumque Deorumque,
Inficiunt, coguntque suo fluitare colore [6];
Et quanto circum mage sunt inclusa theatr
Mœnia [7], tam magis hæc intus perfusa lepore
Omnia conrident, conrepta luce diei.
Ergo lintea de summo quum corpore fucum
Mittunt, effigias quoque debent mittere tenues
Res quæque; ex summo quoniam jaculantur utræque [8].

corps étant garnie d'une multitude de corpuscules imperceptibles, qui peuvent se détacher sans perdre leur ordre et leur forme primitive, et s'élancer avec d'autant plus de rapidité, qu'ils ont moins d'obstacles à vaincre, déliés comme ils sont, et placés à la surface.

Car nous voyons un grand nombre de particules se détacher non-seulement de l'intérieur, mais de la surface même des corps, comme les couleurs. C'est l'effet que produisent ces voiles jaunes, rouges ou noirs, suspendus par des poutres aux colonnes de nos théâtres, et flottant au gré de l'air dans leur vaste enceinte; l'éclat de ces voiles se réfléchit sur tous les spectateurs. La scène en est frappée. Les sénateurs, les matrones, les statues et les dieux sont teints d'une lumière mobile; et cet agréable reflet a d'autant plus de charmes pour les yeux, que le théâtre est plus exactement fermé, et laisse moins d'accès au jour. Or, si les couleurs de ces toiles sont détachées de leurs superficies, pourquoi tous les corps n'enverraient-ils pas aussi des effigies déliées, puisque ces deux espèces d'émanations viennent de la surface? Nous avons donc découvert la trace de ces

sint in summis rebus,	sont à la surface des objets,
quæ possunt jaci	lesquelles *molécules* peuvent être lancées
eodem ordine quo fuerint,	dans le même ordre dans lequel elles ont
et servare	et conserver [été,
veterem formam figuræ,	l'ancienne forme de *leur* figure, [vite
et multo citius	et *être lancées* beaucoup (d'autant) plus
quanto parva	que *étant* petites
queunt minus endopediri,	elles peuvent moins être entravées,
et locata sunt	et qu'elles sont placées
in prima fronte.	sur la première face (à la surface).
Nam videmus certe	Car nous voyons certainement
multa jaci atque emergere	beaucoup de *molécules* être lancées et
non solum ex alto	non-seulement du fond [s'élever
penitusque,	et de-l'intérieur,
ut diximus ante,	comme nous avons dit auparavant,
verum sæpe	mais souvent *nous voyons*
colorem ipsum quoque	la couleur elle-même aussi
de summis;	*s'élever* des surfaces;
et vela lutea russaque	et les voiles jaunes et *les voiles* rouges,
et ferrugina	et les *voiles* foncés
faciunt id volgo,	produisent cet *effet* habituellement,
quum intenta,	lorsque tendus-sur
magnis theatris	les grands théâtres, [tres,
volgata per malos trabesque,	déployés le-long-des mats et des pou-
fluctant trementia;	ils flottent tremblants;
namque ibi inficiunt subter	car là ils colorent au-dessous *d'eux*
consessum caveaï,	l'assemblée du théâtre,
et omnem speciem scenaï,	et tout l'aspect de la scène,
patrum matrumque	*l'aspect* des pères et des mères
Deorumque,	et des dieux,
coguntque fluitare	et *les* font flotter
suo colore;	par leur *propre* couleur;
et omnia hæc	et tous ces *objets*
perfusa lepore	baignés d'agrément
conrident intus	ont-un-aspect-riant à-l'intérieur,
tam magis	d'autant plus
quanto mœnia theatri	que les murailles du théâtre
circum	alentour
sunt mage inclusa,	sont plus (mieux) fermées,
luce diei conrepta.	la lumière du jour étant interceptée.
Ergo quum lintea	Donc lorsque les toiles [teintes
mittunt fucum	envoient la couleur-dont-elles-sont-
de summo corpore,	de la surface de *leur* corps,
quæque res debent	tous les êtres doivent
mittere quoque	envoyer aussi
effigias tenues;	des effigies ténues; [jes
quoniam utræque res	puisque les-uns-et-les-autres *de ces ob-*

Sunt igitur jam formarum vestigia certa,
Quæ volgo volitant, subtili prædita filo [1],
Nec singillatim [2] possunt secreta videri.

    Præterea, omnis odos, fumus, vapor, atque aliæ res
Consimiles, ideo diffusæ rebus abundant,
Ex alto quia dum veniunt, intrinsecus ortæ,
Scinduntur per iter flexum [3]; nec recta viarum
Ostia sunt, qua contendunt exire coortæ.
At contra, tenuis summi membrana coloris
Quum jacitur, nihil est quod eam discerpere possit;
In promptu quoniam est, in prima fronte locata.

    Postremo in speculis, in aqua, splendoreque in omni
Quæcunque apparent nobis simulacra, necesse est,
Quandoquidem simili specie sunt prædita rerum,
Esse [4] in imaginibus missis consistere eorum.
Nam, cur illa cadant magis, ab rebusque recedant
Corpora, res multæ quæ mittunt corpore aperto,
Quam quæ tenuia sunt, hiscendi est nulla potestas.

simulacres qui volent dans l'air, avec des contours si déliés que, pris séparément, ils échappent à l'œil.

    Si l'odeur, la chaleur, la fumée et les autres émanations de cette nature, se dispersent en se disséminant, c'est que, détachées de l'intérieur même des corps, elles ne trouvent point de conduits en ligne droite, et se divisent dans les issues tortueuses, par où elles s'ouvrent un passage; au lieu que la membrane délicate des couleurs, émanée de la surface, ne peut être déchirée par aucun obstacle.

    Enfin les simulacres que nous apercevons dans les miroirs, dans l'eau et dans tous les corps lisses, étant parfaitement semblables aux objets représentés, ne peuvent être formés que par les images mêmes de ces objets. Car pourquoi ces effigies émaneraient-elles plutôt des corps sensibles que de ceux dont la finesse nous échappe? C'est ce qu'on ne saurait dire.

jaculantur ex summo.	lancent *des molécules* de la surface.
Sunt igitur jam	Il y a donc maintenant
vestigia certa formarum,	des traces certaines de formes,
quæ volitant volgo,	lesquelles *traces* voltigent çà-et-là
prædita filo subtili,	pourvues d'un fil mince,
nec possunt videri	et elles ne peuvent être vues
singillatim	isolément
secreta.	et int séparées.
Præterea, omnis odos,	En outre, toute odeur,
fumus, vapor,	*toute* fumée, *toute* chaleur,
atque aliæ res consimiles	et autres choses semblables [disséminées
abundant rebus diffusæ	sortent-en-abondance des corps étant
ideo,	pour-cette-raison, [fond,
quia dum veniunt ex alto,	parce que tandis qu'elles viennent du
ortæ intrinsecus,	étant nées intérieurement, [nueux,
scinduntur per iter flexum,	elles sont divisées par un chemin si-
nec ostia viarum	ni les ouvertures des routes
qua exortæ	par où s'étant élevées
contendunt exire,	elles s'efforcent de sortir,
sunt recta ;	ne sont droites;
at contra,	mais au contraire,
quum membrana tenuis	lorsque la membrane ténue
coloris summi	de la couleur qui-est-à-la-surface
jacitur,	est lancée (se détache),
nihil est quod possit	il n'est rien qui puisse
discerpere eam ;	déchirer elle;
quoniam est in promptu,	parce qu'elle est à découvert,
locata in prima fronte.	placée à la première face (à la surface).
Postremo	Enfin
quæcunque simulacra	tous les simulacres qui
apparent nobis	apparaissent à nous
in speculis, in aqua,	dans les miroirs, dans l'eau,
inque omni splendore,	et dans tout corps-brillant,
necesse est,	il est nécessaire,
quandoquidem prædita sunt	puisqu'ils sont pourvus [jets,
specie simili rerum,	d'une apparence ressemblante des ob-
esse consistere	la substance se trouver
in imaginibus eorum	dans les images de ceux-ci
missis.	envoyées (qu'ils nous offrent).
Nam nulla potestas est	Car aucune possibilité n'est
hiscendi	d'ouvrir-la-bouche (de dire)
cur illa corpora cadant,	pourquoi ces molécules tomberaient,
recedantque ab rebus,	et se détacheraient des objets,
quæ res multæ	lesquels objets nombreux [vert
mittunt corpore aperto,	envoient *des émanations* à corps décou-
magis quam	plutôt que
quæ sunt tenuia.	ceux qui sont ténus.

II. — ERREURS OU NOUS JETTENT LES TÉMOIGNAGES DES SENS.

(V. 386-470).

Non possunt oculi naturam noscere rerum :
Proinde animi vitium hoc oculis adfingere noli.
  Qua vehimur navi, fertur, quum stare videtur;
Quæ manet in statione, ea præter creditur ire ;
Et fugere ad puppim [1] colles campique videntur,
Quos agimus præter navim, velisque volamus.
Sidera cessare, ætheriis adfixa cavernis,
Cuncta videntur; et assiduo sunt omnia motu,
Quandoquidem longos obitus exorta revisunt[2],
Quum permensa suo sunt cœlum corpore claro;
Solque pari ratione manere et luna videtur
In statione, ea quæ ferri res indicat ipsa.
Exstantesque procul medio de gurgite montes,
Classibus inter quos liber patet exitus, idem [3]
Apparent, et longe divolsi licet, ingens
Insula conjunctis tamen ex his una videtur.
Atria versari, et circumcursare columnæ
Usque adeo fit uti pueris videantur, ubi ipsi
Desierunt verti, vix ut jam credere possint,

II

Les yeux sont incapables de connaître la nature des corps; ne leur imputez donc pas ces erreurs de l'esprit.

Le navire qui nous emporte vogue tout en paraissant immobile; le navire immobile dans la rade, paraît emporté par le courant. Les collines et les campagnes, le long desquelles le vent enfle nos voiles, semblent fuir vers la poupe. Les astres paraissent tous immobiles, attachés à la voûte céleste. Cependant ils sont sans cesse en mouvement. Ils ne se lèvent que pour aller trouver un coucher lointain, après avoir promené leurs feux éclatants dans toute l'enceinte du ciel. Le soleil et la lune paraissent de même stationnaires, quoique l'évidence nous instruise de leur mouvement. Une chaîne de montagnes élevées au-dessus de la mer, entre lesquelles des flottes entières trouveraient un libre passage, ne nous paraissent de loin qu'une même masse; et quoique très-distantes les unes des autres, elles se réunissent à l'œil sous l'aspect d'une grande île. Les enfants, en cessant de tourner sur eux-mêmes, sont tellement persuadés que l'appartement se meut en rond, et que les colonnes tournent autour

II. — ERREURS OU NOUS JETTENT LES TÉMOIGNAGES DES SENS.

Oculi non possunt	Les yeux ne peuvent pas
noscere naturam rerum :	connaître la nature des choses :
proinde noli	ainsi-donc garde-toi
adfingere oculis	d'attribuer aux yeux
hoc vitium animi.	ce défaut de l'esprit. [mes portés,
Qua navi vehimur	*Le navire* par lequel navire nous som-
fertur,	est-en-mouvement,
quum videtur stare;	lorsqu'il paraît être immobile ;
ea quæ manet in statione	celui qui reste en repos
creditur ire præter;	est cru aller au-delà;
et colles campique	et les collines et les plaines [navire,
præter quos agimus navim,	le-long-desquelles nous poussons le
volamusque velis,	et nous volons à-l'aide des voiles,
videntur fugere ad puppim.	paraissent fuir vers la poupe.
Cuncta sidera	Tous les astres
videntur cessare,	paraissent rester-en-place,
affixa cavernis ætheriis;	fixés aux profondeurs éthérées;
et omnia sunt	et *cependant* tous sont
motu assiduo,	d'un mouvement continuel,
quandoquidem exorta	puisque s'étant levés
revisunt obitus longos,	ils vont-revoir des couchers lointains,
quum permensa sunt	lorsqu'ils ont parcouru
cœlum	le ciel
suo corpore claro;	de leur corps éclatant;
solque videtur	et le soleil paraît
ratione pari	d'une manière semblable
manere in statione,	rester en repos,
et luna,	et (ainsi que) la lune,
ea quæ res ipsa	ces *astres* que la chose (l'évidence) même
indicat ferri.	indique être-en-mouvement.
Montesque exstantes procul	Et des montagnes s'élevant au-loin
de medio gurgite,	du milieu du gouffre (de la mer),
inter quos liber exitus	entre lesquelles une libre issue
patet classibus,	est-ouverte aux flottes,
apparent idem,	apparaissent *comme étant* les mêmes,
et licet divolsi longe,	et quoiqu'éloignées par-une-grande-dis-
tamen una ingens insula	cependant une seule grande île [tance,
videtur ex his conjunctis.	paraît formée de celles-ci réunies.
Fit usque adeo	Il arrive jusqu'à-ce-point
uti atria	que les appartements-sur-la-cour
videantur pueris versari,	paraissent aux enfants tourner,
et columnæ circumcursare,	et les colonnes courir-en-rond,
ubi ipsi	quand eux-mêmes
desierunt verti,	ont cessé de tourner,
ut jam vix possint credere	qu'alors à-peine peuvent-ils croire

Non supra sese ruere omnia tecta minari.

Jamque rubrum tremulis jubar ignibus erigere alte
Quum cœptat Natura, supraque extollere montes;
Quos tibi tum supra sol montes esse videtur,
Cominus ipse suo contingens ¹ fervidus igni,
Vix absunt nobis missus bis mille sagittæ,
Vix etiam cursus quingentos sæpe veruti ².
Inter eos solemque jacent immania ponti
Æquora, substrata ætheriis ingentibus oris;
Interjectaque sunt terrarum millia multa ³,
Quæ variæ retinent gentes et sæcla ferarum.

At conlectus aquæ, digitum non altior unum,
Qui lapides inter sistit, per strata viarum,
Despectum præbet sub terras ⁴ impete tanto,
A terris quantum cœli patet altus hiatus;
Nubila despicere et cœlum ut videare videre, et
Corpora mirando sub terras abdita cœlo.

Denique, ubi in medio nobis equus acer obhæsit
Flumine, et in rapidas amnis despeximus undas,
Stantis equi corpus transversum ferre videtur

d'eux, qu'à peine peuvent-ils se défendre de craindre que le toit ne les écrase de sa chute.

Quand la Nature commence à élever au-dessus des montagnes les feux tremblants du soleil, ces mon' sur la cime desquels son disque paraît se reposer, et qu'il semble toucher immédiatement de ses feux, ne sont éloignés de nous que de deux mille ou même de cinq cents portées de traits. Entre ces montagnes et le soleil, des mers s'étendent à l'infini sous la voûte des cieux; et au delà de ces mers, des régions sans nombre, peuplées d'habitants divers et d'animaux de toute espèce.

Un amas d'eau, d'un pouce de profondeur, entre les pierres dont nos rues sont pavées, nous fait apercevoir sous nos pieds un espace aussi vaste que celui qui, sur nos têtes, sépare le ciel de la terre. On croirait que le globe, percé dans toute sa profondeur, expose à nos yeux de nouveaux nuages, nous montre l'autre moitié du firmament et les corps cachés dans cette enceinte inconnue.

Si notre coursier s'arrête au milieu d'un fleuve, regardons fixement l'onde sous nos pieds : le quadrupède, quoique immobile, nous

omnia tecta non minari	tous les toits ne pas menacer
ruere supra sese.	de s'écrouler sur eux-mêmes.
Jamque quum natura	Et en outre lorsque la nature [soleil
cœptat erigere alte jubar	commence à élever en-haut la lumière du
rubrum ignibus tremulis,	rouge par des feux tremblants, [gnes;
extollereque supra montes;	et à la montrer au-dessus des monta-
montes supra quos	les montagnes au-dessus desquelles
sol videtur tibi	le soleil paraît à toi
esse tum,	être alors,
contingens ipse cominus	les touchant lui-même de-près
fervidus suo igni,	étant brûlant par son feu,
absunt vix nobis	sont-éloignées à-peine de nous
bis mille missus sagittæ,	de deux mille jets d'une flèche,
vix etiam sæpe	à-peine même souvent sont-elles éloignées
quingentos cursus veruti.	de cinq-cents portées de javelot.
Immania æquora ponti,	D'immenses plaines de mer,
substrata ingentibus oris	placées-sous les régions immenses
ætheriis,	de-l'éther, [leil,
jacent inter eos solemque,	s'étendent entre ces montagnes et le so-
multaque millia terrarum,	et bien des milliers de terres,
quæ gentes variæ	que des nations diverses
et sæcla ferarum	et des espèces d'animaux
retinent,	occupent,
interjecta sunt.	sont placées-entre.
At conlectus aquæ,	Mais un amas d'eau,
non altior unum digitum,	pas plus profond qu'un seul doigt,
qui sistit inter lapides,	qui s'arrête entre les pierres,
per strata viarum,	à travers les parties pavées des rues,
præbet	présente
despectum sub terras	une vue-de-haut-en-bas sous terre
impete tanto	dans une dimension aussi-grande
quantum	que celle dans laquelle
altus hiatus cœli	la profonde ouverture du ciel
patet a terris,	est-visible de la terre,
ut videare	de-sorte-que tu parais
despicere nubila et cœlum,	voir-sous toi les nuages et le ciel,
et sub terris mirando	et voir sous terre en t'en étonnant
corpora abdita cœlo.	des corps cachés dans le ciel.
Denique,	Enfin,
ubi equus acer	dès qu'un cheval vif
obhæsit nobis	s'est arrêté pour nous
in medio flumine,	au milieu d'un fleuve,
et despeximus	et que nous avons abaissé-les-yeux
in undas rapidas amnis,	sur les ondes rapides du fleuve,
vis videtur ferro	une force paraît emporter
corpus equi stantis,	le corps du cheval immobile,
transversum,	corps placé-en-travers,

Vis, et in adversum flumen contrudere raptim :
Et quocunque oculos trajecimus, omnia ferri,
Et fluere adsimili nobis ratione videntur.

Porticus æquali quamvis est denique ductu,
Stansque in perpetuum paribus suffulta columnis,
Longa tamen [1], parte ab summa, quum tota videtur,
Paulatim trahit angusti fastigia coni,
Tecta solo jungens atque omnia dextera lævis,
Donec in obscurum [2] coni conduxit acumen.

In pelago nautis ex undis ortus in undis
Sol fit uti videatur obire, et condere lumen :
Quippe ubi nil aliud nisi aquam cœlumque tuentur;
Ne leviter credas labefactari undique sensus [3].

At maris ignaris in ponto clauda videntur
Navigia, aplustris fractis [4], obnitier undis;
Nam quæcunque supra rorem salis edita pars est
Remorum, recta est; et recta superne guberna [5];
Quæ demersa liquore obeunt, refracta, videntur
Omnia converti [6], sursumque supina reverti;
Et reflexa prope in summo fluitare liquore.

paraîtra emporté par une force étrangère contre le courant. Et de quelque côté que nous jetions les yeux, nous verrons tous les corps, entraînés de la même manière, remonter rapidement le fleuve.

Un portique formé de colonnes parallèles et égales en hauteur, vu de l'une de ses extrémités dans toute sa longueur, se resserre peu à peu sous la forme d'un cône; le toit s'abaisse vers le sol, le côté droit se rapproche du gauche, jusqu'à ce que l'œil ne distingue plus que l'angle obscur d'un cône.

Les matelots voient le soleil se lever du sein de l'onde, se coucher dans l'onde et y ensevelir sa lumière, parce qu'en effet ils n'aperçoivent que le ciel et l'eau. Ne taxez donc pas légèrement les sens de mensonge.

D'un autre côté, ceux qui ne connaissent point la mer, croient voir tous les navires dont elle est couverte, déformés et brisés, faire effort contre les flots. La partie des rames et du gouvernail élevée au-dessus de l'onde est droite; la partie plongée dans la mer paraît se courber, remonter horizontalement, et par cette réfraction, presque flotter à la surface.

et contrudere raptim	et *le* pousser précipitamment [rant):
in flumen adversum :	contre le fleuve opposé (contre le cou-
et quocunque	et vers-quelque-côté-que
trajecimus oculos,	nous ayons tourné les yeux,
omnia videntur nobis	tous les *objets* paraissent à nous
ferri et fluere	être emportés et couler
ratione adsimili.	d'une manière semblable.
Porticus denique,	Un portique enfin,
quamvis est ductu æquali,	quoiqu'il soit d'un plan uniforme,
stansque in perpetuum	et se tenant d'un-bout-à-l'autre
suffulta columnis paribus,	soutenu par des colonnes pareilles,
longa tamen,	long cependant,
quum videtur tota	lorsqu'il est vu tout-entier
ab parte summa,	de la partie extrême,
trahit paulatim	prend peu-à-peu
fastigia coni angusti,	les extrémités-amincies d'un cône étroit,
jungens tecta solo,	unissant le toit au sol, [ches,
atque omnia dextera lævis,	et toutes les *parties* à-droites *aux* gau-
donec conduxit	jusqu'-à-ce-qu'il ait réuni *ces parties*
in acumen obscurum coni.	dans la pointe obscure d'un cône.
Fit uti sol	Il arrive que le soleil
videatur nautis in pelago	paraît aux matelots sur mer
ortus ex undis	s'étant levé des ondes
obire et condere lumen	se coucher et cacher *sa* lumière
in undis :	dans les ondes :
quippe ubi	en-tant-qu'*ils sont dans un lieu* où
tuentur nihil aliud	ils ne voient rien autre chose
nisi aquam cœlumque;	sinon le ciel et l'eau;
ne credas leviter	pour que tu ne croies pas légèrement
sensus labefactari undique.	les sens chanceler de-toute-part.
At navigia	D'autre-part les navires
in ponto	sur la mer [pas la mer
videntur ignaris maris	paraissent à-ceux-qui-ne-connaissent-
obnitier clauda undis,	s'efforcer boiteux contre les ondes,
aplustris fractis;	*leur* arrière étant brisé;
nam pars remorum	car la partie des rames
quæcunque edita est	toute-celle-qui est élevée
supra rorem salis,	au-dessus de l'eau de la mer,
est recta;	est droite; [droits;
et guberna superne recta;	et les gouvernails *placés* en-haut sont
quæ obeunt	*les parties* qui plongent
demersa liquore	enfoncées dans l'eau
videntur omnia,	paraissent toutes,
refracta, converti,	étant brisées, changer-de-direction,
revertique sursum supina,	et revenir en-haut renversées,
et reflexa fluitare prope	et infléchies flotter presque
in summo liquore.	à la surface de l'eau.

Raraque per cœlum quum venti nubila portant
Tempore nocturno, tum splendida signa videntur
Labier [1] adversum nubes, atque ire superne
Longe aliam in partem, quam quo ratione feruntur.

 At si forte oculo manus uni subdita subter
Pressit eum, quodam sensu fit, uti videantur
Omnia, quæ tuimur, fieri tum bina tuendo;
Bina lucernarum florentia lumina flammis,
Binaque per totas ædes geminare supellex,
Et duplices hominum facies, et corpora bina.

 Denique [2], quum suavi devinxit membra sopore
Somnus, et in summa corpus jacet omne quiete;
Tum vigilare tamen nobis, et membra movere
Nostra videmur; et in noctis caligine cæca
Cernere censemus solem lumenque diurnum;
Conclusoque loco cœlum, mare, flumina, montes
Mutare, et campos pedibus transire videmur;
Et sonitus audire, severa silentia noctis
Undique quum constent, et reddere dicta tacentes.

 Cetera de genere hoc mirando multa videmus [3],

Lorsque les vents, pendant la nuit, chassent dans l'air des nuages clair-semés, les flambeaux des cieux paraissent s'avancer contre les nues et rouler au-dessus d'elles dans une direction contraire à leur cours naturel.

Pressez de la main la partie inférieure d'un de vos yeux, tous les objets vous paraîtront doubles : vos flambeaux donneront deux lumières ; les riches ameublements croîtront de moitié; vous verrez les hommes avec deux corps et deux visages.

Enfin quand le sommeil a lié nos membres de ses douces chaînes, quand notre corps est étendu dans les bras d'un profond repos, il nous semble quelquefois être éveillés et en mouvement. Nous croyons, au milieu des ténèbres, voir le soleil et la lumière du jour. Dans un lieu étroitement fermé nous croyons changer de climats, de mers, de fleuves, de montagnes, et franchir à pied des plaines immenses, entendre des sons au milieu d'un silence profond et général, et répondre, quoique notre langue reste immobile.

Nous voyons avec surprise une foule de phénomènes semblables qui

Quumque venti	Et lorsque les vents
tempore nocturno	dans le temps de-la-nuit
portant per cœlum	portent (chassent) à-travers le ciel
nubila rara,	les nuages clair-semés,
tum signa splendida	alors les astres brillants
videntur labier adversum,	paraissent glisser à-l'-encontre,
atque ire superne,	et aller en-haut
in partem longe aliam	dans une direction de loin (tout) autre
quam quo ferantur	que *celle* où ils sont portés
ratione.	par *leur* marche-régulière.
At si forte manus	D'autre-part si par hasard une main
subdita uni oculo	placée-sous un œil
subter	dans-la-partie-inférieure
pressit eum,	l'a pressé,
fit quodam sensu,	il arrive par une certaine sensation,
uti omnia quæ tuimur	que toutes les choses que nous regardons,
videantur tum fieri bina	paraissent alors devenir doubles
tuendo;	en *les* regardant;
bina lumina florentia	deux lumières brillant
flammis lucernarum,	par les flammes des lampes,
supellexque bina	et un mobilier double [res,
geminare per ædes totas,	se doubler dans les demeures tout-entiè-
et facies hominum duplices,	et les visages des hommes doubles,
et corpora bina.	et les corps doubles.
Denique quum somnus	Enfin lorsque le sommeil
devinxit membra	a enchaîné *nos* membres
dulci sopore,	par un doux assoupissement,
et corpus omne jacet	et *que notre* corps tout-entier est étendu
in quiete summa;	dans le repos le plus grand;
tum tamen videmur nobis	alors cependant nous paraissons à nous
vigilare,	être-éveillés,
et movere nostra membra;	et remuer nos membres;
et censemus cernere	et nous pensons voir
solem lumenque diurnum	le soleil et la lumière du-jour
in caligine cæca noctis;	dans l'obscurité sombre de la nuit;
videmurque	et nous *nous* paraissons à *nous*-mêmes
loco concluso	dans un lieu fermé,
mutare cœlum,	changer de climat,
mare, flumina, montes,	de mer, de fleuves, de montagnes,
et transire campos pedibus,	et passer les plaines à pied,
et audire sonitus,	et entendre des bruits,
quum silentia severa noctis	bien-que les silences sévères de la nuit
constent undique,	existent de-toute-part, [sions)
et tacentes	et nous taisant (quoique nous nous tai-
reddere dicta.	répondre des paroles.
Videmus mirando	Nous voyons en nous étonnant
cetera multa	tous-les-autres *phénomènes* nombreux

Quæ violare fidem quasi sensibus omnia quærunt :
Nequicquam, quoniam pars horum maxima fallit,
Propter opinatus animi, quos addimus ipsi;
Pro visis ut sint, quæ non sunt sensibu' visa;
Nam nihil egregius quam res secernere apertas
A dubiis, animus quas ab se protinus addit.

III. — LE SON.
(V. 527-598).

Principio, auditur sonus et vox omnis[1], in aures
Insinuata, suo pepulere ubi corpore sensum :
Corpoream quoque enim vocem constare fatendum est,
Et sonitum, quoniam possunt impellere sensus :
Præterradit enim vox fauces sæpe, facitque
Asperiora, foras gradiens, arteria[2] clamor :
Quippe per angustum, turba majore coorta,
Ire foras ubi cœperunt primordia vocum,
Scilicet expletis quoque janua raditur oris[3]
Rauca viis, et iter[4] lædit, qua vox it in auras.
Haud igitur dubium est, quin voces verbaque constent

tendent tous, mais en vain, à diminuer la confiance due aux sens. L'erreur vient en grande partie des jugements de l'âme, jugements que nous ajoutons de nous-mêmes aux rapports des sens, croyant avoir vu ce que les organes ne nous ont point montré. En effet, rien de plus rare que de dégager les rapports évidents des sens des conjectures incertaines que l'âme leur associe de son propre mouvement.

III

D'abord le son et la voix se font entendre, quand leurs éléments, insinués dans les cavités de l'oreille, ont frappé l'organe; car vous ne pouvez contester au son et à la voix leur essence corporelle, puisqu'ils agissent sur les sens. Souvent la voix blesse le gosier, et les cris irritent la trachée. C'est qu'alors les principes de la voix se précipitant au dehors en trop grand nombre, comblent promptement leur étroit canal, en déchirent l'orifice, et endommagent le conduit par où la voix s'échappe dans l'air. On ne peut donc douter que la voix

de hoc genere,	de ce genre,
quæ omnia quærunt	qui cherchent tous
quasi violare fidem	comme à attaquer la foi
sensibus :	aux sens (que nous avons dans les sens):
nequicquam, quoniam	vainement, parce que
maxima pars horum	la plus grande partie de ceux-ci
fallit,	*nous* trompe,
propter opinatus animi	à cause des conjectures de l'esprit
quos ipsi addimus ;	que nous-mêmes ajoutons ; [vues
ut quæ non visa sunt	de-sorte-que les choses qui n'ont pas été
sensibus,	par *nos* sens, [vues) ;
sint pro visis ;	sont pour vues (sont réputées comme
nam nihil egregius	car rien de plus rare
quam secernere res apertas	que de distinguer les choses évidentes
a dubiis,	des douteuses,
quæ animus addit protinus	que l'esprit ajoute aussitôt
ab se.	de lui-même (de son propre fonds).

III. — LE SON.

Principio sonus	D'abord *tout* son
et vox omnis auditur,	et toute voix est entendue,
ubi, insinuata in aures,	lorsqu', ayant pénétré dans les oreilles,
pepulere sensum	ils ont frappé le sens *de l'ouïe*
suo corpore ;	de leur corps (de leurs molécules) ;
fatendum est enim	il faut avouer en effet
vocem quoque	la voix aussi
constare corpoream,	exister corporelle,
et sonitum,	et le son *exister corporel*,
quoniam possunt	puisqu'ils peuvent
impellere sensus :	frapper les sens :
sæpe enim vox	souvent en effet la voix
præterradit fauces,	racle-en-passant le gosier,
clamorque, gradiens foras,	et le cri, en allant dehors (en sortant),
facit arteria asperiora :	rend la trachée plus rude (l'irrite) :
quippe ubi primordia vo-	car dès-que les éléments des voix,
turba majore [cum,	une foule plus grande
coorta,	s'étant élevée (en grand nombre),
cœperunt ire foras	commencent à aller dehors
per iter angustum,	par un chemin étroit,
scilicet janua rauca oris,	à-savoir l'entrée rauque de la bouche,
viis expletis,	les passages étant remplis,
raditur quoque,	est raclée (écorchée) aussi,
et vox lædit iter	et la voix blesse le conduit
qua it in auras.	par où elle va dans les airs.
Igitur haud est dubium	Donc il n'est pas douteux
quin voces verbaque	que les voix et les paroles

Corporeis e principiis, ut' lædere possint.
  Nec te fallit item, quid corporis auferat, et quid
Detrahat ex hominum nervis ac viribus ipsis
Perpetuus sermo, nigraï noctis ad umbram
Auroræ perductus ab exoriente nitore;
Præsertim si cum summo est clamore profusus.
Ergo corpoream vocem constare necesse est,
Multa loquens quoniam amittit de corpore partem.
  Asperitas autem vocis fit ab asperitate
Principiorum, et item lævor lævore creatur.
Nec simili penetrant aures primordia forma,
Quum tuba depresso graviter sub murmure² mugit,
Aut reboant raucum retrocita cornua bombum;
Vallibus et cycni gelidis orti ex Heliconis
Quum liquidam tollunt lugubri voce querelam.
  Hasce igitur penitus voces quum corpore nostro
Exprimimus, rectoque foras emittimus ore⁵,
Mobilis articulat verborum dædala lingua,
Formaturaque labrorum pro parte figurat.
Atque ubi non longum spatium est, unde illa profecta

et les paroles n'aient des éléments corporels, puisqu'ils peuvent exciter en nous de la douleur.

Vous n'ignorez pas non plus à quel point les nerfs sont affaissés, et les forces épuisées par une conversation soutenue depuis les premiers feux de l'aurore jusqu'à la nuit obscure, surtout si la dispute a souvent élevé le son de la voix. La voix est donc corporelle, puisqu'on ne peut parler beaucoup sans une perte sensible de substance.

La rudesse ou la douceur de la voix dépend de la figure des éléments. Ce ne sont pas les mêmes atomes qui frappent vos oreilles quand la trompette fait entendre ses sons graves et profonds, ou que le cor recourbé rend un rauque frémissement, et quand le cygne né dans les fraîches vallées de l'Hélicon fait retentir les plaintes harmonieuses de sa voix mélancolique.

Lorsque les sons ont été chassés du fond de la poitrine dans l'intérieur du palais, la langue mobile, cette industrieuse ouvrière de la parole, les articule, et l'inflexion des lèvres les modifie de son côté.

constent e principiis corporeis,	ne soient composées d'éléments corporels,
ut possint lædere.	pour qu'elles puissent blesser nos *organes*.
Nec item fallit te	Ni de même il ne t'échappe
quid corporis auferat	que de (combien de) corps *nous* enlève
sermo perpetuus,	une conversation continue,
perductus	prolongée
ab nitore exoriente auroræ	depuis l'éclat naissant de l'aurore
ad umbram noctis nigraï,	jusqu'à l'ombre de la nuit noire,
et quid detrahat ex nervis	et ce qu'elle retire des nerfs
et viribus ipsis hominum ;	et des forces mêmes des hommes ;
præsertim si est profusus	surtout si elle est épanchée
cum clamore summo.	avec un cri (un ton) très haut.
Ergo necesse est	Donc il est nécessaire
vocem constare corpoream,	la voix exister corporelle,
quoniam loquens multa	puisque l'*homme* parlant beaucoup
amittit partem de corpore.	perd une partie de *son* corps.
Asperitas autem vocis	Or la rudesse de la voix
fit ab asperitate principiorum,	est faite par (vient de) la rudesse des éléments,
et item lævor	et de même le poli *du son*
creatur lævore.	est créé par le poli *des éléments*.
Nec primordia	Ni les éléments
penetrant aures	ne pénètrent dans les oreilles
forma simili,	sous une forme semblable,
quum tuba mugit graviter	lorsque la trompette mugit fortement
sub murmure gravi,	sous un murmure grave,
aut cornua retrocita	ou *que* les cors recourbés
reboant bombum raucum,	rendent un bourdonnement rauque,
et quum cycni	et lorsque les cygnes
orti ex gelidis vallibus Heliconis,	nés des fraîches vallées de l'Hélicon,
tollunt querelam liquidam voce lugubri.	élèvent une plainte pure (mélodieuse) d'une voix funèbre.
Quum igitur exprimimus	Lors donc que nous faisons-sortir
nostro corpore	de notre corps
hasce voces penitus,	ces voix de-l'intérieur,
emittimusque foras	et *que* nous *les* émettons au-dehors
ore recto,	par la bouche *qui est droite*,
lingua mobilis,	la langue mobile,
dædala verborum,	ouvrière des mots,
articulat,	*les* articule,
formaturaque labrorum	et la conformation des lèvres
figurat pro parte.	*les* façonne pour *sa* part.
Atque ubi spatium	Et quand la distance,
unde illa vox quæque profecta	*du lieu* d'où cette voix quelle-qu'-elle *soit* étant partie

Perveniat vox quæque, necesse est verba quoque ipsa
Plane exaudiri, discernique articulatim;
Servat enim formaturam, servatque figuram.
At si interpositum spatium sit longius æquo,
Aera per multum confundi verba necesse est,
Et conturbari vocem, dum travolat auras.
Ergo fit, sonitum ut possis audire, neque hilum
Internoscere verborum sententia quæ sit;
Usque adeo confusa venit vox inque pedita[1].

Præterea, edictum sæpe unum perciet aures
Omnibus in populo, emissum præconis ab ore.
In multas igitur voces[2] vox una repente
Diffugit, in privas quoniam se dividit aures,
Obsignans formam[3] verbis clarumque sonorem.

At quæ pars vocum non aures accidit ipsas,
Præterlata perit, frustra diffusa per auras;
Pars solidis adlisa locis, rejecta, sonorem
Reddit, et interdum frustratur imagine verbi[4].
Quæ bene quum videas, rationem reddere possis,
Tute[5] tibi atque aliis, quo pacto, per loca sola,

Alors si la voix n'a pas un long trajet à parcourir pour arriver à l'organe, on entend clairement les paroles, on distingue les articulations, parce que la voix conserve ses inflexions et son caractère. Mais si l'espace interposé est trop considérable, l'abondance de l'air confond les paroles, et la voix se trouble en flottant au milieu de ce fluide. D'où il arrive que vous pouvez entendre des sons sans distinguer le sens des mots, parce que la voix n'arrive jusqu'à vous que confuse et embarrassée.

Souvent encore un même édit publié par le crieur frappe les oreilles d'un peuple entier. Une seule voix se divise donc sur-le-champ en un grand nombre d'autres, puisqu'elle se distribue dans une infinité d'organes particuliers, où elle porte des articulations marquées et des sons très-distincts.

Les voix qui ne rencontrent point d'organes continuent leur route, et meurent dissipées dans les airs, ou vont heurter des corps solides dont la répercussion renvoie le son, et nous trompe quelquefois en réfléchissant la parole comme le miroir réfléchit les images. Instruit de ce phénomène, vous pouvez vous expliquer à vous-même et aux

perveniat,	doit-parvenir *aux oreilles*,
non est longum,	n'est pas longue,
necesse est	il est nécessaire
verba quoque ipsa	les paroles aussi elles-mêmes
exaudiri plane,	être entendues nettement,
discernique articulatim :	et être distinguées syllabe-par-syllabe:
servat enim formaturam,	la voix conserve en effet sa forme,
servatque figuram.	et elle conserve sa figure.
At si spatium	Mais si une distance
longius æquo	plus longue qu'*il n'est* juste
interpositum sit,	est placée-entre,
necesse est verba confundi	il est nécessaire les paroles se confondre
per aera multum,	à travers l'air abondant,
et vocem perturbari,	et la voix être troublée,
dum travolat auras.	tandis qu'elle vole-à-travers les airs.
Ergo fit	Donc il arrive
ut possis audire sonitum,	que tu peux entendre le son,
neque internoscere hilum	et ne reconnaître en rien
quæ sit sententia verborum.	quel est le sens des paroles.
Usque adeo	Jusqu'à un-tel-point (tellement)
vox venit confusa	la voix arrive confuse
impeditaque.	et embarrassée.
Præterea.	En outre,
sæpe unum edictum,	souvent un édit,
emissum ab ore præconis,	sorti de la bouche d'un crieur,
perciet aures omnibus	frappe les oreilles à tous (de tous)
in populo.	dans le peuple.
Igitur una vox	Donc une seule voix
diffugit repente	se divise soudainement
in multas voces,	en beaucoup de voix,
quoniam se dividit	puisqu'elle se partage
in aures privas,	entre des oreilles individuelles,
obsignans verbis formam	imprimant aux mots *leur* forme
sonoremque clarum.	et un son clair.
At pars vocum	Mais la partie des voix
quæ non accidit aures ipsas,	qui n'arrive pas aux oreilles mêmes,
perit præterlata,	périt étant portée-au-delà,
diffusa frustra per auras.	dispersée sans-effet dans les airs.
Pars adlisa locis solidis,	Une partie ayant heurté contre des [lieux solides,
rejecta,	répercutée
reddit sonorem,	rend un son,
et frustatur interdum	et trompe quelquefois
imagine verbi.	par l'image d'un mot.
Quæ quum videas bene,	Lesquels *phénomènes* puisque tu vois bien,
possis reddere rationem,	tu pourrais rendre compte
tute tibi	toi-même à toi
atque aliis,	et aux autres,

Saxa pares formas verborum¹ ex ordine reddant,
Palantes comites quum montes inter opacos,
Quærimus, et magna dispersos voce ciemus.
　Sex etiam aut septem loca vidi reddere voces
Unam quum jaceres : ita colles collibus ipsis
Verba repulsantes iterabant dicta referre.
Hæc loca capripedes Satyros Nymphasque tenere
Finitimi fingunt; et Faunos esse loquuntur,
Quorum noctivago strepitu² ludoque jocanti
Affirmant volgo taciturna silentia rumpi,
Chordarumque³ sonos fieri, dulcesque querelas,
Tibia quas fundit digitis pulsata canentum;
Et genus agricolum late sentiscere, quum Pan,
Pinea semiferi⁴ capitis velamina quassans,
Unco sæpe labro calamos percurrit hiantes,
Fistula silvestrem ne cesset fundere musam.
Cetera de genere hoc monstra ac portenta loquuntur,
Ne loca, deserta ab Divis, quoque forte putentur
Sola tenere⁵; ideo jactant miracula dictis;

autres comment, dans les lieux solitaires, les rochers renvoient les paroles dans leur ordre et avec leur articulation primitive, lorsque cherchant nos compagnons égarés, nous les appelons à grands cris sur les montagnes ombreuses.

　J'ai vu même des lieux qui répétaient six ou sept fois le mot qu'on proférait : tant les paroles réfléchies de collines en collines étaient fidèlement rapportées! Les peuples voisins de ces lieux les supposent habités par des Satyres, par des Nymphes et par des Faunes qui, à les en croire, s'égayent dans ces solitudes, en troublent le silence profond par leurs concerts nocturnes, par le doux frémissement des cordes, et par les sons plaintifs de leurs voix, qu'accompagne la flûte sous leurs doigts agiles. Ils ajoutent que les habitants de la campagne sont avertis de l'arrivée de Pan toutes les fois que ce dieu, qui tient de l'homme et de la bête, agitant une couronne de pin sur sa tête promène ses lèvres recourbées sur ses chalumeaux, sans jamais suspendre ses accents champêtres. Ils racontent encore plusieurs autres prodiges de cette nature, soit afin qu'on ne regarde pas comme abandonné par les dieux le pays qu'ils

quo pacto saxa reddant	de quelle manière les rochers renvoient
per loca sola	à travers les lieux solitaires
formas pares verborum	les formes semblables des mots
ex ordine,	par ordre (dans leur ordre), [gées
quum inter montes opacos	lorsqu'au milieu des montagnes ombra-
quærimus	nous cherchons
comites palantes,	nos compagnons errants,
et ciemus magna voce	et que nous appelons d'une grande voix
dispersos.	eux qui sont dispersés.
Vidi etiam loca	J'ai vu même des lieux
reddere	rendre (renvoyer)
sex aut septem voces,	six ou sept voix,
quum jaceres unam:	lorsque tu en lançais une:
ita colles	tellement les collines
repulsantes verba collibus	repercutant les mots par les collines
iterabant dicta referre.	multipliaient les mots à répéter (en les
Finitimi fingunt	Les voisins supposent [répétant.
Satyros capripedes	les Satyres aux-pieds-de-chèvre
Nymphasque	et les Nymphes
tenere hæc loca,	occuper ces lieux-là,
et loquuntur Faunos esse,	et ils disent des Faunes être,
strepitu noctivago	par le vacarme nocturne
ludoque jocanti quorum	et par le jeu plaisant desquels
affirmant	ils affirment
silentia taciturna	les silences taciturnes (profonds)
rumpi volgo,	être rompus fréquemment, [lieu,
sonosque chordarum fieri,	et des sons de cordes (de lyre) avoir-
querelasque dulces	ainsi-que les plaintes douces
quas tibia fundit	que la flûte répand [jouent,
pulsata digitis canentum,	frappée par les doigts des faunes qui en
et genus agricolarum	et la race des campagnards
sentiscere late,	s'en apercevoir au-loin,
quum Pan	lorsque Pan [pin
quassans velamina pinea	agitant les enveloppes (la couronne) de-
capitis semiferi,	de sa tête à-moitié-sauvage,
percurrit sæpe labro unco	parcourt souvent d'une lèvre recourbée
calamos hiantes,	ses chalumeaux ouverts,
ne fistula cesset	pour que sa flûte ne cesse pas
fundere musam agrestem.	de répandre un air champêtre.
Loquuntur	Ils racontent [diges
cetera monstra ac portenta	les autres merveilles et les autres pro-
de hoc genere,	de ce genre,
ne forte	de peur que par hasard
putentur quoque	ils ne soient réputés aussi
tenere loca sola,	habiter des lieux déserts,
deserta ab Divis;	abandonnés par les dieux; [cles
jactant ideo miracula	ils vantent pour-cette-raison ces mira-

Aut aliqua ratione alia¹ ducuntur, ut omne
Humanum genus est avidum nimis auricularum².

IV. — LE SOMMEIL, LE RÊVE.
(V. 905-926, 959-1017.)

Nunc quibus ille modis somnus per membra quietem
Inriget, atque animi curas e pectore solvat,
Suavidicis potius, quam multis versibus, edam :
Parvus ut est cycni melior canor, ille gruum quam
Clamor, in aetheriis dispersus nubibus Austri.
Tu¹ mihi da tenues aures animumque sagacem,
Ne fieri negites, quæ dicam, posse, retroque
Vera repulsanti discedas pectore dicta,
Tutemet in culpa quum sis, ne cernere possis.

Principio, somnus fit, ubi est distracta per artus
Vis animæ, partimque foras ejecta recessit,
Et partim contrusa magis concessit in altum².
Dissolvuntur enim tum demum membra fluuntque³ :
Nam dubium non est, animaï quin opera sit

---

habitent, soit pour quelque autre raison ; car on ne sait que trop à quel point l'esprit humain est avide de fables.

IV

Maintenant comment le sommeil verse-t-il le repos dans nos membres, et bannit-il l'inquiétude de nos âmes, c'est ce que je vais expliquer en vers peu nombreux mais harmonieux. Ainsi les faibles accents du cygne flattent plus l'oreille que les cris perçants dont les grues remplissent les airs. De votre côté, prêtez-moi une oreille attentive et un esprit appliqué, pour ne point nier les faits dont je vous démontrerai la possibilité ; autrement par votre obstination à repousser l'évidence, vous deviendriez vous-même la cause de votre aveuglement.

D'abord le sommeil naît en nous quand le principe vital est dispersé dans les membres, et qu'une partie est chassée en dehors, tandis que l'autre se ramasse et se condense davantage dans l'intérieur du corps. Alors seulement les membres se délient et paraissent flottants. En

dictis;	par *leurs* paroles;
aut ducuntur	ou ils sont conduits
aliqua alia ratione,	par quelque autre raison,
ut omne genus humanum	vu-que toute l'espèce humaine
est nimis avidum	est excessivement avide
auricularum.	du *côté* des oreilles.

IV. — LE SOMMEIL, LE RÊVE.

Nunc quibus modis	Maintenant par quels moyens
ille somnus	ce sommeil
inriget quietem per membra,	verse le repos à travers les membres,
atque solvat e pectore	et détache du cœur
curas animi,	les soucis de l'esprit,
edam versibus suavidicis	je l'exposerai dans des vers harmonieux
potius quam multis :	plutôt que nombreux :
ut parvus canor cycni	de-même-que le faible chant du cygne
est melior	est meilleur
quam ille canor gruum,	que ce cri des grues,
dispersus	dispersé
in nubibus æthereiis	dans les nuages éthérés
Austri.	de l'Auster.
Tu da mihi	Toi prête-moi
aures tenues	des oreilles fines (une oreille attentive)
animumque sagacem,	et un esprit sagace,
ne negites	pour que tu ne nies pas
quæ dicam	les choses que je dirai
posse fieri,	pouvoir arriver,
discedasque retro	et *que* tu ne te retires pas en-arrière
pectore repulsanti	avec un cœur repoussant
vera dicta,	les vérités *que j'aurai* dites, [pable)
quum tutemet sis in culpa	quand toi-même tu serais en faute (cou-
ne possis cernere.	de ne pouvoir distinguer.
Principio, somnus fit,	D'abord, le sommeil a-lieu,
ubi vis animæ	quand la force (le principe) de la vie
distracta est per artus,	est dispersée à travers les membres,
partimque ejecta	et *que* en-partie étant chassée
recessit foras,	elle s'en est allée au-dehors,
partimque magis contrusa	et qu'en-partie étant plus refoulée
concessit in altum.	elle s'est retirée dans le fond.
Tum demum enim	Alors seulement en effet
membra dissolvuntur	les membres sont dissous
atque fluunt;	et flottent ;
nam non est dubium	car il n'est pas douteux
quin hic sensus	que ce sentiment (le sentiment)
sit in nobis	ne soit en nous
opera animaï ;	par le secours de l'âme;

Sensus hic in nobis; quem quum sopor impedit esse,
Tum nobis¹ animam perturbatam esse putandum est,
Ejectamque foras; non omnem : namque jaceret
Æterno corpus perfusum frigore lethi.
Quippe ubi nulla latens animaï pars remaneret
In membris, cinere ut multo latet obrutus ignis,
Unde reconflari sensus per membra repente
Possit, ut ex igni cæco consurgere flamma?

. . . .

Et quoi² quisque fere studio³ devinctus adhæret,
Aut quibus in rebus multum sumus ante morati,
Atque in qua ratione fuit contenta magis mens,
In somnis eadem plerumque videmur obire :
Causidici causas agere, et componere leges ⁴;
Induperatores⁵ pugnare, ac prælia obire;
Nautæ contractum cum ventis cernere bellum;
Nos agere hoc⁶ autem, et naturam quærere rerum
Semper, et inventam patriis exponere chartis.
Cetera sic studia atque artes plerumque videntur

effet, c'est à l'âme que nous devons le sentiment, dont le sommeil ne peut nous priver sans que la substance pensante ne soit troublée et chassée du corps, mais non pas tout entière; car le froid éternel de la mort se répandrait alors dans la machine, puisqu'il ne lui resterait aucune particule d'âme qui, semblable au feu caché sous la cendre, fût capable de rallumer tout à coup le sentiment....

Les objets habituels de nos occupations, ceux qui nous ont retenus le plus souvent et qui ont exigé de nous le plus de contention d'esprit, sont les mêmes auxquels nous paraissons nous livrer ordinairement pendant le sommeil. Les avocats plaident des causes et interprètent les lois en songe; le général livre des combats et affronte les dangers; le pilote fait la guerre aux vents; moi-même je n'interromps point mes travaux pendant la nuit. Je continue d'interroger la Nature, et d'en dévoiler les secrets dans la langue de ma patrie. En

quem quum sopor	lequel *sentiment* lorsque le sommeil
impedit esse,	empêche d'exister,
tum putandum est vitam	alors il faut penser la vie [nous
perturbatam esse nobis	avoir été complétement-troublée pour
ejectamque foras;	et avoir été chassée au-dehors;
non omnem :	non pas tout-entière :
namque corpus jaceret	car le corps serait-gisant
perfusum frigore æterno	couvert du froid éternel
lethi.	de la mort.
Quippe ubi	Attendu-que là (dans le corps)
nulla pars animaï	aucune partie de l'âme
remaneret latens	ne resterait cachée
in membris,	dans les membres,
ut ignis latet	comme le feu est caché,
obrutus cinere multo,	couvert d'une cendre abondante,
unde sensus possit	d'où le sentiment puisse
reconflari repente	être ravivé soudainement
per membra,	à travers les membres,
ut flamma consurgere	comme la flamme *peut* sortir
ex igni cœco.	d'un feu caché.

. . . .

Et quoi studio	Et *le goût* auquel goût
fere quisque	presque-toujours chacun
adhæret devvinctus,	reste attaché,
aut in quibus rebus	ou-bien *les choses* dans lesquelles choses
sumus multum morati	nous nous sommes beaucoup arrêtés
ante,	auparavant,
atque in qua ratione	et la *doctrine* dans laquelle doctrine
mens fuit magis contenta,	l'esprit a été plus tendu,
videmur plerumque	nous paraissons la-plupart-du-temps
in somnis	dans nos sommeils (en songe)
obire eadem :	aller-au-devant de *ces* mêmes *objets*:
causidici agere causas,	les avocats *paraissent* plaider des causes,
et componere leges;	et comparer des lois;
induperatores pugnare,	les généraux combattre,
ac obire prælia;	et aller-au-devant des combats;
nautæ cernere bellum	les matelots voir une guerre
contractum cum ventis;	engagée avec les vents;
nos autem agere hoc,	et nous nous occuper de ceci,
et quærere semper	et chercher toujours
naturam rerum,	la nature des choses, [patrie
et exponere chartis patriis	et *l*'exposer dans des écrits de-notre-
inventam.	quand-nous-l'avons-trouvée.
Sic cetera studia	Ainsi les autres goûts
atque artes	et les *autres* arts
videntur plerumque	paraissent la plupart-du-temps

In somnis animos hominum frustrata¹ tenere.
Et quicunque dies multos ex ordine ludis
Assiduas dederunt operas, plerumque videmus,
Quum jam destiterint, ea sensibus usurpare;
Rellicuas² tamen esse vias in mente patentes,
Qua possint eadem rerum simulacra venire.
Permultos itaque illa dies eadem obversantur
Ante oculos, etiam vigilantes ut videantur
Cernere saltantes, et mollia membra moventes,
Et citharæ liquidum carmen, chordasque loquentes
Auribus accipere, et consessum cernere eumdem,
Scenaïque simul varios splendere decores :
Usque adeo magni refert studium atque voluntas,
Et quibus in rebus consuerint esse operati
Non homines solum, sed vero animalia cuncta!
Quippe videbis equos fortes, quum membra jacebunt
In somnis, sudare tamen spirareque sæpe,
Et quasi de palma summas contendere vires,
Tunc quasi carceribus patefactis, sæpe quiete.

un mot, les autres études et les autres arts occupent ordinairement en songe les hommes par de semblables illusions.

Ceux qui assistent assidûment aux jeux plusieurs jours de suite, nous les voyons presque toujours, lors même que les spectacles ont cessé de frapper leurs sens, avoir dans leur âme des routes ouvertes, par où les mêmes simulacres peuvent encore s'introduire. Les mêmes objets se présentent à eux pendant plusieurs jours. Ils voient, même en veillant, les danseurs bondir et mouvoir leurs membres avec souplesse; ils entendent les accords de la lyre et le doux langage des cordes; ils retrouvent la même assemblée et la même variété de décorations dont brillait la scène : tant est grand le pouvoir du penchant, du goût et de l'habitude, non-seulement sur les hommes, mais sur les animaux eux-mêmes!

En effet, vous verrez de généreux coursiers, quoique étendus et profondément endormis, se baigner de sueur, souffler fréquemment, et tendre souvent tous leurs muscles dans le repos, comme si les barrières étaient déjà ouvertes pour disputer le prix de la course.

in somnis	dans les sommeils (en songe)
tenere animos hominum	occuper les esprits des hommes
frustrata.	les ayant trompés (en les trompant).
Et quicunque dederunt	Et tous-ceux-qui ont donné
multos dies ex ordine	pendant beaucoup de jours de suite
operas assiduas	des soins assidus (une attention assidue)
ludis,	aux jeux,
videmus plerumque,	nous voyons la-plupart-du-temps,
quum jam destiterint	lorsque déjà ils ont cessé
usurpare ea sensibus,	de percevoir ces *spectacles* par les sens,
tamen vias patentes	cependant des chemins ouverts
esse rellicuas in mente,	être restants à *eux* dans l'esprit,
qua eadem simulacra	par où les mêmes simulacres
rerum	des objets
possint venire.	puissent venir.
Itaque illa eadem	C'est pourquoi ces mêmes *objets*
obversantur ante oculos	se présentent devant *leurs* yeux
per multos dies,	pendant beaucoup de jours,
ut etiam vigilantes	de-sorte-que même éveillés
videantur cernere	ils *se* paraissent (ils croient) voir
saltantes,	des *hommes* qui dansent,
et moventes	et qui remuent
membra mollia,	des membres souples,
et accipere auribus	et recevoir dans *leurs* oreilles
carmen liquidum citharæ,	le chant pur de la lyre,
chordasque loquentes,	et *ses* cordes parlantes,
et cernere	et voir
eumdem consessum,	la même assemblée,
simulque	et-en-même-temps voir
decores varios scenai	les décorations variées de la scène
splendere :	briller :
usque adeo studium	jusqu'-à un-tel-point (tellement) le goût
refert magni	importe grandement
atque voluntas,	ainsi-que la volonté,
et in quibus rebus	et *tant il importe* dans quelles choses
non solum homines	non-seulement les hommes
consuerint esse operati,	ont-coutume d'être occupés,
sed vero cuncta animalia.	mais même tous les animaux.
Quippe videbis	Car tu verras
equos fortes,	des chevaux fougueux,
quum membra jacebunt	lorsque *leurs* membres seront étendus
in somnis,	dans les sommeils (dans le sommeil),
tamen sudare	cependant suer
spirareque sæpe,	et souffler souvent,
et sæpe quieto	et souvent dans le repos
contendere vires summas	tendre *leurs* forces les plus grandes
quasi de palma,	comme pour *disputer* la palme,

Venantumque canes, in molli sæpe quiete,
Jactant crura tamen subito, vocesque repente
Mittunt, et crebras redducunt naribus auras [1],
Ut vestigia si teneant inventa ferarum :
Expergefactique sequuntur inania sæpe
Cervorum simulacra, fugæ quasi dedita cernant;
Donec discussis redeant erroribus ad se.
  At consueta domi catulorum blanda propago
Degere, sæpe levem ex oculis volucremque soporem
Discutere, et corpus de terra conripere instant,
Proinde quasi ignotas facies atque ora tuantur.
Et quam quæque magis sunt aspera semina corum,
Tam magis in somnis eadem sævire necessum est.
  At variæ fugiunt volucres, pennisque repente
Sollicitant Divum, nocturno tempore, lucos,
Accipitres somno in leni si prælia pugnasque
Edere sunt persectantes, visæque volantes.
  Porro hominum mentes magnis quæ motibus edunt

Souvent encore, au milieu du sommeil, les chiens de nos chasseurs agitent tout à coup leurs pieds, jappent avec allégresse, et aspirent l'air à plusieurs reprises, comme s'ils étaient sur la trace de la proie. Souvent même, en se réveillant, ils continuent de poursuivre le vain simulacre d'un cerf qu'ils s'imaginent voir fuir devant eux, jusqu'à ce que, revenus à eux-mêmes, ils se désabusent à regret de leur erreur.

D'un autre côté, le chien caressant qui vit sous nos toits, chasse en un moment le sommeil léger qui fermait ses paupières, se dresse avec précipitation sur ses pieds, croyant voir un visage inconnu et des traits suspects. Car les simulacres tourmentent d'autant plus en songe, que leurs éléments sont plus rudes et plus anguleux.

Au contraire, les oiseaux de toute espèce prennent la fuite, et, en agitant leurs ailes, vont implorer pendant la nuit un asile dans les bois sacrés, s'ils voient, au milieu d'un sommeil paisible, l'épervier vorace fondre sur eux, ou les poursuivre d'un vol rapide.

Et les âmes humaines, de quels grands mouvements ne sont-elles

quasi carceribus	comme les barrières
patefactis tunc.	étant ouvertes alors.
Canesque venantum,	Et les chiens des chasseurs,
sæpe in molli quiete,	souvent dans un doux repos, [ment,
jactant tamen crura subito,	agitent cependant les jambes subite-
mittuntque repente voces,	et émettent soudainement des voix,
et reducunt naribus	et respirent par *leurs* naseaux
auras crebras,	des airs pressés,
ut si teneant	comme s'ils tenaient
vestigia inventa ferarum :	les pistes découvertes des-bêtes-fauves :
expergefactique	et ayant été réveillés
sequuntur sæpe	ils poursuivent souvent
inania simulacra cervorum,	de vains simulacres de cerfs,
quasi cernant	comme-s'ils *les* voyaient
dedita fugæ ;	livrés à la fuite ; [dissipées
donec erroribus discussis	jusqu'à ce que *leurs* erreurs ayant été
redeant ad se.	ils reviennent à eux-mêmes.
At propago blanda	D'autre-part la race caressante
catulorum	des chiens
consueta degere domi,	habituée à vivre à la maison,
instant sæpe	se hâte souvent
discutere ex oculis [que,	d'écarter de *ses* yeux
soporem levem volucrem-	le sommeil léger et rapide,
et conripere corpus	et d'arracher *son* corps
de terra,	de terre,
proinde quasi tuantur	comme si ils (ces chiens) voyaient
facies ignotas atque ora.	des visages inconnus et des traits in-
Et quam	Et autant [connus.
quæque semina eorum	tous les atomes de ces *simulacres*
sunt magis aspera,	sont plus rudes,
tam magis necessum est	d'autant plus il est nécessaire
eadem sævire	ces mêmes *simulacres* sévir
in somnis.	dans les sommeils.
At volucres variæ	D'autre-part les oiseaux variés
fugiunt,	fuient,
sollicitantque repente	et troublent tout-à-coup
pennis	de *leurs* ailes
tempore nocturno,	dans le temps de-la-nuit
lucos Divum,	les bois-sacrés des dieux ;
si in leni somno	si pendant le doux sommeil
accipitres visæ sunt	des éperviers ont été vus
persectantes volantesque	*les* poursuivant et volant
edere prælia pugnasque.	livrer des combats et des batailles.
Porro mentes hominum	De plus les esprits des hommes
faciunt sæpe geruntque	font souvent et accomplissent
itidem in somnis	semblablement dans les sommeils
magna quæ edunt	de grandes choses qu'ils exécutent

Magna itidem sæpe in somnis faciuntque geruntque;
Reges expugnant, capiuntur, prælia miscent,
Tollunt clamores, quasi si jugulentur ibidem.
Multi depugnant, gemitusque doloribus edunt,
Et quasi pantheræ morsu sævive leonis
Mandantur, magnis clamoribus omnia complent;
Multi de magnis per somnum rebu' loquuntur,
Indicioque sui facti persæpe fuere;
Multi mortem obeunt; multi de montibus altis
Se quasi præcipitent ad terram corpore toto,
Exterrentur, et ex somno, quasi mentibu' capti,
Vix ad se redeunt, permoti corporis æstu.

pas agitées pendant le sommeil? Combien de vastes projets formés et exécutés en un moment? Ce sont des rois dont on devient le maître ou l'esclave, des combats qu'on livre, des cris qu'on pousse, comme si l'on était égorgé sur la place. Il y en a qui se débattent, qui gémissent de douleur, qui remplissent l'air de leurs cris, comme s'ils étaient dévorés par la dent du lion ou de la panthère. Il y en a aussi qui s'entretiennent en songe des affaires les plus importantes, et qui se trahissent souvent eux-mêmes par des aveux involontaires. Il en est encore qui se voient conduire au supplice; d'autres qui, croyant tomber de tout leur poids dans un précipice, se réveillent avec effroi, hors d'eux-mêmes, et se remettent difficilement du trouble que leur a causé cette agitation.

magnis motibus;	avec de grands mouvements;
expugnant reges,	ils vainquent des rois,
capiuntur,	ils sont pris,
miscent prælia,	ils engagent des combats,
tollunt clamores,	ils poussent des cris,
quasi si jugulentur ibidem.	comme s'ils étaient égorgés là-même.
Multi depugnant,	Beaucoup combattent,
eduntque gemitus	et poussent des gémissements
doloribus,	par suite des douleurs,
et quasi mandantur	et comme s'ils étaient mâchés (déchirés)
morsu pantheræ	par la morsure d'une panthère
leonisve sævi,	ou d'un lion cruel,
complent omnia	ils remplissent tous *les lieux*
magnis clamoribus;	de grands cris;
multi loquuntur	beaucoup parlent
per somnum	pendant le sommeil
de rebus magnis,	de choses importantes,
fuerequa persæpe	et ont été très-souvent (dénonciateurs);
indicio sui facti;	à dénonciation de leur acte (leurs propres
multi obeunt mortem,	beaucoup vont-au-devant de la mort,
multi exterrentur,	beaucoup sont épouvantés;
quasi se præcipitent	comme-s'ils se précipitaient
ad terram	à terre
corpore toto	de tout *leur* corps (de tout leur poids)
de montibus altis,	du-haut de montagnes élevées,
et ex somno	et *arrachés* du sommeil,
quasi capti mentibus,	comme pris par l'esprit (comme égarés)
redeunt vix ad se,	ils reviennent à-peine à eux-mêmes,
permoti	fortement-remués
æstu corporis.	par l'agitation du corps.

NOTES

DU QUATRIÈME LIVRE DES MORCEAUX CHOISIS DE LUCRÈCE.

I.

Page 124 : 1. *Mentes terrificant*, nous épouvantent, en nous avertissant de la présence d'un être réellement redoutable.

— 2. *Ne forte*. Ces simulacres des songes, émanés d'objets réels, seraient groupés par l'imagination déréglée, de façon à former des êtres purement fantastiques.

— 3. *Effigias*, forme archaïque pour *effigies*.

— 4. *Mittier* pour *mitti*, forme archaïque d'infinitif passif, fréquemment employée par Lucrèce.

Page 126 : 1. *Quojuscunque*, génitif archaïque pour *cujuscunque*.

— 2. *Diffusa solute*. Ces molécules se dispersent après s'être séparées de leur foyer originel.

— 3. *Spoliis volitantibus*. La peau sèche dont le serpent s'est dépouillé voltige au souffle du vent à cause de sa légèreté.

— 4. *Tenuis*, qui échappe à nos sens par sa ténuité.

— 5. *Illa*, ces effigies dont Lucrèce vient de parler, comme la tunique de la cigale, la membrane du jeune veau, la peau du serpent.

— 6. *Ordine*. Ces molécules, conservant, lorsqu'elles se détachent du corps, le même ordre qu'elles avaient à sa superficie, en transmettent naturellement la forme.

Page 128 : 1. *Endopediri*, forme archaïque pour *impediri*. Plus ces molécules sont petites et superficielles, moins elles rencontrent d'obstacles dans leur transmission à travers l'espace.

— 2. *Jaci*. La syllabe *ci* est abrégée, par licence, au lieu d'être élidée.

— 3. *Ex alto penituque*, par exemple : la fumée, la vapeur.

— 4. *Volgo*, forme archaïque pour *vulgo*.

— 5. *Vela*. Il s'agit ici des voiles qu'on tendait au-dessus de l'amphithéâtre et de la scène, au moyen de cordages attachés à des mâts. Au temps de Lucrèce, ces voiles étaient de lin; plus tard on y employa la soie.

— 6. *Cogunlque.... colore.* Les mobiles reflets de ces voiles agités par le vent se répandent sur les assistants, et ceux-ci semblent flotter comme les toiles eux-mêmes.

— 7. *Inclusa.... manis*, de façon à ce que la lumière n'y pénètre point par les côtés.

— 8. *Utræque.* D'un côté les voiles de lin qui couvrent l'amphithéâtre, de l'autre les objets matériels quelconques.

Page 130 : 1. *Filo*, une sorte de fil invisible qui rattache les images à l'objet dont elles émanent.

— 2. *Singillatim.* On ne peut voir isolément ces images dans leurs parcours à travers l'espace, mais seulement dans leur ensemble, quand elles dessinent la reproduction de l'objet sur un corps capable de l'arrêter et de le fixer.

— 3. *Per iter flexum*, à travers les pores de l'objet matériel, pores qui sont obliques, sinueux.

— 4. *Esse.* Cet infinitif est employé ici comme un nom : l'être, la substance.

Voyez encore les passages suivants : sur la ténuité des principes de la matière (112-130, 169-176); sur la rapidité et la continuité du mouvement des simulacres dans l'espace (210-231); sur certains phénomènes d'optique (319-337).

II.

Page 132 : 1. *Ad puppim.* Ils semblent se diriger vers l'arrière du navire, c'est-à-dire en sens inverse de la marche de ce navire.

— 2. *Revisunt*, vont revoir : parce que ce mouvement est périodique.

— 3. *Idem* contraction pour *iidem*; on dirait qu'ils font partie de la même chaîne.

Page 134 : 1. *Contingens.* Le soleil est si près de ces montagnes qu'il semble les toucher.

— 2. *Veruti.* Comme *veru*, *verutum* était une sorte de dard ou de javelot, d'une portée plus longue que la flèche.

— 3. *Interjecta...., millia multa.* Lucrèce supposait au globe terrestre une immense étendue, et croyait qu'au delà de l'Océan, qui limitait le monde connu des anciens, il existait une foule d'autres régions peuplées d'hommes et d'animaux.

— 4. *Despectum.... sub terras.* On croit voir sous la terre, par un phénomène de réflexion, l'espace qui s'étend au-dessus de nos têtes.

Page 136 : 1. *Longa tamen.* Il est nécessaire que la colonnade soit longue pour que l'effet d'optique indiqué par Lucrèce, se produise.

— 2. *In obscurum.* Cet effet ne se réalise complétement, que si le portique au lieu de recevoir la lumière aux deux extrémités, aboutit à une clôture opaque.

— 3. *Ne.... sensus.* Ce n'est pas faiblesse des sens : ils ne peuvent voir autrement.

— 4. *Aplustris fractis.* Le mot *aplustra* signifie proprement la pièce de bois courbe qui forme l'extrémité de la poupe, et qui plonge dans la mer; elle apparaît brisée, déformée, au-dessous de la ligne de flottaison.

— 5. *Guberna*, forme archaïque pour *gubernacla*.

— 6. *Omnia converti.* Toutes les parties qui plongent dans l'eau paraissent infléchies, brisées, et comme flottant presque à la surface. Ce phénomène, bien connu sous le nom de réfraction, provient de la différence de densité des deux milieux en contact, l'air et l'eau.

Page 138 : 1. *Labier*, infinitif archaïque pour *labi*. Les astres semblent s'avancer vers les nuages.

— 2. *Denique....* Dans ces huit vers Lucrèce montre comment l'imagination suffit pour produire en nous, pendant le sommeil, des sensations qui ne diffèrent en rien de ce que produirait l'impression réelle et directe des objets.

— 3. *Cetera... videmus.* Après avoir énuméré treize principales sources d'erreurs, Lucrèce ajoute que bien d'autres phénomènes tendent à ébranler la foi que nous avons dans le témoignage de nos sens ; mais que l'imagination seule est fautive, et non les sens.

Voyez encore le passage sur la confiance due aux perceptions des sens (480-502).

III.

Page 140 : 1. *Sonus et vox omnis.* Ici *sonus* s'applique à toute espèce de bruit inarticulé ; *vox*, aux sons articulés émis par le larynx humain.

— 2. *Præterradit... facit asperiora... arteria,* etc. Lucrèce suppose que si le son émis avec force blesse et irrite le gosier (*fauces*) et le canal du larynx (*arteria*), c'est que les atomes dont le son est formé (*primordia vocum*) heurtent trop rudement, quand ils s'échappent au dehors, les parois de l'organe : ce qui détermine une sorte de déchirement.

— 3. *Janua oris,* l'ouverture du larynx dans la gorge, laquelle est alors obstruée par les molécules sonores.

— 4. *Iter,* la trachée artère.

Page 142 : 1. *Ut.* Le sens est, que la voix ne pourrait pas blesser nos organes, si elle n'était pas composée d'éléments matériels.

— 2. *Depresso... murmure.* Ce sont les notes basses, graves.

— 3. *Recto ore.* C'est le canal en lignes droites qui transmet les sons de la bouche.

Page 144 : 1. *Inque pedita,* pour *impeditaque.* La voix est arrêtée par les mille obstacles que lui opposent les molécules de l'air.

— 2. *In multas voces.* La voix du héraut est comme divisée en un nombre infini de voix, toutes semblables entre elles qui vont frapper les oreilles de chaque auditeur.

— 3. *Obsignans formam verbis.* Les mots existent indépendamment de la voix ; mais c'est la voix qui les met en forme (*obsignans formam*), pour exprimer les pensées.

— 4. *Frustratur imagine verbi....* nous trompe, puisque c'est simplement l'image de la voix que nous prenons pour la voix elle-même.

— 5. *Tute,* pour *tu ipse.*

Page 146 : 1. *Pares formas verborum,* des mots formés, comme nous les avons prononcés nous-mêmes.

— 2. *Noctivago strepitu.* D'après la croyance des anciens, c'était la nuit, pour échapper aux regards indiscrets des mortels, que les Faunes se livraient de préférence à leurs ébats.

— 3. *Chordarumque*, etc. Explication poétique de l'écho. Ce ne serait que le son lointain des lyres, des flûtes et des chants des divinités champêtres.

— 4. *Semiferi*. Pan est ainsi désigné à cause de ses oreilles pointues, et de ses jambes terminées par des sabots de chèvre.

— 5. *Ne loca.... sola tenere.* Par vanité les habitants de la campagne prétendaient que des divinités habitaient auprès d'eux.

Page 146 : 1. *Aliqua ratione alia*, quelque autre motif, le penchant à la superstition.

— 2. *Avidum auricularum*, hellénisme, comme *integer vitæ* : avide du côté des oreilles, c'est-à-dire, avide de remplir ses oreilles de récits fabuleux.

Voyez les passages suivants : Comment les émanations des corps affectent l'odorat (677-690); pourquoi les odeurs ne se répandent pas aussi loin que les sons (691-709); sur les simulacres qui voltigent dans l'espace (724-751); sur l'usage que les hommes font de leurs membres (821-855).

IV

Page 148 : 1. *Tu*, apostrophe à Memmius.

— 2. *Concessit in altum.* Selon Lucrèce, le sommeil se produit, lorsque du principe animé, ordinairement réuni au centre vital, une partie est dispersée dans les membres, une seconde, rejetée hors du corps humain, une troisième, repliée sur elle-même et condensée. On ne peut concevoir d'hypothèse plus compliquée et plus bizarre.

— 3. *Dissolvuntur.... fluuntque.* Lucrèce considère le sommeil comme une liqueur dissolvante au milieu de laquelle les membres flottent inertes.

Page 150 : 1. *Tum nobis.* Le raisonnement de Lucrèce est facile à suivre : Si la sensation est la manifestation du principe vital, quand il arrive que le sommeil éteint presque complétement la sensation, c'est que le principe vital est lui-même troublé, affaibli, l'effet devant toujours être proportionné à la cause.

— 2. *Quoi*, datif archaïque pour *cui*.

— 3. *Studio*, le goût particulier qui porte notre esprit vers tel ou tel sujet de méditation pendant que nous sommes éveillés.

— 4. *Componere leges*, rapporter les lois à la cause, appliquer les lois aux cas spéciaux qui se présentent dans la pratique.

— 5. *Induperatores*, forme archaïque pour *imperatores*.

— 6. *Hoc*, ce qui occupe Lucrèce lui-même, c'est-à-dire, l'étude de la philosophie.

Page 152 : 1. *Frustrata*. Nous sommes en effet le jouet d'une illusion, puisque nous croyons voir et faire ce qui n'est qu'une conception de notre imagination.

— 2. *Rellicuas*, forme archaïque pour *reliquas*.

Page 154 : 1. *Redducunt*, est pour *ducunt iterum iterumque*; ainsi font les chiens, quand ils flairent le gibier.

— 2. *Catulorum*. Le poëte oppose les chiens qui vivent dans l'intérieur des maisons, aux chiens de chasse.

Voyez encore le passage sur l'aveuglement qu'inspire l'amour (1147-1162).

ARGUMENT ANALYTIQUE

DES MORCEAUX EXTRAITS DU LIVRE CINQUIÈME.

I. Lucrèce, comparant Épicure aux héros et aux dieux du paganisme, montre combien les sages leçons de ce philosophe sont pour les hommes un bienfait plus grand que les dons de Cérès et de Bacchus, ou les travaux d'Hercule.

II. Lucrèce fait un sombre tableau de la misère de l'homme. Exclu des deux tiers du globe par l'excès du froid ou de la chaleur, il n'arrache qu'à grand'peine quelques aliments à un sol ingrat. Il naît faible, désarmé, tandis que la nature donne à tous les autres animaux leurs vêtements et leurs armes.

III. Les éléments ne peuvent pas réparer indéfiniment leurs pertes. La pierre, le marbre, les rochers même, tout périt. Le monde échappera-t-il à cette loi commune? Les bouleversements qu'a éprouvés notre globe dans des temps reculés nous prédisent le retour de catastrophes analogues.

IV. Hypothèses du poëte pour expliquer les mouvements du soleil, la succession de la clarté et des ténèbres, l'inégalité des jours et le retour périodique des saisons.

V. La terre, à son origine, était douée d'une puissance génératrice merveilleuse, mais le temps lui a enlevé sa fécondité.

VI. Lucrèce, après avoir tracé le tableau de la vie des premiers hommes, nous dit comment ils se réunirent en société, d'où naquit le langage, et quelles découvertes ont été faites successivement, sans que pour cela la vie humaine soit plus heureuse ou plus tranquille que jadis.

VII. La crainte a engendré la superstition que le poëte confond avec les croyances religieuses, et où il voit le principe de toutes les infortunes humaines.

VIII. L'homme qui n'eut d'abord pour armes que ses ongles, ses dents, les pierres et les bâtons, se servit plus tard de l'airain, puis du fer. Enfin il trouva un auxiliaire utile dans le cheval, et des auxiliaires, souvent dangereux, dans les éléphants et dans les animaux féroces.

IX. L'invention de la musique est due au berger qui, le premier, imita le chant des oiseaux avec des pipeaux.

X. L'homme est insatiable de jouissances. Il se tourmente sans cesse pour en acquérir de nouvelles. Néanmoins ce désir est l'aiguillon du travail. C'est par là que l'homme avance chaque jour dans la voie du progrès.

LIVRE CINQUIÈME.

I. — ÉLOGE D'ÉPICURE.

(V. 1-55.)

Quis potis est dignum pollenti pectore carmen
Condere, pro rerum majestate hisque repertis [1]?
Quisve valet verbis tantum, qui fundere laudes
Pro meritis ejus [2] possit, qui talia nobis
Pectore parta suo quæsitaque præmia liquit?
Nemo, ut opinor, erit mortali corpore cretus :
Nam si [3], ut ipsa petit majestas cognita rerum,
Dicendum est, Deus ille fuit, Deus, inclute Memmi,
Qui princeps vitæ rationem invenit eam, quæ
Nunc appellatur sapientia, quique per artem
Fluctibus e tantis vitam tantisque tenebris
In tam tranquillo, et tam clara luce locavit.
Confer enim divina aliorum [4] antiqua reperta :

I

Quel génie peut chanter dignement un si noble sujet, de si grandes découvertes? Quelle voix assez éloquente peut célébrer les louanges de ce sage dont l'esprit créateur nous a transmis de si riches présents? Cette tâche est sans doute au-dessus des forces d'un mortel; car, s'il faut en parler d'une façon qui réponde au caractère de grandeur empreint sur ses ouvrages, ce fut sans doute un dieu. Oui, Memmius, un dieu seul a pu trouver le premier cet admirable plan de conduite, auquel on donne aujourd'hui le nom de sagesse, et par cet art arracher la vie humaine à des orages si violents et à des ténèbres si épaisses pour la conduire dans un port si tranquille, à une lumière si éclatante.

Comparez en effet les anciennes découvertes des autres divinités.

LIVRE CINQUIÈME.

I. — ÉLOGE D'ÉPICURE.

Qnis est potis	Qui est capable
condere pectora pollenti	de composer avec un génie puissant
carmen dignum	un poëme digne
pro majestate rerum	en-proportion-de la majesté des choses
hisque repertis?	et de ces découvertes?
Quisve valet tantum verbis,	Ou qui est tellement fort par les paroles
qui possit fundere laudes	qu'il puisse répandre des louanges
pro meritis ejus	en-proportion-des services de celui
qui liquit nobis	qui a laissé à nous
talia præmia	de tels avantages
parta quæsitaque	acquis et gagnés
suo pectore?	par son génie?
Nemo, ut opinor, erit,	Personne, comme je le pense, n'en sera [capable
cretus corpore mortali :	étant issu d'un corps mortel :
nam si dicendum est,	car s'il faut parler,
ut majestas ipsa cognita	comme la majesté elle-même connue
rerum	des choses (du sujet)
petit,	le demande,
ille fuit Deus,	celui-là fut un dieu,
Deus, inclute Memmi,	un dieu, illustre Memmius,
qui invenit princeps	qui trouva le premier
eam rationem vitæ,	cette méthode de vie,
quæ appellatur nunc	qui est appelée maintenant
sapientia,	sagesse,
quique per artem	et qui par son art
locavit vitam	a placé la vie
ex fluctibus tantis	hors de flots si-grands
tenebrisque tantis	et de ténèbres si-grandes
in tam tranquillo,	dans un lieu si tranquille,
et luce tam clara.	et dans une lumière si éclatante.
Confer enim	Compare en effet
antiqua reperta divina	les anciennes découvertes divines

Namque Ceres fertur fruges, Liberque liquoris
Vitigeni laticem mortalibus instituisse ;
Quum tamen his posset sine rebus vita manere,
Ut fama est aliquas etiam nunc vivere gentes;
At bene non poterat sine puro¹ pectore vivi :
Quo magis hic merito nobis Deus esse videtur,
Ex quo nunc etiam per magnas didita gentes
Dulcia permulcent animos solatia vitæ.
   Herculis antistare autem si facta putabis,
Longius a vera multo ratione ferere.
Quid Nemeæus enim nobis nunc magnus hiatus²
Ille leonis obesset, et horrens Arcadius sus ³?
Denique quid Cretæ taurus ⁴, Lernæaque pestis,
Hydra venenatis posset vallata colubris ⁵?
Quidve tripectora tergemini vis Geryonaï ⁶?
Et Diomedis equi ⁷, spirantes naribus ignem,
Thracen, Bistoniasque ⁸ plagas, atque Ismara propter,
Tantopere officerent nobis? uncisque timendæ
Unguibus Arcadiæ volucres Stymphala colentes ⁹ ?
Aureaque Hesperidum ¹⁰ servans fulgentia mala,
Asper, acerba tuens, immani corpore serpens,

On dit que Cérès fit connaître aux hommes les moissons, et Bacchus le jus de la vigne; mais on pourrait subsister sans ces deux présents ; car, si l'on en croit la renommée, plusieurs nations savent encore aujourd'hui s'en passer; mais on ne pouvait vivre heureux sans la vertu, et nous avons raison de placer au rang des dieux celui dont les préceptes répandus chez tous les peuples de la terre servent à soutenir et à consoler les esprits dans les amertumes de la vie.

   Or si vous trouvez que les travaux d'Hercule méritent la préférence, vous êtes dans une grande erreur. Qu'aurions-nous à craindre aujourd'hui de la gueule béante du lion de Némée, ou des soies hérissées du sanglier arcadien? Que pourraient maintenant ou le taureau de Crète, ou le fléau de Lerne, cette hydre armée de serpents venimeux? Que nous importeraient les trois corps de l'énorme Géryon, et les chevaux de Diomède, dont les naseaux soufflaient la flamme dans la Thrace, sur les côtes bistoniennes, près de l'Ismare, ou la griffe recourbée des redoutables hôtes du lac Stymphale? Et le cruel gardien du jardin des Hespérides et de ses pommes d'or, ce dragon terrible, au regard menaçant, dont l'énorme corps embras-

aliorum :	des autres :
namque Ceres fertur	car Cérès est rapportée
instituisse fruges	avoir établi les blés
mortalibus,	pour les mortels,
Liberque laticem	et Bacchus la liqueur
liquoris vitigeni;	du suc qui-provient-de-la-vigne;
quum tamen vita	quoique cependant la vie
posset manere	pût subsister
sine his rebus,	sans ces choses,
ut fama est aliquas gentes	comme la renommée est quelques nations
vivere etiam nunc;	vivre encore maintenant;
at non poterat vivi bene	mais il ne pouvait être vécu bien
sine pectore puro :	sans un cœur pur :
quo hic videtur nobis	à-cause-de-quoi celui-ci paraît à nous
esse Deus magis merito,	être un dieu avec plus de titre,
ex quo	duquel
dulcia solatia vitæ	les douces consolations de la vie
didita per magnas gentes	répandues à travers les grandes nations
permulcent etiam nunc	charment encore maintenant
animos.	les esprits.
Si autem putabis	Or si tu penses
acta Herculis antistare,	les actions d'Hercule l'emporter,
ferere multo longius	tu seras emporté beaucoup plus loin
a ratione vera.	de la raison véritable (de la vérité).
Quid enim ille magnus	En quoi en effet cette grande
hiatus Nemeæus	gueule néméenne
leonis	du lion
obesset nunc nobis,	nuirait-elle maintenant à nous,
et sus Arcadius horrens?	et le sanglier arcadien hérissé?
Denique quid posset	Enfin que pourrait
taurus Cretæ,	le taureau de la Crète,
pestisque Lernæa,	et le fléau de-Lerne,
hydra vallata	l'hydre armée
colubris venenatis?	de couleuvres empoisonnées?
Quidve vis tripectora	Ou en quoi la force à-trois-poitrines
tergemini Geryonai?	du triple Géryon?
Et equi Diomedis,	Et les chevaux de Diomède,
spirantes ignem naribus,	soufflant le feu de *leurs* naseaux,
propter Thracen,	auprès de la Thrace,
plagasque Bistonias,	et des plages bistoniennes,
atque Ismara,	et de l'Ismare,
officerent tantopere nobis?	nuiraient-ils tant à nous?
Volucresque Arcadiæ	Et les oiseaux arcadiens
colentes Stymphala,	habitant le Stymphale,
timendæ unguibus uncis?	redoutables par des ongles crochus?
Serpensque corpore immani,	Et le serpent d'un corps énorme, [çante,
asper, tuens acerba,	terrible, regardant d'une-manière-mena-

Arboris amplexus stirpem, quid denique obesset
Propter Atlantæum litus, pelagique severa,
Quo neque noster adit quisquam, neque Barbarus audet?
Cetera de genere hoc quæ sunt portenta perempta,
Si non victa forent, quid tandem viva nocerent?
Nil, ut opinor; ita ad satiatem terra ferarum
Nunc etiam scatit, et trepido terrore repleta est,
Per nemora ac montes magnos silvasque profundas;
Quæ loca vitandi plerumque est nostra potestas.
   At nisi purgatum est pectus, quæ prælia nobis,
Atque pericula tunc ingratis insinuandum [1]!
Quantæ conscindunt hominem cuppedinis acres
Sollicitum curæ! Quantique perinde timores!
Quidve superbia, spurcities, petulantia, quantas
Efficiunt clades! quid luxus desidiesque!
Hæc igitur qui cuncta subegerit, ex animoque
Expulerit dictis, non armis, nonne decebit
Hunc hominem numero Divum dignarier esse?
Quum bene præsertim multa, ac divinitus [2] ipsis

sait de plusieurs replis le tronc précieux, quel mal pourrait-il nous faire près des rives de l'océan Atlantique, de cette mer redoutable, sur laquelle ni Romains ni Barbares n'osent jamais s'exposer? Les autres monstres de cette nature, s'ils vivaient maintenant, si le monde n'en avait pas été purgé, pourraient-ils nous nuire? Non, sans doute. La terre est encore aujourd'hui peuplée d'animaux féroces, et l'effroi règne dans les bois, sur les montagnes et au fond des forêts; mais ces lieux terribles il est presque toujours en notre pouvoir de les éviter.

   Si au contraire nos cœurs ne sont pas délivrés des vices, que de combats intérieurs à soutenir! Dans quels périls faut-il s'engager en pure perte! De quels soucis cruels, de quelles craintes la passion ne déchire-t-elle pas le cœur inquiet de l'homme! Quels ravages ne font pas dans son âme l'orgueil, la débauche, l'emportement, le luxe et l'oisiveté! Avoir dompté ces ennemis, les avoir chassés des cœurs avec les seules armes de la raison, n'est-ce pas un titre suffisant pour être mis au nombre des dieux? Que sera-ce, si le

servans	gardant
mala aurea fulgentia Hesperidum,	les pommes d'-or brillantes des Hespérides,
amplexus stirpem arboris,	ayant enlacé le tronc de l'arbre,
quid obest et denique,	en quoi *nous* nuirait-il enfin,
propter littus Atlantæum	auprès du rivage d-'Atlas,
severaque pelagi,	et des tristes *régions* de la mer,
quo neque quisquam noster adit,	où ni quelqu'un nôtre (de notre race) ne pénètre,
neque Barbarus audet?	ni un Barbare n'ose *pénétrer?*
Si cetera portenta de hoc genere	Si tous-les-autres monstres de cette espèce-là
quæ sunt perempta non victa forent,	qui ont été détruits, n'avaient pas été vaincus,
quid tandem viva nocerent?	en quoi enfin vivants nuiraient-ils?
Nil, ut opinor;	En rien, comme je pense;
ita terra	tellement la terre [sauvages
scatit etiam nunc ferarum ad satiatem,	fourmille encore maintenant de bêtes-jusqu'à satiété,
et repleta est terrore trepido per nemora	et est remplie d'une terreur frémissante à travers les bois
ac magnos montes silvasque profundas;	et les grandes montagnes et les forêts profondes;
quæ loca potestas vitandi est plerumque nostra.	lesquels lieux la possibilité d'éviter est généralement notre (à nous).
At nisi pectus purgatum est,	Mais à-moins-que *notre* cœur, n'ait été purifié,
quæ prælia atque pericula insinuandum nobis tunc ingratis!	*dans* quelles luttes et *dans quels* périls il nous faut entrer alors sans-profit!
Quantæ curæ acres cuppedinis conscindunt hominem sollicitum!	Quels-grands soucis vifs de la passion déchirent l'homme inquiet! [ment?
Quantique timores perinde!	Et quelles-grandes craintes pareille-
Quidve superbia, spurcities, petulantia, quantas clades efficiunt!	Et l'orgueil, la débauche, l'emportement quels-grands désastres ils causent!
Quid luxus, desidiesque!	Et la mollesse et la paresse!
Qui igitur subegerit cuncta hæc,	*Celui* donc qui aura dompté tous ces *vices*,
expuleritque ex animo dictis, non armis,	et *qui les* aura chassés du cœur par des paroles, non par des armes,
nonne decebit dignarier hunc hominem esse numero Divum?	ne conviendra-t-il pas de juger-digne cet homme d'être au nombre des dieux?
Quum præsertim suerit	Attendu-que surtout il est accoutumé

Immortalibu' de Divis dare dicta suerit,
Atque omnem rerum naturam pandere dictis.

II. — MISÈRES DE L'HOMME SUR LA TERRE.
(V. 201-235.)

Principio, quantum cœli tegit impetus ingens [1],
Inde avidam [2] partem montes silvæque ferarum
Possedere, tenent rupes, vastæque paludes,
Et mare, quod late terrarum distinet oras :
Inde duas porro prope partes [3] fervidus ardor,
Assiduusque geli [4] casus mortalibus aufert.
Quod superest arvi, tamen id Natura sua vi
Sentibus obducat, ni vis humana resistat,
Vitai [5] causa valido consueta bidenti
Ingemere, et terram pressis proscindere aratris,
Si non fecundas vertentes vomere glebas,
Terraique solum subigentes cimus [6] ad ortus,
Sponte sua nequeant liquidas existere in auras.
Et tamen interdum magno quæsita labore,
Quum jam per terras frondent atque omnia florent,
Aut nimiis torret fervoribus ætherius sol,
Aut subiti perimunt imbres gelidæque pruinæ,

même sage a parlé des Immortels en termes divins, et dévoilé à nos yeux tous les secrets de la Nature?

II

D'abord ce globe que couvre la voûte céleste emportée par un mouvement rapide est en grande partie occupé par des montagnes et des forêts abandonnées aux bêtes féroces, par des rochers stériles, par d'immenses marais et par la mer dont les vastes circuits resserrent les continents. Presque deux parties de ce même globe nous sont interdites par des ardeurs brûlantes, et par les glaces continuelles qui les couvrent. Ce qui reste de terrain, la Nature abandonnée à elle-même le hérisserait de ronces, si l'industrie humaine ne luttait sans cesse contre elle; si le besoin de vivre ne nous forçait à nous courber sur le dur hoyau, à déchirer la terre avec le soc pesant, à féconder la glèbe, et à dompter le sol ingrat, pour exciter les germes qui ne peuvent d'eux-mêmes se développer et se montrer au jour. Encore trop souvent ces fruits que la terre accorde si difficilement à nos travaux, à peine en herbe ou en fleurs, sont brûlés par des chaleurs excessives, emportés par des orages subits, détruits par des gelées fréquentes,

II. — MISÈRES DE L'HOMME SUR LA TERRE.

dare multa verba	à proférer beaucoup de paroles
bene ac divinitus	bien et d'une-manière-divine
de Divis immortalibus ipsis,	sur les dieux immortels eux-mêmes,
atque pandere dictis	et a dérouler par *ses* paroles
omnem naturam rerum.	toute la nature des choses.
Principio, quantum	D'abord, autant-que (tout ce que)
ingens impetus cœli	le grand mouvement du ciel
tegit,	couvre, [sauvages
montes silvæque ferarum	les montagnes et les forêts des bêtes-
possedere	ont occupé [là,
partem avidam inde,	une partie avide (une grande partie) de
rupes, vastæque paludes,	les rochers et les vastes marais
et mare quod distinet late	et la mer qui sépare au-loin
oras terrarum,	les bords des terres
tenent :	*en* tiennent *une grande partie* :
ardor fervidus,	la chaleur brûlante [neige)
casusque assiduus geli	et la chute continuelle de la gelée (de la
aufert inde mortalibus	enlève de là aux mortels
prope duas partes porro.	presque deux parties en outre.
Quod superest arvi,	*Ce* qui reste de terre-labourable,
Natura sua vi	la Nature par sa force
obducat tamen id	couvrirait cependant cela
sentibus,	de ronces,
ni vis humana resistat,	si la force humaine ne résistait,
consueta causa vitaï	étant habituée pour *chercher sa* vie
ingemere bidenti valido,	à gémir-sur le hoyau solide,
et proscindere terram	et à fendre la terre
aratris pressis.	avec les charrues enfoncées.
Si non vertentes vomere	Si ne retournant pas avec le soc
glebas fecundas,	les mottes-de-terre fécondes,
subigentesque solum terraï	et *ne* domptant *pas* le sol de la terre,
cimus	nous n'avons *pas* excité *les germes*
ad ortus,	aux levées (à lever),
nequeant exsistere	ils ne-pourraient sortir
sua sponte	de leur propre-mouvement
ad auras liquidas.	vers les airs transparents.
Et tamen interdum,	Et cependant quelquefois
quum jam omnia	lorsque déjà toutes les choses
frondent atque florent	se-couvrent-de-feuilles et fleurissent
per terras,	à travers les terres,
aut sol ætherius	où le soleil éthéré
torret fervoribus nimiis,	grille par des chaleurs excessives,
aut imbres subiti	ou des pluies soudaines
pruinæque gelidæ	et des frimas glacés

Flabraque ventorum violento turbine vexant.
Præterea, genus horriferum Natura ferarum,
Humanæ genti infestum, terraque marique,
Cur alit atque auget? Cur anni tempora [1] morbos
Adportant? Quare mors immatura vagatur?

   Tum porro [2] puer, ut sævis projectus ab undis
Navita, nudus humi jacet, infans, indigus omni
Vitali auxilio, quum primum in luminis oras
Nixibus ex alvo matris Natura profudit;
Vagituque locum lugubri complet, ut æquum est,
Cui tantum in vita restet transire malorum.
At variæ crescunt pecudes, armenta feræque;
Nec crepitacillis opus est, nec cuiquam adhibenda est
Almæ nutricis blanda atque infracta loquela [3];
Nec varias quærunt vestes pro tempore cœli.
Denique non armis opus est, non mœnibus altis
Queis sua tutentur, quando omnibus omnia large

ou tourmentés par le souffle violent des aquilons. Et les bêtes féroces, ces cruels ennemis du genre humain, pourquoi la Nature se plaît-elle à les multiplier et à les nourrir sur la terre et dans les ondes? Pourquoi chaque saison nous apporte-t-elle ses maladies? Pourquoi tant de funérailles prématurées?

   Semblable au nautonier que la tempête a jeté sur le rivage, l'enfant qui vient de naître est étendu à terre, nu, sans parler, dénué de tous les secours de la vie; la Nature vient de l'arracher avec effort du sein maternel pour lui faire voir la lumière. Il remplit de ses vagissements plaintifs le lieu de sa naissance, et il a raison, puisqu'il lui reste tant de maux à traverser dans la vie. Au contraire les troupeaux de toute espèce et les bêtes féroces croissent sans peine. Ils n'ont besoin ni du hochet bruyant, ni du langage enfantin d'une nourrice caressante. Ils ne changent pas de vêtements selon les saisons. Enfin il ne leur faut ni armes pour défendre leurs biens, ni forteresses pour les mettre à couvert, puisque la terre et la Nature,

perimunt,	détruisent,
flabraque ventorum	et les souffles des vents
vexant turbine violento	agitent par un tourbillon violent [travail.
quæsita magno labore.	*ces productions* acquises par un grand
Præterea, cur Natura	En outre, pourquoi la Nature
alit atque auget	nourrit-elle et multiplie-t-elle
terraque marique	et sur la terre et dans la mer
genus horriferum ferarum,	la race effrayante des bêtes-féroces,
infestum genti humanæ ?	ennemie au genre humain ? [sons
Cur tempora anni	Pourquoi les époques de l'année (les sai-
adportant morbos ?	apportent-elles des maladies ?
Quare mors immatura	Pourquoi la mort prématurée
vagatur ?	circule-t-elle ?
Tum porro puer,	Puis en outre l'enfant,
ut navita projectus	comme un nocher rejeté
ab undis sævis,	hors-des ondes courroucées,
jacet nudus humi,	gît nu à terre,
infans,	ne-pouvant-parler,
indigus omni auxilio	privé de tout secours
vitali,	nécessaire-à-la-vie, [la Nature
quum primum Natura	lorsque pour-la-première-fois (dès que)
profudit nixibus	l'a fait-sortir par des efforts-pénibles
ex alvo matris	du sein de *sa* mère
in oras luminis ;	aux régions de la lumière ;
completque locum,	et il remplit le lieu
vagitu lugubri,	d'un vagissement lugubre,
ut est æquum,	comme *cela* est juste,
cui restet transire	*pour un être* à qui il reste à traverser
tantum malorum	tant de maux
in vita.	dans la vie. [diverses
At pecudes variæ	Mais les bêtes-de-menu-bétail d'espèces-
armentaque	et les troupeaux-de-gros-bétail
feræque,	et les bêtes-sauvages
crescunt ;	grandissent ;
nec opus est crepitacillis,	ni il n'est besoin de hochets,
nec loquela blanda	ni la parole caressante
atque infracta	et adoucie
nutricis almæ	d'une nourrice qui-donne-la-vie
adhibenda est cuiquam ;	n'est devant être adressée à aucun ;
nec quærunt vestes varias	et ils ne cherchent pas des vêtements
pro tempore cœli.	selon l'époque du ciel. [variés
Denique non opus est armis,	Enfin il n'est pas besoin d'armes,
non mœnibus altis,	ni de remparts élevés, [biens,
queis tutentur sua,	par lesquels ils puissent-garder leurs
quando tellus	attendu-que la terre
parit ipsa large	enfante d'elle-même abondamment
omnia omnibus,	toutes choses à tous *les animaux*,

Tellus ipsa parit, Naturaque dædala rerum.

III. — TOUT EST PÉRISSABLE : C'EST LA GUERRE INTESTINE DES ÉLÉMENTS QUI CONSERVE LE MONDE.
(V. 248-351, 361-416.)

Illud in his rebus ne me arripuisse rearis,
Memmi, quod terram atque ignem mortalia sumpsi
Esse; neque humorem dubitavi aurasque perire;
Atque eadem gigni [1], rursusque augescere dixi.
Principio [2] pars terraï nonnulla, perusta
Solibus assiduis, multa pulsata pedum vi,
Pulveris exhalat nebulam nubesque volantes,
Quas validi toto dispergunt aere venti.
Pars etiam glebarum ad diluviem revocatur [3]
Imbribus, et ripas radentia flumina rodunt.
Præterea, pro parte sua quodcunque alid auget [4],
Redditur; et quoniam dubio procul esse videtur
Omniparens, eadem rerum commune sepulcrum,
Ergo terra tibi limatur [5], et aucta recrescit [6].
Quod superest, humore novo mare, flumina, fontes
Semper abundare, et latices manare perennes,

créatrice ingénieuse, fournissent à chacun d'eux toutes choses en abondance.

III

N'allez pas croire, ô Memmius, que j'affirme à la légère que la terre et le feu soient mortels, l'air et l'eau sujets à périr, pour renaître et s'accroître de nouveau. D'abord une partie de la terre, brûlée par l'ardeur continuelle du soleil, et foulée sans cesse aux pieds, se dissipe en tourbillons de poussière que le souffle des vents disperse dans les airs, comme des nuages légers. La pluie résout en eau une partie des glèbes, et les rivages des fleuves sont sans cesse minés par le courant. D'autre part, toute substance qui sert à accroître un corps étranger est rendue par ce corps lorsqu'il se décompose. Puis donc que la terre est à la fois la mère commune et le tombeau de tous les êtres, il faut que tour à tour elle s'épuise et se répare.

Que la mer, les fleuves et les fontaines se remplissent toujours de nouvelles ondes, et se perpétuent par ce moyen, c'est ce que prouve l'immense quantité d'eau qui s'y précipite de toutes parts. Mais les

III. — TOUT EST PÉRISSABLE : C'EST LA GUERRE INTESTINE DES ÉLÉMENTS QUI CONSERVE LE MONDE.

Naturaque	ainsi-que la Nature
dædala rerum.	habile-ouvrière des choses.
Ne rearis, Memmi,	Ne crois pas, Memmius, [*nion*
me arripuisse illud	moi avoir pris-brusquement cette *opi-*
in his rebus,	dans ces choses-ci,
quod sumpsi	parce que j'ai prétendu
terram atque ignem	la terre et le feu
esse mortalia;	êtres mortels;
neque dubitavi	et *parce que* je n'ai pas mis-en-doute
humorem atque auras	l'eau et les airs
perire;	périr; [*ces* être produites
atque dixi eadem gigni	et *parce que* j'ai dit ces mêmes *substan-*
rursusque augescere.	et d'un-autre-côté se développer.
Principio	D'abord
nonnulla pars terraï,	quelque partie de la terre,
perusta solibus assiduis,	brûlée par des soleils continuels,
pulsata magna vi pedum,	battue par une grande quantité de pieds,
exhalat nebulam pulveris	exhale un nuage de poussière
nubesque volantes,	et des nues qui volent,
quas venti violenti	que les vents violents
dispergunt aere toto.	dispersent par l'air tout-entier.
Pars etiam glebarum	Une partie aussi des mottes-de-terre
revocatur imbribus	est rappelée par les pluies (eau),
ad diluviem,	à la dissolution-en-eau (se dissout en
et flumina radentia ripas	et les fleuves écorchant les rives
rodunt.	*les* rongent.
Præterea quodcunque	D'autre-part tout-ce-qui
auget alid	augmente une autre *substance*
redditur pro sua parte;	est restitué pour sa part;
et quoniam videtur esse	et puisque *la terre* paraît être
procul dubio	sans doute
omniparens,	produisant-tout, [commun
eadem sepulcrum commune	la-même (et en même temps) le tombeau
rerum,	des êtres,
ergo terra limatur	donc la terre est usée-par-le-frottement
tibi,	pour toi (comme tu le vois),
et aucta recrescit.	et augmentée croît-de-nouveau.
Quod superest,	*Quant à ce qui reste*, [prouver
nil opus est verbis	il n'est besoin en rien de paroles *pour*
mare, flumina, fontes,	la mer, les fleuves, les sources,
abundare semper	abonder toujours
humore novo,	d'une eau nouvelle,
et latices manare perennes;	et les sources couler intarissables;

Nil opus est verbis; magnus decursus aquarum
Undique declarat; sed primum quidquid aquaï
Tollitur, in summaque fit ut nihil humor abundet;
Partim quod validi verrentes æquora venti
Deminuunt, radiisque retexens ætherius sol;
Partim quod subter per terras diditur omnes :
Percolatur enim virus, retroque remanat [1]
Materies humoris, et ad caput amnibus omnis
Convenit; inde super terras fluit agmine dulci [2],
Qua via secta semel liquido pede detulit undas.

Aera nunc igitur dicam, qui corpore toto
Innumerabiliter privas mutatur in horas :
Semper enim quodcunque fluit de rebus, id omne
Aeris in magnum fertur mare; qui nisi contra
Corpora retribuat rebus, recreetque fluentes,
Omnia jam resoluta forent, et in aera versa.
Haud igitur cessat gigni de rebus, et in res
Reccidere assidue, quoniam fluere omnia [3] constat.

Largus item liquidi fons luminis, ætherius sol
Inrigat assidue cœlum candore recenti,

pertes continuelles que fait l'eau l'empêchent d'être trop abondante; les vents en la balayant de leur souffle, le soleil en la pompant de ses rayons, diminuent son volume. Une autre partie se répand dans l'intérieur de la terre, où elle se filtre, se dégage de ses sels, revient sur elle-même, se rassemble à la source des fleuves, et, ainsi purifiée, coule sur la surface du globe, dans les endroits où un chemin une fois ouvert facilite la trace liquide de ses pas.

Passons donc maintenant à l'air, qui éprouve à chaque instant des vicissitudes innombrables. C'est dans ce vaste océan que vont se perdre toutes les émanations des corps; et s'il ne leur restituait à son tour de nouvelles parties pour réparer leurs pertes, tout se dissoudrait et se changerait en air. Il ne cesse donc point d'être engendré par les corps et de s'y résoudre, puisque tous les êtres sont sujets à des émanations continuelles.

Enfin le soleil, cette source féconde de lumière, baigne sans cesse le ciel d'un éclat renaissant, et alimente la lumière d'une lumière

magnus decursus aquarum	la grande chute des eaux
undique	qui *se précipitent* de toute-part
declarat ;	*le* montre ;
sed quidquid aquaï primum	mais tout-ce-qui-de l'eau *est* primitif
tollitur,	est enlevé (disparaît),
fitque in summa	et il arrive en somme
ut humor abundet nihil ;	que l'eau ne surabonde en rien ;
partim quod venti validi	en-partie parce que les vents violents
verrentes æquora,	balayant les plaines *de la mer*,
solque ætherius	et *que* le soleil éthéré
retexens radiis	*les* désagrégeant par *ses* rayons
deminuunt ;	enlèvent *de l'eau* ; [dessous
partim quod diditur subter	en-partie parce que *l'eau* se répand en-
per omnes terras ;	à travers toutes les terres ;
virus enim percolatur,	*leur* amertume en effet est filtrée,
et materies humoris	et la substance de l'eau
remanat retro,	reflue en-arrière,
et convenit omnis	et se rassemble tout-entière
ad caput amnibus ;	à la source aux (des) fleuves ;
inde fluit super terras	de là elle coule sur les terres
agmine dulci,	par un courant *devenu* doux,
qua via secta semel	par où la route une fois tracée [liquide.
detulit undas pede liquido.	a porté les eaux d'un pied (d'un cours)
Nunc igitur	Maintenant donc
dicam aera	je parlerai de l'air
qui mutatur corpore toto	qui change dans tout *son* corps
innumerabiliter	un-nombre-infini-de-fois
in privas horas :	par chaque heure :
semper enim	toujours en effet
quodcunque fluit de rebus,	tout-ce-qui coule des êtres,
omne id fertur	tout cela est porté
in magnum mare aeris ;	dans la grande mer de l'air ;
qui nisi retribuat contra	lequel s'il ne rendait de-son-côté
corpora rebus,	des atomes aux êtres, [lent,
recreetque fluentes,	et s'il ne réparait les *êtres* qui s'écou-
jam omnia resoluta forent,	déjà toutes les choses auraient été dis-
et versa in aera.	et changées en air. [soutes,
Haud igitur cessat	L'air ne cesse donc pas
gigni de rebus,	d'être produit des êtres,
et reccidere assidue in res,	et de revenir continuellement en êtres,
quoniam constat	puisqu'il est-constant [un reflux).
omnia fluere.	toutes choses couler (former un flux et
Item fons largus	De même la source abondante
luminis liquidi,	de la lumière fluide,
sol ætherius	le soleil éthéré
irrigat assidue cœlum	baigne continuellement le ciel
candore recenti,	d'un éclat récent,

Suppeditatque novo confestim lumine lumen [1] :
Nam primum quidquid fulgoris disperit eii [2],
Quocunque accidit : id licet hinc cognoscere possis,
Quod simul ac primum nubes succedere soli
Cœpere, et radios inter quasi rumpere lucis,
Extemplo inferior pars horum disperit omnis,
Terraque inumbratur, qua nimbi cunque feruntur;
Ut noscas splendore novo res semper egere,
Et primum jactum fulgoris quemque perire ;
Nec ratione alia res posse in sole videri,
Perpetuo ni suppeditet lucis caput ipsum.
   Quin etiam nocturna tibi, terrestria quæ sunt,
Lumina, pendentes lychni, claræque coruscis
Fulguribus , pingues multa fuligine tædæ [3],
Consimili properant ratione, ardore ministro [4],
Suppeditare novum lumen ; tremere ignibus instant;
Instant, nec loca lux inter quasi rupta relinquit :
Usque adeo properanter ab omnibus ignibus ejus
Exitium celeri toleratur origine flammæ.

   toujours nouvelle; car ses rayons se perdent aussitôt qu'ils arrivent à leur destination. Vous en serez convaincu si vous remarquez que, lorsqu'un nuage se place devant le soleil, et semble par son interposition couper ses rayons, leur partie inférieure est sur-le-champ perdue pour nous, et la terre se couvre d'ombre partout où se porte la nue; d'où vous devez conclure que les corps ont toujours besoin d'un éclat nouveau, que chaque rayon meurt en même temps qu'il naît, et qu'il serait impossible d'apercevoir les objets sans les émissions continuelles de la source du jour.

   Nos flambeaux artificiels eux-mêmes, ces lampes suspendues, ces torches résineuses d'où s'échappent des tourbillons de flamme et de fumée, s'empressent de même, à l'aide de leurs feux tremblants, de fournir toujours une nouvelle lumière. Leurs émissions ne sont jamais interrompues : tant est grande la rapidité avec laquelle tous leurs feux remplacent la lumière qui s'éteint, par la formation subite d'une lumière nouvelle!

suppeditatque lumen	et fournit la lumière [velée :
lumine confestim novo :	par une lumière sur-le-champ renou-
nam quidquid fulgoris,	car tout-ce-qui de l'éclat
primum	*est* primitif,
disperit eii,	est perdu pour lui,
quocunque accidit :	en-quelque-lieu-qu'il tombe :
licet possis	il est-possible que tu puisses
cognoscere id hinc,	connaître ce *fait* de ceci,
quod simul ac primum	c'est que dès que pour-la-première-fois
nubes cœpere	les nuages ont commencé
succedere soli,	à marcher-au-dessous du soleil,
et interrumpere quasi	et à interrompre en-quelque-sorte
radios lucis,	les rayons de *sa* lumière,
pars inferior horum	la partie inférieure de ces *rayons*
disperit extemplo omnis,	est perdue aussitôt tout-entière,
terraque inumbratur,	et la terre se couvre-d'ombre,
quacunque nimbi feruntur;	partout-où les nuages sont portés;
ut noscas	afin que tu reconnaisses
res egere semper	les êtres avoir-besoin toujours
splendore novo,	d'un éclat nouveau,
et quemque primum jactum	et chaque premier jet
fulgoris	d'éclat
perire;	être perdu; [leil
nec res posse videri in sole	ni les objets ne pouvoir être vus au so-
alia ratione,	d'une autre manière, [lumière
ni caput ipsum lucis	à-moins-que la source même de la
suppeditet perpetuo.	ne fournisse continuellement *de nou-*
Quin etiam	Bien plus [*veaux jets.*
lumina nocturna tibi,	les lumières nocturnes pour toi (comme
quæ sunt terrestria,	qui sont terrestres, [tu le vois),
lychni pendentes,	les lampes suspendues,
tædæque claræ	et les torches brillantes
fulguribus coruscis,	par des lueurs étincelantes,
et pingues fuligine multa,	et grasses par une fumée abondante,
properant ratione consimili	se hâtent d'une manière semblable
suppeditare lumen novum,	de fournir une lumière nouvelle,
ardore ministro ;	la combustion venant-en-aide;
instant tremere ignibus;	elles se pressent de vaciller par *leurs*
instant, et lux	elles se-pressent, et la lumière [feux;
non relinquit loca	ne laisse pas de places (d'intervalle)
quasi	*comme ferait une lumière* en-quelque-
interrupta :	interrompue : [sorte
usque adeo properanter	tellement promptement
exitium flammæ	la perte de la *flamme*
toleratur	est supportée (compensée) [*flamme*
origine celeri	par la naissance rapide *d'une autre*
ab omnibus ignibus ejus.	*produite* partous les feux de cette*torche.*

Sic igitur solem, lunam stellasque putandum
Ex alio atque alio lucem jactare subortu [1],
Et primum quidquid flammai perdere semper;
Inviolabilia hæc ne credas forte vigere.
    Denique [2] non lapides quoque vinci cernis ab ævo?
Non altas turres ruere, et putrescere saxa?
Non delubra Deum simulacraque fessa fatisci?
Nec sanctum numen fati protollere fines
Posse, neque adversus Naturæ fœdera niti?
Denique non monumenta virum [3] dilapsa videmus
Cedere proporro, subitoque senescere casu?
Non ruere avolsos silices a montibus altis,
Nec validas ævi vires perferre patique
Finiti? Neque enim [4] caderent avolsa repente,
Ex infinito quæ tempore pertolerassent
Omnia tormenta ætatis, privata fragore [5].
    Denique jam tuere hoc circum supraque, quod omnem
Continet amplexu terram, quod procreat ex se
Omnia (quod quidam memorant [6]), recipitque perempta:
Totum nativum mortali corpore constat.
Nam quodcunque alias ex se res auget alitque,

    Ainsi, bien loin de regarder le soleil, la lune et les étoiles comme des corps inaltérables, vous devez croire qu'ils ne nous éclairent que par des émissions successives toujours perdues et toujours renouvelées.
    Et puis ne voyez-vous pas le temps triompher des pierres même, les tours les plus hautes s'écrouler, les rochers se réduire en poudre, les statues et les temples des dieux s'affaisser et tomber en ruines, sans que le caractère sacré de ces édifices puisse reculer les limites fixées par le destin, ni lutter contre les lois de la Nature? En un mot, ne voyons-nous pas tous les monuments des hommes céder à la destruction, et s'écrouler tout à coup, comme un corps miné par la vieillesse? Ne voyons-nous pas rouler les cailloux arrachés de la cime des monts, et incapables de résister aux efforts violents d'une durée limitée? Car ils ne se détacheraient pas tout à coup et ne tomberaient pas en un moment, si depuis un nombre infini de siècles ils avaient soutenu tous les assauts du temps sans avoir été entamés.
    Considérez encore cette vaste enceinte qui embrasse de tous côtés la terre, ce ciel qui (suivant certains philosophes) enfante tous les êtres et les reçoit après leur dissolution: tout immense qu'il est, il a

Sic igitur putandum solem, lunam, stellasque, jactare lucem ex alio atque alio subortu, et perdere semper quidquid flammaï primum; ne forte credas hæc vigere inviolabilia.	De même donc il faut penser le soleil, la lune, et les étoiles émettre la lumière par-suite d'une autre et d'une autre création, et perdre toujours tout-ce-qui de la flamme *est* primitif; de peur que par hasard tu ne croies ces *astres* être invulnérables.
Denique non cernis lapides quoque vinci ab ævo?	Enfin ne vois-tu pas les pierres aussi être vaincues par-l'-action du temps?
Non altas turres ruere, saxaque putrescere?	Ne *vois-tu* pas les hautes tours crouler, et les rochers tomber-en-poussière?
Non delubra Deum simulacraque fessa fatisci?	Ne *vois-tu* pas les temples des dieux et *leurs* statues fatiguées se fendre?
Et numen sanctum non pos- protollere fines fati, [se neque niti adversus fœdera Naturæ?	Et la divinité sainte ne pouvoir étendre les limites du destin (fixées par et ne pas faire-effort [le destin), contre les lois de la Nature?
Denique non videmus monumenta virum dilapsa cedere proporro, senescereque casu subito?	Enfin ne voyons-nous pas [ruines les monuments des hommes tombés-en- se retirer (disparaître) tout-à-fait, et vieillir par un hasard soudain?
Non silices avolsos a montibus altis ruere, nec posse perferre patique vires ævi finiti?	Ne *voyons-nous* pas les pierres arrachées des montagnes élevées tomber, et ne pouvoir supporter et souffrir les forces d'un temps limité?
Neque enim quæ pertolerassent ex tempore infinito, privata fragore, omnia tormenta ævi caderent avolsa repente.	Ni en effet des choses qui auraient supporté depuis un temps illimité, étant exemptes de brisure, toutes les attaques du temps ne tomberaient arrachées tout-d'-un-
Denique tuere jam hoc circum supraque quod continet amplexu omnem terram, quod procreat ex se omnia (quod quidam memorant), recipitque perempta : nativum constat totum corpore mortali; nam quodcunque alit	Enfin considère maintenant [coup. ceci (le ciel) autour et au-dessus qui enserre dans *son* étreinte toute la terre, qui engendre de lui-même toutes les choses (*ce que certains rapportent*), et *qui les* reçoit détruites : soumis-à-la loi-de-naissance il est composé tout-entier d'un corps mortel; car tout-ce-qui nourrit

Deminui debet; recreari, quum recipit res.
  Præterea, si nulla fuit genitalis origo
Terraï et cœli, semperque æterna fuere,
Cur supra bellum Thebanum[1] et funera Trojæ,
Non alias alii quoque res cecinere poetæ?
Quo tot facta virum toties cecidere, nec usquam
Æternis famæ monumentis insita florent?
Verum, ut opinor, habet novitatem summa, recensque
Natura est mundi, neque pridem exordia cepit.
Quare etiam quædam nunc artes expoliuntur,
Nunc etiam augescunt; nunc addita navigiis sunt
Multa[2]; modo organici melicos peperere sonores[3].
Denique natura hæc rerum ratioque[4] reperta est
Nuper, et hanc primus cum primis ipse repertus
Nunc ego sum in patrias qui possim vertere voces.
  Quod si forte fuisse antehac[5] eadem omnia credis,
Sed periisse hominum torrenti sæcla vapore,
Aut cecidisse urbes magno vexamine mundi,
Aut ex imbribus assiduis exisse rapaces

commencé et finira un jour, puisque tout être qui en nourrit d'autres s'épuise, et ne peut se réparer, s'il n'est lui-même alimenté par d'autres êtres.

D'ailleurs, si le ciel et la terre n'ont pas eu d'origine, s'ils subsistent de toute éternité, pourquoi ne s'est-il trouvé aucun poëte pour chanter les événements antérieurs à la guerre de Thèbes et à la ruine de Troie? Pourquoi tant de faits héroïques ensevelis dans l'oubli, et exclus pour jamais des fastes éternels de la renommée? Je n'en doute pas : notre monde est nouveau; il est encore dans l'enfance, et son origine ne date pas de fort loin. Voilà pourquoi il y a des arts qu'on ne perfectionne et d'autres qu'on n'invente que d'aujourd'hui. C'est d'aujourd'hui que la navigation fait des progrès considérables. La science de l'harmonie est une découverte de nos jours. Enfin cette philosophie dont j'expose les principes n'est connue que depuis peu, et je suis le premier qui ait pu traiter ces matières dans la langue de ma patrie.

Si vous croyez que le monde jouissait autrefois de ces mêmes avantages, mais que toutes les générations humaines ont péri par des feux dévorants; que les villes ont été renversées par les grandes révolutions du monde; que des torrents destructeurs formés par des

augetque ex se	et augmente de soi-même (de sa sub-
alias res,	d'autres êtres, [stance)
debet deminui;	doit être diminué;
recreari,	*et* être réparé,
quum recipit res.	lorsqu'il reçoit *d'autres* êtres.
Præterea,	D'ailleurs,
si nulla origo genitalis	si aucune origine génitale
fuit terraï atque cœli,	n'a été de la terre et du ciel,
fuereque semper æterna,	et s'ils ont été toujours éternels,
cur supra bellum Theba-	pourquoi par-delà la guerre-de-Thèbes,
et funera Trojæ, [num,	et les funérailles (la ruine) de Troie,
alii poetæ quoque	d'autres poètes aussi [ments?
non cecinere alias res?	n'ont-ils pas chanté d'autres événe-
Quo facta tot virum	Où les actions de tant d'hommes
cecidere toties,	sont-elles tombées tant-de-fois,
neque florent usquam	et ne fleurissent nulle-part
insita monumentis æternis	gravées-sur les monuments éternels
famæ?	de la renommée?
Verum, ut opinor,	Mais, comme je pense,
summa habet novitatem,	l'ensemble (l'univers) a de la nouveauté,
naturaque mundi	et la nature du monde
est recens,	est récente,
neque cepit pridem	et n'a pas pris depuis-longtemps
exordia.	*ses* commencements.
Quare quædam artes	C'est pourquoi certains arts
expoliuntur nunc etiam,	se polissent maintenant encore,
augescunt nunc etiam;	se développent maintenant encore;
multa addita sunt nunc	beaucoup de *perfectionnements* ont été
navigiis;	aux navires; [ajoutés maintenant
organici peperere modo	les musiciens ont créé récemment
sonores melicos.	des sons mélodieux.
Denique hæc natura rerum	Enfin cette nature des choses
ratioque reperta est nuper,	et *ce* système a été trouvé récemment,
et ego ipse repertus sum nunc	et moi-même j'ai été trouvé maintenant
primus cum primis	le premier parmi les premiers
qui possim vertere	qui puisse tourner (capable de traduire)
hanc	ce *système*
in voces patrias.	en mots (dans la langue) de-ma-patrie.
Quod si credis	Que si tu crois
omnia hæc eadem	toutes ces mêmes choses
fuisse antehac,	avoir existé auparavant,
sed sæcla hominum periisse	mais les générations des hommes avoir
vapore torrenti,	par un feu dévorant, [péri
aut urbes cecidisse	ou les villes être tombées
magno vexamine mundi,	par une grande secousse du monde,
aut amnes rapaces	ou des fleuves qui-entraînent
exisse per terras	être sortis à travers les terres

Per terras amnes, atque oppida cooperuisse;
Tanto quippe magis victus fateare necesse est,
Exitium quoque terraï cœlique futurum;
Nam quum res tantis morbis tantisque periclis
Tentarentur, ibi si tristior incubuisset
Causa, darent late cladem magnasque ruinas[1] :
Nec ratione alia mortales esse videmur
Inter nos, nisi quod morbis ægrescimus isdem
Atque illi, quos a vita Natura removit.

. . . .

Denique tantopere inter se quum maxima mundi
Pugnent membra, pio nequaquam concita bello;
Nonne vides aliquam longi certaminis ollis
Posse dari finem? vel quum sol et vapor omnis,
Omnibus epotis humoribus, exsuperarint,
Quod facere intendunt, neque adhuc conata patrantur;
Tantum suppeditant amnes[2], ultroque minantur
Omnia diluviare ex alto gurgite ponti!
Nequicquam; quoniam verrentes æquora venti
Deminuunt, radiisque retexens ætherius sol;
Et siccare prius confidunt omnia posse,
Quam liquor incepti[3] possit contingere finem.

pluies continuelles se sont déchaînés sur le globe et l'ont submergé, vous êtes obligé, à plus forte raison, de convenir de la destruction future du ciel et de la terre. Assailli par de tels fléaux, exposé à de si grands périls, le monde entier s'écroulait, ce vaste édifice tombait en ruine, si l'attaque eût été plus violente. Et nous-mêmes, nous n'avons d'autre preuve de notre mortalité réciproque, que d'être sujets aux mêmes maladies qui ont ôté la vie à nos semblables. . . .

En un mot, la discorde qui règne entre les vastes membres du monde, cette guerre intestine qui les pousse les uns contre les autres, ne vous fait-elle pas soupçonner que cette longue querelle peut avoir une fin? Ce sera, par exemple, quand le soleil et les autres feux se seront abreuvés de toutes les eaux, et auront remporté une victoire à laquelle tous leurs efforts ont tendu jusqu'ici sans succès; car les fleuves fournissent tant d'eau à l'Océan, que du sein de ce gouffre profond ils menacent le globe d'une inondation universelle. Mais en vain : les vents qui balayent les mers, le soleil qui les pompe du haut des cieux, en diminuent le volume, et causeraient un dessèchement général avant que l'onde pût parvenir à son but. Ani-

ex imbribus assiduis,	à-la-suite-de pluies continuelles,
atque cooperuisse oppida;	et avoir couvert-entièrement les villes;
quippe tanto magis	à-savoir d'autant plus
necesse est victus fateare	il est nécessaire qu'étant vaincu tu avoues
exitium terrarum cœlique	la destruction des terres et du ciel
futurum quoque;	devoir être aussi;
nam quum res tentarentur	car lorsque les choses étaient attaquées
morbis tantis	par des maladies si-grandes
periclisque tantis,	et des périls si-grands,
darent late cladem	elles présenteraient (auraient présenté) au
magnasque ruinas,	et de grandes ruines, [-loin la destruction
si causa tristior	si une cause plus funeste
incubuisset ibi :	avait assailli alors : [nous
nec videmur inter nos	et nous ne nous paraissons pas entre
esse mortales	être mortels
alia ratione,	par une autre raison,
nisi quod ægrescimus	si-ce-n'-est que nous souffrons
isdem morbis	des mêmes maladies
atque illi quos	et (que) ceux que
Natura removit a vita.	la Nature a écartés de la vie.

. . . .

Denique quum	Enfin puisque
membra maxima mundi	les membres très-grands du monde
pugnent tantopere inter se	combattent tellement entre eux
concita bello	excités par une guerre
nequaquam pio,	nullement pieuse (civile),
nonne vides aliquam finem	ne vois-tu pas quelque fin
longi certaminis	de cette longue lutte
posse dari ollis?	pouvoir être donnée à eux?
Vel quum sol	Ou lorsque le soleil
et omnis vapor,	et toute sorte de chaleur,
omnibus humoribus epotis,	toutes les eaux ayant été absorbées,
exsuperarint,	auront-pris-le-dessus,
quod intendunt facere, [huc;	chose qu'ils s'efforcent de faire, [core;
neque conata patrantur ad-	et leurs efforts ne sont pas exécutés en-
tantum amnes suppeditant,	tant les fleuves fournissent d'eau,
ultroque minantur	et de-plus ils menacent
diluviare omnia	de submerger tout
ex gurgite alto ponti!	en sortant du gouffre profond de la mer!
Nequicquam, quoniam venti	En-vain, parce que les vents
verrentes æquora demi-	balayant les plaines de la mer les dimi-
solque ætherius [nuunt,	et (ainsi que) le soleil éthéré [nuent,
retexens radiis;	qui les désagrège par ses rayons;
et confidunt posse	et ils ont-la-confiance de pouvoir
siccare omnia,	dessécher tout,
priusquam liquor possit	avant que l'eau puisse
contingere finem incepti.	atteindre le but de son entreprise.

Tantum spirantes æquo certamine bellum,
Magnis de rebus inter se cernere certant;
Quum semel in terra fuerit superantior ignis,
Et semel, ut fama est, humor regnarit in arvis[1].
Ignis enim superavit, et ambens[2] multa perussit,
Avia quum Phaethonta[3] rapax vis Solis equorum
Æthere raptavit toto, terrasque per omnes.
At pater omnipotens, ira tum percitus acri,
Magnanimum Phaethonta, repenti fulminis ictu,
Deturbavit equis in terram; Solque cadenti
Obvius, æternam suscepit lampada mundi,
Disjectosque redegit equos, junxitque trementes;
Inde suum per iter recreavit cuncta gubernans.
Scilicet ut veteres Graium cecinere poetæ,
Quod procul a vera est animi ratione repulsum.
Ignis enim superare potest, ubi materiaï
Ex infinito sunt corpora plura coorta;
Inde cadunt vires aliqua ratione revictæ,
Aut pereunt res[4], exustæ torrentibus auris :
Humor item quondam cœpit superare coortus,
Ut fama est hominum, multas quando obruit urbes[5];

més par ces grands intérêts, ces deux éléments se font la guerre avec des forces égales. Néanmoins, s'il faut en croire la fable, le feu a déjà remporté une fois la victoire; une fois aussi les eaux ont dominé sur les continents. Le feu triompha, et consuma une partie du monde, quand Phaéthon fut emporté par les coursiers égarés du Soleil dans toutes les régions de l'air et dans tous les climats de la terre; mais le maître de l'Olympe, transporté de courroux, frappa de sa foudre et précipita de son char sur le globe ce jeune présomptueux. Le Soleil après la chute de son fils, se présenta pour reprendre la conduite de l'éternel flambeau. Il attela ses coursiers épars, encore essoufflés, et, rentrant dans sa route ordinaire, il rétablit l'ordre, et rendit le calme à la Nature. Ces fables, qu'ont chantées les anciens poëtes grecs, la raison les rejette avec mépris : elle sait que le feu peut avoir l'avantage quand un grand nombre de molécules ignées se sont réunies de toutes les directions de l'espace infini, parce qu'alors il faut ou qu'une puissance contraire surmonte l'action du feu, ou que tout périsse par les flammes dévorantes. On raconte encore que jadis les ondes victorieuses submer-

Spirantes bellum tantum certamine æquo,	Respirant une guerre si-grande dans une lutte égale,
certant inter se cernere de rebus magnis;	ils rivalisent entre eux pour décider de choses importantes;
quum ignis fuerit semel superantior in terra,	quoique le feu ait été une-fois ayant-pris-le-dessus sur la terre,
et humor regnarit semel in arvis,	et *que* l'eau ait régné une-fois dans les campagnes,
ut fama est.	comme la renommée est.
Ignis enim superavit,	Le feu en effet eut-le-dessus,
et ambens perussit multa,	et dévorant consuma beaucoup d'objets,
quum vis rapax equorum Solis avia	lorsque l'ardeur impétueuse des chevaux du Soleil *ardeur* qui s'éloigne-du-chemin
raptavit Phaethonta æthere toto,	entraîna Phaéthon dans l'air tout-entier,
perque omnes terras.	et à travers toutes les terres.
At pater omnipotens,	Mais le père tout-puissant,
percitus tum acri ira,	ému alors d'une vive colère,
deturbavit	précipita
magnanimum Phaethonta	le présomptueux Phaéthon
equis in terram,	de *ses* chevaux (de son char) sur la terre,
ictu repenti fulminis;	par un coup soudain de foudre;
Solque obvius cadenti suscepit	et le Soleil venant-au-devant de *son fils* recueillit [tombant
lampada æternam mundi,	le flambeau éternel du monde,
redegitque equos disjectos,	et ramena les chevaux dispersés,
junxitque trementes;	et *les* attela frémissants;
inde gubernans per suum iter	puis *les* dirigeant par leur chemin (le chemin accoutumé)
recreavit cuncta.	il ranima tout.
Scilicet	A-savoir (du moins)
ut veteres poetæ Graium cecinere,	comme les anciens poëtes des Grecs ont chanté,
quod est repulsum procul a vera ratione animi.	ce qui est éloigné beaucoup du vrai jugement de l'esprit.
Ignis enim potest superare,	Le feu en effet peut avoir-le-dessus [matière
ubi corpora plura materiaï coorta sunt ex infinito;	quand des atomes plus nombreux de la se sont réunis de l'*espace* infini;
inde vires cadunt revictæ aliqua ratione,	ensuite les forces *du feu* tombent vaincues par quelque moyen,
aut res pereunt exustæ auris torrentibus.	ou-bien les êtres périssent consumés par des souffles dévorants.
Item quondam humor coortus cœpit superare,	De même jadis l'eau [dessus, s'étant réunie commença à prendre-le-
ut fama hominum est,	comme la renommée des hommes est,

Inde ubi vis aliqua ratione aversa recessit,
Ex infinito fuerat quæcunque coorta,
Constiterunt imbres, et flumina vim minuerunt.

IV. — LE SOLEIL.
(592-612, 649-702.)

Illud item non est mirandum, qua ratione
Tantulus ille queat tantum sol mittere lumen,
Quod maria ac terras omnes cœlumque rigando
Compleat, et calido perfundat cuncta vapore.
Nam licet hinc mundi patefactum totius unum
Largifluum fontem scatere¹, atque erumpere lumen
Ex omni mundo, quo sic elementa vaporis
Undique conveniunt, et sic conjectus eorum
Confluit, ex uno capite hic ut profluat ardor.
Nonne vides etiam quam late parvus aquaï
Prata riget fons interdum, campisque redundet²?
Est etiam³ quoque uti, non magno solis ab igni,
Aera percipiat calidis fervoribus ardor,
Opportunus ita est si forte et idoneus aer,
Ut queat accendi, parvis ardoribus ictus :

gèrent un grand nombre de villes; mais quand une force opposée eut fait disparaître ces amas d'eau rassemblés de toutes les régions de l'univers immense, les pluies s'arrêtèrent, et l'impétuosité des fleuves se ralentit.

IV

Ne soyez pas surpris non plus que le soleil, avec une circonférence aussi étroite, puisse baigner la mer, la terre et le ciel, des flots de sa lumière, et répandre sa chaleur dans toute la Nature. Il se peut qu'il n'y ait que ce canal d'ouvert par où toute la lumière du monde trouve un libre écoulement; qu'il n'y ait que ce foyer où les éléments de feu se rassemblent de toutes parts pour se répandre de là dans l'univers entier. Ainsi quelquefois une faible source arrose les prairies et inonde les campagnes. Il se peut encore que les feux du soleil, sans être fort abondants, échauffent et enflamment l'air voisin, en supposant toutefois ce fluide capable

quando obruit multas urbes;	quand elle engloutit beaucoup de villes;
inde ubi vis,	puis quand *sa* masse,
quæcunque fuerat coorta	toute-celle-qui avait été réunie
ex infinito,	de *l'espace* infini,
recessit	se retira
aversa aliqua ratione,	détournée par quelque moyen,
imbres constiterunt,	les pluies s'arrêtèrent
et flumina minuerunt vim.	et les fleuves diminuèrent *leur* violence.

IV. — LE SOLEIL.

Item illud	De même cela
non est mirandum	ne doit pas être-un-objet-d'étonnement
qua ratione	de quelle manière
ille sol tantulus	ce soleil si-petit
queat mittere tantum lumen,	peut envoyer une si-grande lumière,
quod compleat rigando	laquelle remplisse en *les* baignant
maria ac omnes terras	les mers et toutes les terres
cœlumque,	et le ciel,
et perfundat cuncta	et *qui* inonde tout
vapore calido.	d'une chaleur brûlante.
Nam licet	Car il est-possible
fontem unum largifluum	une source unique abondante
totius mundi	de tout le ciel (dans tout le ciel)
patefactum	ayant été ouverte
scatere hinc,	jaillir de là (du soleil),
atque lumen	et la lumière
ex omni mundo	*provenant* de tout le ciel
erumpere,	s'élancer *par là*,
quo elementa vaporis	où les éléments de la chaleur
conveniunt sic undique,	se-rassemblent ainsi de toute-part,
et conjectus eorum	et où la masse de ces *éléments*
confluit,	afflue,
ut hic ardor profluat	de-telle-sorte-que cette chaleur coule
ex uno capite.	d'une seule source.
Nonne vides etiam	Ne vois-tu pas aussi
quam parvus fons aquaï	combien une petite source d'eau
riget interdum late prata,	arrose quelquefois au-loin les prairies,
redundetque campis?	et déborde dans les plaines?
Est etiam quoque uti	Il est *possible* aussi que
ardor percipiat aera	la chaleur envahisse l'air
fervoribus calidis,	par des ardeurs brûlantes,
non ab magno igni solis,	non par *l'effet* d'un grand feu du soleil,
si forte aer	si par hasard l'air
est ita opportunus	est ainsi favorablement-disposé
et idoneus,	et capable *de ceci*,
ut queat accendi	qu'il puisse être allumé

Quod genus¹ interdum segetes stipulamque videmus
Accipere ex una scintilla incendia passim.
Forsitan et² rosea sol alte lampade lucens
Possideat multum cæcis fervoribus ignem
Circum se, nullo qui sit fulgore notatus,
Æstiferum ut tantum radiorum exaugeat ictum.

. . . .

 At nox obruit ingenti caligine terras;
Aut ubi de longo cursu sol extima cœli
Impulit, atque suos efflavit languidus ignes
Concussos itere³, et labefactos aere multo⁴;
Aut quia sub terras cursum convertere cogit
Vis eadem, supra terras quæ pertulit orbem.
 Tempore item certo roseam Matuta⁵ per oras
Ætheris Auroram defert, et lumina pandit;
Aut quia sol idem sub terras ille revertens
Anticipat cœlum radiis, accendere tentans;
Aut quia conveniunt ignes, et semina multa
Confluere ardoris consuerunt tempore certo,
Quæ faciunt solis nova semper lumina gigni⁶ :

de s'allumer à la moindre ardeur, comme on voit quelquefois les moissons et le chaume aride consumés par une seule étincelle. Peut-être enfin ce soleil, ce flambeau si brillant, est-il environné d'une grande quantité de feux invisibles et sans éclat, destinés uniquement à augmenter la force et la chaleur de ses rayons.

 La nuit couvre la terre de ses ténèbres épaisses, soit que le soleil, arrivé aux extrémités du firmament, et fatigué de sa course immense, laisse expirer ses feux déjà amortis par la longueur de la route et par les torrents d'air qu'ils ont pénétrés, soit que la même force qui a transporté son disque au-dessus de nos têtes, le fasse tourner sous nos pieds dans une direction contraire.

 Matuta, dans un temps fixe, promène au milieu des airs l'Aurore aux doigts de rose, et ouvre les portes de la lumière, soit que le même soleil, qui était caché sous la terre, devancé à son retour par ses rayons, s'efforce d'échauffer le ciel, soit qu'à des heures réglées, un grand nombre de feux et d'atomes

ictus parvis ardoribus :	frappé par de petites ardeurs (de petits
quod genus	de la *même* manière que [feux):
videmus interdum	nous voyons quelquefois
segetes stipulamque	les blés et le chaume
accipere passim incendia	recevoir çà-et-là des embrasements
ex una scintilla.	d'une seule étincelle.
Forsitan et sol	Peut-être aussi le soleil
lucens alte	brillant en-haut
lampade rosea	par un flambeau rose
possideat circum se	posséderait-il autour de lui-même
ignem multum	un feu abondant
fervoribus cæcis,	*produit* par des chaleurs invisibles,
qui notatus sit	qui ne serait remarqué
nullo fulgore,	par aucun éclat,
ut exaugeat tantum,	pour qu'il augmente seulement [rayons.
ictum æstiferum radiorum.	le coup brûlant (la force brûlante) des
. . . .	. . . .
At nox obruit terras	Mais la nuit couvre les terres
ingenti caligine,	d'une grande obscurité, [longue
aut ubi sol de cursu longo	ou lorsque le soleil à-la-suite-de *sa* course
impulit extima cœli,	a touché les extrémités du ciel,
atque languidus	et languissant
efflavit suos ignes	a exhalé ses feux
concussos itere,	secoués par la route,
et labefactos aere multo ;	et ébranlés par un air abondant ;
aut quia eadem vis,	ou parce que la même force,
quæ pertulit orbem	qui a porté *son* disque
supra terras,	au-dessus des terres,
cogit convertere cursum	force *ce disque* à tourner sa course
sub terras.	sous les terres.
Item Matuta	De même Matuta
defert tempore certo	introduit dans un temps déterminé
Auroram roseam	l'Aurore rosée
per auras ætheris,	à travers les régions de l'air,
et pandit lumina ;	et déploie les lumières (la lumière) ;
aut quia ille idem sol	ou parce que ce même soleil
revertens sub terras	revenant sous les terres
anticipat cœlum radiis	prend-d'-avance le ciel par *ses* rayons
tentans accendere ;	en essayant de l'enflammer ;
aut quia ignes conveniunt,	ou parce que les feux se rassemblent,
et multa semina ardoris	et *que* beaucoup de germes de chaleur
consuerunt confluere	ont-coutume de se réunir
tempore certo,	dans un temps déterminé,
quæ faciunt	lesquels *germes* font
nova lumina solis	de nouvelles lumières du soleil
gigni semper :	être produites toujours :
quod genus	de la *même* manière que

Quod genus Idæis fama est e montibus altis¹
Dispersos ignes² orienti lumine cerni,
Inde coire globum quasi in unum, et conficere orbem.

  Nec tamen illud in his rebus mirabile debet
Esse, quod hæc ignis tam certo tempore possint
Semina confluere, et solis reparare nitorem.
Multa videmus enim, certo quæ tempore fiunt³
Omnibus in rebus. Florescunt tempore certo
Arbusta, et certo dimittunt tempore florem;
Nec minus in certo dentes cadere⁴ imperat ætas
Tempore, et impubem molli pubescere veste,
Et pariter mollem malis demittere barbam.
Fulmina postremo, nix, imbres, nubila, venti,
Non nimis incertis fiunt in partibus anni;
Namque ubi sic fuerunt causarum exordia prima,
Atque ubi res mundi cecidere ab origine prima,
Consequa natura est jam rerum ex ordine certo.

  Crescere itemque dies licet et tabescere noctes,
Et minui luces, quum sumant augmina noctes;
Aut quia sol idem⁵ sub terras atque superne,

ignés se rassemblent périodiquement, et forment tous les jours un nouveau soleil. Ainsi l'on raconte que, du sommet du mont Ida, l'on voit, dès l'aube matinale, des feux épars se réunir en globe, et former un disque parfait.

Au reste, vous ne devez pas être surpris que ces éléments de feu se rassemblent ainsi à des heures marquées pour réparer l'éclat du soleil. Nous voyons dans l'univers un grand nombre de phénomènes soumis à la même régularité. C'est dans des temps fixes que les arbres se couvrent et se dépouillent de fleurs; c'est dans des temps fixes que tombent les dents de l'enfant, et que se couvrent d'un léger duvet les membres et les joues de l'adolescence. Enfin, la foudre, la neige, la pluie, les vents et les nuages, suivent, sans trop d'irrégularité, le cours des saisons. En effet, l'énergie de chaque cause une fois déterminée, et la première impulsion donnée à l'univers lors de la formation du monde, toute la suite des phénomènes est assujettie à cet ordre invariable.

Nous voyons les jours croître et les nuits diminuer, et réciproquement, parce que le soleil restant toujours le même, et décrivant

fama est	la renommée est
ignes dispersos cerni	des feux dispersés être aperçus
ex altis montibus Idæis	des hautes montagnes de l'Ida
lumine orienti,	le jour se levant,
inde coire	puis se réunir
quasi in unum globum,	comme en un globe,
et conficere orbem,	et former un disque.
Nec tamen illud	Ni cependant ceci
debet esse mirabile	ne doit être un-sujet-d'étonnement
in his rebus,	dans ces choses-là,
quod hæc semina ignis	que ces germes du feu
possint confluere	puissent se rassembler
tempore tam certo,	dans un temps si déterminé,
et reparare nitorem solis.	et réparer l'éclat du soleil.
Videmus enim multa	Nous voyons en effet beaucoup de *phénomènes*
quæ fiunt tempore certo	qui ont lieu dans un temps déterminé
in omnibus rebus.	en toutes choses.
Arbusta florescunt	Les arbres commencent-à-fleurir
tempore certo,	dans un temps déterminé,
et dimittunt florem	et laissent-tomber *leur* fleur
tempore certo ;	dans un temps déterminé ;
nec ætas imperat minus	et l'âge ne commande pas moins
dentes cadere	les dents tomber
tempore certo,	dans un temps déterminé,
et impubem	et l'impubère
pubescere molli veste,	se couvrir d'un tendre duvet,
et pariter demittere malis	et pareillement laisser-pendre de *ses joues*
barbam mollem.	une barbe soyeuse.
Postremo fulmina, nix,	Enfin les foudres, la neige,
imbres, nubila, venti,	les pluies, les nuages, les vents,
fiunt in partibus anni	se produisent dans des parties de l'année
non nimis incertis ;	non trop irrégulières ;
namque ubi	car dès que
exordia prima causarum	les commencements premiers des causes
fuere sic,	ont été *ainsi*,
atque ubi res cecidere	et dès que les choses se sont passées
ab origine prima mundi,	depuis l'origine première du monde,
jam natura rerum	dès-lors la nature des choses
est consequa	est conséquente *avec elle-même*
ex ordine certo.	d'après un ordre déterminé.
Itemque licet	Et de même il est permis *de supposer*
dies crescere	les jours croître
et noctes tabescere,	et les nuits se fondre (diminuer),
et luces minui,	et les jours diminuer,
quum noctes	attendu que les nuits
sumant augmina ;	reçoivent des accroissements ;
aut quia sol idem	ou parce que le soleil *étant* le même

Imparibus currens anfractibus, ætheris oras [1]
Partit, et in partes non æquas dividit orbem ;
Et quod ab alterutra detraxit [2] parte, reponit,
Ejus in adversa tanto plus parte relatus,
Donec ad id signum cœli [3] pervenit, ubi anni
Nodus nocturnas exæquat lucibus umbras [4] :
(Nam medio cursu flatus Aquilonis et Austri [5],
Distinet æquato cœlum [6] discrimine metas [7],
Propter signiferi posituram [8] totius orbis ;
Annua sol in quo contundit tempora [9] serpens,
Obliquo terras et cœlum lumine lustrans ;
Ut ratio declarat eorum, qui loca cœli
Omnia dispositis signis [10] ornata notarunt ;)
Aut quia crassior est certis in partibus aer [11],
Sub terris ideo tremulum [12] jubar hæsitat ignis,
Nec penetrare potest facile atque emergere ad ortus :
Propterea noctes hiberno tempore longæ
Cessant, dum veniat radiatum insigne diei ;
Aut etiam [13], quia sic alternis partibus anni
Tardius et citius consuerunt confluere ignes,
Qui faciant solem certa de surgere parte [14].

sur nos têtes et sous nos pieds des arcs inégaux, coupe le ciel et divise son orbe en parties de différente grandeur, mais avec une telle compensation, qu'il restitue toujours à la partie vers laquelle il s'approche, la portion de lumière qu'il a retranchée de l'hémisphère opposée ; enfin il arrive dans le ciel au signe, qui, placé dans l'intersection de l'écliptique et de l'équateur, rend les jours égaux aux nuits sur tout le globe. Car alors la partie du ciel qu'il décrit se trouve à égale distance de l'aquilon et du midi, par la position oblique du zodiaque, où le soleil décrit sa révolution annuelle, et d'où il répand ses feux vers le ciel et la terre. C'est ainsi que l'enseignent ces hommes savants dont les cartes ornées d'images sensibles, nous représentent fidèlement toutes les régions du ciel. Il se peut aussi que l'air, plus grossier en quelques endroits, arrête et retienne sous terre les feux tremblants du soleil, qui ne peut sans peine traverser ce fluide épais pour s'élever à l'orient, et que ce soit là la raison pour laquelle on attende, pendant de si longues nuits d'hiver, le retour tardif du jour. Il se peut enfin que les feux, dont la réunion fait lever le soleil à des points fixes de l'horizon, se rassemblent alternativement plus ou moins vite, selon la différence des saisons.

currens sub terras	courant sous les terres
atque superne	et au-dessus
anfractibus imparibus,	par des détours inégaux,
partit oras ætheris,	partage les régions de l'air,
et dividit orbem	et divise la sphère *céleste*
in partes non æquas;	en parties inégales;
et reponit quod detraxit	et restitue *ce* qu'il a retranché
ab alterutra parte	de l'une-ou-l'autre partie,
relatus tanto plus	reporté autant en plus
in parte adversa ejus,	dans la partie opposée de cette *sphère*,
donec pervenit	jusqu'à ce qu'il soit parvenu
ad id signum cœli,	à ce signe du ciel,
ubi nodus anni	où le nœud de l'année
exæquat umbras nocturnas	rend-égales les ombres de-la-nuit
lucibus:	aux jours:
(nam medio cursu	(car au milieu de la course
flatus Aquilonis et Austri,	du souffle de l'Aquilon et de l'Auster,
cœlum distinet metas	le ciel tient-à-distance les tropiques,
discrimine æquato,	par un intervalle égal,
propter posituram	à cause de la position
totius orbis signiferi,	de tout le cercle constellé (du zodiaque),
in quo sol serpens	dans lequel le soleil se glissant
contundit tempora annua,	use le temps de-l'année,
lustrans terras et cœlum	parcourant les terres et le ciel
lumine obliquo,	d'une lumière oblique,
ut declarat ratio	comme *le* montre le système
eorum qui notarunt	de ceux qui ont noté
omnia loca cœli	toutes les parties du ciel
ornata signis dispositis;)	ornées de signes disposées-en-ordre;)
aut quia aer est crassior	ou parce que l'air est plus épais
in certis partibus,	dans certaines parties,
ideo jubar tremulum ignis	pour-cela la lueur vacillante du feu
hæsitat sub terris,	est arrêtée sous les terres,
nec potest penetrare facile,	et ne peut pénétrer facilement,
atque emergere ad ortus:	et s'élever à l'apparition (et paraître):
propterea noctes longæ	à-cause-de-cela les nuits longues
cessant tempore hiberno,	sont-immobiles (se prolongent) dans la
dum	jusqu'à ce que [saison d'-hiver,
insigne radiatum diei	l'ornement radieux du jour
veniat;	vienne;
aut etiam quia	ou encore parce que
ignes qui faciant	les feux qui peuvent-faire [née,
solem surgere de parte certa,	le soleil se lever d'une partie détermi-
consuerunt confluere sic	ont-coutume de se rassembler ainsi
tardius et citius	plus lentement et plus vite
partibus alternis anni.	dans les parties alternées de l'année.

V. — LE PREMIER AGE DU MONDE.
(V, 778-801, 814-834.)

Nunc redeo ad mundi novitatem, et mollia[1] terræ
Arva, novo fœtu quid primum in luminis oras
Tollere, et in certis tentarit credere ventis.
   Principio, genus herbarum viridemque nitorem
Terra dedit circum colles, camposque per omnes
Florida fulserunt viridanti prata colore;
Arboribusque datum est variis exinde per auras
Crescendi magnum immissis certamen[2] habenis.
Ut pluma atque pili primum setæque creantur
Quadrupedum in membris, et corpore pennipotentum,
Sic nova tum tellus herbas virgultaque primum
Sustulit; inde loci[3] mortalia sæcla[4] creavit,
Multa, modis multis, varia ratione coorta.
Nam neque de cœlo cecidisse animalia possunt,
Nec terrestria de salsis exisse lacunis.
Linquitur ut merito maternum nomen adepta
Terra sit, e terra quoniam sunt cuncta creata.
Multaque nunc etiam exsistunt animalia terris[5],

V

  Maintenant je reviens à l'enfance du monde, et j'examine quels ont été les premiers essais de la terre naissante, les premières productions qu'elle hasarda d'exposer à l'inconstance des vents.

  D'abord la terre revêtit les collines d'herbes et de verdure, et dans toutes les campagnes les fleurs émaillèrent le gazon des prairies. Ensuite les arbres animés par une séve abondante élevèrent à l'envi leurs rameaux dans les airs. De même que les plumes, les poils et les soies sont les premières parties qui naissent chez les volatiles et chez les quadrupèdes, de même la terre encore nouvelle commença à produire les plantes et les arbrisseaux; puis elle créa toutes les espèces mortelles avec une variété et des combinaisons infinies; car ni les animaux ne peuvent être tombés du ciel, ni les habitants de la terre être sortis de l'onde salée. Il en résulte que la terre a reçu avec raison le nom de mère, puisque tout est tiré de son sein. Aujourd'hui encore beaucoup d'êtres vivants se forment dans

V. — LE PREMIER AGE DU MONDE.

Nunc redeo	Maintenant je reviens
ad novitatem mundi,	à la nouveauté (à la jeunesse) du monde,
et arva mollia	et aux champs encore tendres
terræ,	de la terre,
qui tentarit primum	pour dire quelle chose elle essaya d'abord
tollere fœtu novo	d'élever par un enfantement nouveau
in oras luminis,	dans les régions de la lumière,
et credere ventis incertis.	et de confier aux vents incertains.
Principio terra	D'abord la terre
dedit circum colles	plaça autour des collines
genus herbarum,	l'espèce des herbes,
nitoremque viridem,	et un éclat vert,
perque omnes campos	et par toutes les plaines
prata florida fulserunt	les prés fleuris brillèrent
colore viridanti;	d'une couleur verdoyante;
magnumque certamen	et une grande lutte
crescendi per auras	pour croître à travers les airs
datum est exinde	fut donnée ensuite
arboribus variis	aux arbres divers
habenis immissis.	les rênes étant lâchées.
Ut pluma atque pili	Comme la plume et les poils
setæque	et les soies
creantur primum	sont créés d'abord
in membris quadrupedum	dans les membres des quadrupèdes
et corpora pennipotentum,	et dans le corps des oiseaux,
sic tellus nova	ainsi la terre nouvelle
sustulit tum primum	fit sortir (enfanta) alors d'abord
herbas virgultaque;	les herbes et les broussailles;
inde loci creavit	depuis ce temps elle créa
sæcla mortalia,	les espèces mortelles,
multa,	nombreuses,
coorta multis modis,	formées de beaucoup de modes,
ratione varia.	d'une manière variée.
Nam neque animalia	Car ni les animaux
terrestria	terrestres
possunt cecidisse de cœlo,	ne peuvent être tombés du ciel,
neque exisse	ni être sortis
de lacunis salsis.	de lacs salés.
Linquitur ut terra	Il reste (il en résulte) que la terre
adepta sit merito	a obtenu justement
nomen materum,	le nom de mère,
quoniam cuncta	puisque toutes les choses
creata sunt e terra.	ont été créées de la terre.
Nuncque etiam	Et maintenant encore
multa animalia	beaucoup d'animaux

Imbribus et calido solis concreta vapore :
Quo minus est mirum, si tum sunt plura coorta
Et majora nova tellure, atque æthere adulto.
   Principio, genus alituum, variæque volucres
Ova relinquebant [1], exclusæ tempore verno :
Folliculos ut nunc teretes æstate cicadæ
Linquunt, sponte sua victum vitamque petentes.
Tum tibi terra dedit primum mortalia sæcla [2] :
Multus enim calor atque humor superabat in arvis.
. . . .
Terra cibum pueris, vestem vapor, herba cubile
Præbebat, multa et molli lanugine abundans.
   At novitas mundi nec frigora dura ciebat,
Nec nimios æstus, nec magnis viribus auras :
Omnia enim pariter crescunt, et robora sumunt.
Quare etiam atque etiam maternum nomen adepta
Terra tenet merito, quoniam genus ipsa creavit
Humanum, atque animal prope certo tempore fudit

la terre à l'aide de la pluie et du soleil. Est-il donc surprenant qu'un plus grand nombre d'animaux plus robustes en soient sortis dans le temps où la terre et l'air jouissaient de la vigueur du jeune âge?

   D'abord on vit éclore de leurs œufs les volatiles et les oiseaux de toute espèce que la chaleur du printemps mettait en liberté : telles encore aujourd'hui les cigales, pendant l'été, quittent d'elles-mêmes leurs enveloppes arrondies, pour chercher la nourriture qui les soutient. Alors la terre produisit la première génération des hommes, car la chaleur et l'humidité abondaient dans les plaines.
. . . .
La terre fournissait aux enfants leur nourriture, la chaleur les dispensait de vêtements, et le duvet des gazons leur tint lieu de lit.

   Le monde, dans ce premier âge, ne connaissait ni les froids pénétrants, ni les chaleurs excessives, ni les vents destructeurs. Tous ces fléaux ont eu leur naissance et leurs progrès comme le reste. Je le répète donc, nous avons eu raison de donner à la terre le nom de mère commune, puisque c'est elle qui a créé l'homme, qui a produit presque tous les animaux dans un temps marqué, et ceux

existant terris	sortent des terres
concreta imbribus	formés par les pluies
et calido vapore solis :	et la brûlante chaleur du soleil ;
quo est minus mirum,	par quoi il est moins étonnant,
si plura et majora	si *des corps* plus nombreux et plus
coorta sunt tum	se sont formés alors [grands
tellure nova,	la terre *étant* nouvelle,
atque æthere adulto.	et l'air étant-dans-l'adolescence.
Principio,	D'abord,
genus alituum	la race des volatiles
volucresque variæ,	et les oiseaux divers,
exclusæ tempore verno,	éclos dans la saison printannière,
relinquebant ova :	quittaient *leurs* œufs :
ut nunc cicadæ	comme maintenant les cigales
linquunt æstate,	laissent dans l'été
folliculos teretes,	*leurs* enveloppes arrondies,
petentes sua sponte	cherchant de leur propre-mouvement
victum vitamque.	la nourriture et la vie.
Tum tibi	Alors pour toi (je te le dis)
terra dedit primum	la terre produisit pour-la-première-fois
sæcla mortalia :	les espèces mortelles (les humains) :
multus calor enim	beaucoup de chaleur en effet
atque humor	et *beaucoup* d'humidité
superabat in arvis.	abondait dans les champs.
. . . .	. . . .
Terra præbebat	La terre fournissait
cibum pueris,	de la nourriture aux enfants,
vapor vestem,	la chaleur *leur* fournissait le vêtement,
herba abundans	l'herbe abondante
lanugine multa et molli,	d'un duvet épais et tendre,
cubile.	*leur fournissait* un lit.
At novitas mundi	Mais la jeunesse du monde [durs,
ciebat nec frigora dura,	ne mettait-en-mouvement ni des froids
nec æstus nimios,	ni des chaleurs excessives,
nec auras magnis viribus :	ni des vents *doués* de grandes forces :
omnia enim	toutes les choses en effet
crescunt pariter,	croissent pareillement,
et sumunt robora.	et prennent des forces *pareillement*.
Quare etiam atque etiam	C'est pourquoi *je le dis* encore et en-
terra adepta	la terre ayant obtenu [core
nomen maternum	le nom de-mère
tenet merito,	le garde justement,
quoniam ipsa creavit	puisqu'elle-même a créé
genus humanum,	l'espèce humaine,
atque fudit	et a répandu (produit)
tempore prope certo	dans un temps à peu près déterminé
omne animal,	tout animal,

Omne, quod in magnis bacchatur montibu' passim,
Aeriasque simul volucres variantibu' formis.
   Sed quia finem aliquam pariendi debet habere[2],
Destitit, ut mulier spatio defessa vetusto.
Mutat enim mundi naturam totius ætas,
Ex alioque alius status excipere omnia debet,
Nec manet ulla sui similis res; omnia migrant;
Omnia commutat Natura, et vertere cogit.
Namque aliud putrescit, et ævo debile languet,
Porro aliud concrescit, et e contemptibus exit.
Sic igitur mundi naturam totius ætas
Mutat, et ex alio terram status excipit alter;
Quod potuit, nequeat; possit, quod non tulit ante.

VI. — LE GENRE HUMAIN A SON ORIGINE ; SES PROGRÈS.

(V. 923-959, 964-1009, 1013-1044, 1055-1071, 1077-1159.)

Et genus humanum multo fuit illud in arvis
Durius[1], ut decuit, tellus quod dura creasset :
Et majoribus, et solidis magis ossibus intus
Fundatum, et validis aptum per viscera nervis;
Nec facile ex æstu, nec frigore quod caperetur,
Nec novitate cibi, nec labi corporis ulla ;

dont la fureur se déchaîne sur les montagnes, et ceux qui traversent les airs sous mille formes diverses.

Mais comme la faculté génératrice doit avoir un terme, la terre se reposa, semblable à une femme épuisée par la vieillesse. Car le temps change la face entière du monde: un nouvel ordre de choses succède nécessairement au premier; rien ne demeure constamment semblable à soi-même. Tout passe; la Nature change tout, transforme tout. Les corps affaiblis par les ans tombent en putréfaction; d'autres sortent du néant et se fortifient. Ainsi le temps dénature tout; ainsi la terre passe sans cesse d'un état à l'autre; elle ne peut plus ce qu'elle pouvait; elle peut ce qu'elle ne pouvait pas avant.

VI

Les hommes de ce temps qui vivaient dans les campagnes, étaient beaucoup plus durs au mal que ceux d'aujourd'hui, et cela devait être nécessairement, parce qu'ils avaient la dureté de la terre dont ils étaient les enfants: la charpente de leurs os était plus vaste, plus solide, et le tissu de leurs nerfs et de leurs viscères, plus robuste. Ils n'étaient affectés ni par le froid, ni par le chaud, ni par la nouveauté des aliments, ni par les atteintes d'aucune maladie. On

quod debacchatur passim	qui se déchaîne çà-et-là
in magnis montibus,	sur les grandes montagnes,
simulque volucres aerias	et en-même-temps les oiseaux hôtes-des-airs
formis variantibus.	de formes diverses.
Sed quia debet habere	Mais parce qu'elle doit avoir
aliquam finem pariendi,	quelque fin d'enfanter,
destitit ut mulier	elle a cessé comme une femme
defessa spatio vetusto.	fatiguée par un espace ancien (par la vieillesse).
Ætas enim mutat	L'âge en effet change
naturam mundi totius,	la nature du monde tout-entier,
aliusque status	et un autre état,
debet excipere omnia	doit recevoir toutes les choses
ex alio,	à-la-suite-d'un autre *état*,
nec ulla res manet	ni aucune chose ne reste
similis sui ;	semblable à elle-même ;
omnia migrant.;	toutes les choses passent ;
Natura commutat omnia,	la Nature change toutes les choses,
et cogit vertere.	et *les* force à se transformer.
Namque aliud putrescit,	Car un corps tombe-en-poussière,
et languet debile ævo,	et languit affaibli par l'âge,
porro aliud concrescit	puis un autre croît
atque exit e contemptibus.	et sort des mépris (de l'abaissement).
Sic igitur ætas	Ainsi donc le temps
mutat naturam	change la nature
mundi totius,	du monde tout-entier,
et alter status	et un nouvel état
ex alio	à-la-suite-d'un autre
excipit terram ;	reçoit la terre ;
nequeat quod potuit ;	de sorte qu'elle ne peut porter ce qu'elle a pu ;
possit,	qu'elle peut porter,
quod non tulit ante.	ce qu'elle n'a pas porté auparavant.

VI. — LE GENRE HUMAIN A SON ORIGINE; SES PROGRÈS.

Et illud genus humanum	Et ce genre humain
in arvis	qui vivait dans les campagnes
fuit multo durius,	fut (était) beaucoup plus dur, (être),
ut decuit,	comme il convint (comme cela devait être)
quod tellus dura creasset :	parce que la terre dure l'avait créé :
et fundatum intus	et il *était* construit au-dedans
ossibus majoribus	d'os plus grands
et magis solidis,	et plus solides,
et aptum per viscera	et rattaché aux chairs
nervis validis ;	par des nerfs plus forts ;
nec quod caperetur facile	et il n'était pas *tel* qu'il fût attaqué facilement
ex æstu, nec frigore,	par-suite-du froid, ni du chaud,
nec novitate cibi,	ni par la nouveauté de la nourriture,

Multaque per cœlum solis volventia lustra,
Volgivago vitam tractabant more ferarum.
Nec robustus[1] erat curvi moderator aratri
Quisquam, nec scibat[2] ferro molirier arva,
Nec nova defodere in terram virgulta, nec altis
Arboribus veteres decidere falcibu' ramos.
Quod sol atque imbres dederant, quod terra crearat
Sponte sua, satis id placabat pectora donum.
Glandiferas inter curabant corpora quercus
Plerumque; et quæ nunc hiberno tempore cernis
Arbuta puniceo fieri matura colore,
Plurima tum tellus etiam majora ferebat;
Multaque præterea novitas tum florida mundi
Pabula dia[3] tulit, miseris[4] mortalibus ampla.
    At sedare sitim fluvii fontesque vocabant;
Ut nunc montibus e magnis decursus aquaï
Claricitat late sitientia sæcla ferarum.
Denique noctivagi silvestria templa tenebant
Nympharum, quibus exibant humore fluenta

les voyait survivre à la révolution d'un grand nombre de lustres, errants par troupeaux comme les bêtes. Personne ne savait encore, parmi eux, conduire la charrue recourbée; ils ignoraient l'art de dompter les champs avec le fer, de confier de jeunes arbustes au sein de la terre, et de trancher avec la serpe les vieux rameaux des grands arbres. Ce que le soleil et la pluie leur donnaient, ce que la terre produisait d'elle-même, suffisait pour apaiser leur faim. Ils réparaient leurs forces au milieu des chênes, dont le gland les nourrissait; les fruits de l'arbousier, que nous voyons pendant l'hiver se colorer, en mûrissant, de l'éclat de la pourpre, croissaient plus nombreux et plus gros. Le monde jeune et florissant donnait en outre beaucoup d'autres aliments délicieux, plus que suffisants pour les misérables mortels.

Les fleuves et les fontaines les invitaient à se désaltérer, comme aujourd'hui les torrents qui roulent du haut des monts semblent avertir au loin les bêtes féroces de venir y apaiser leur soif. La nuit, ils se retiraient dans les bois consacrés aux nymphes, dans ces

nec ulla labi corporis ;	ni par aucune destruction du corps ;
perque multa lustra solis volventia cœlum,	et pendant beaucoup de lustres du so- lustres parcourant le ciel, [leil
tractabant vitam	ils menaient la vie
more volvivago ferarum.	à la manière errante des bêtes-sauva-
Nec qui-quam	Ni aucun [ges.
moderator robustus	conducteur robuste
aratri curvi	de la charrue recourbée
erat,	n'était,
nec scibat	ni ne savait
molirier arva ferro,	remuer les champs avec le fer,
nec defodere in terram	ni enfouir en terre (ni planter)
nova virgulta,	de jeunes pousses,
nec decidere falcibus	ni retrancher avec des serpes
veteres ramos	les vieux rameaux
arboribus altis.	aux arbres élevés.
Quod sol atque imbres dederant,	Ce que le soleil et les pluies avaient donné,
quod terra crearat sua sponte,	ce que la terre avait créé de son propre-mouvement,
id donum placabat satis pectora.	ce don apaisait suffisamment leurs estomacs.
Curabant corpora plerumque	Ils soignaient leurs corps la-plupart-du-temps [gland ;
inter quercus glandiferas ;	au milieu des chênes qui-portent-du-
et tellus	et la terre
ferebat tum plurima	portait alors très-nombreuses
etiam majora	et aussi plus grandes
arbuta quæ nunc cernis	les arbouses que tu vois maintenant
fieri matura	devenir mûres
colore puniceo	avec une couleur de-pourpre
tempore hiberno ;	dans la saison-d'hiver ;
tumque præterea	et alors en outre
novitas florida mundi	la nouveauté fleurie du monde
tulit multa pabula dia,	porta beaucoup de pâturages divins,
ampla	largement-suffisants
mortalibus miseris.	pour les mortels misérables.
At fluvii fontesque vocabant sedare sitim,	D'un-autre-côté les fleuves et les invitaient à apaiser la soif, [sources
ut nunc decursus aquai e magnis montibus	comme maintenant une chute d'eau du-haut des grandes montagnes
claricitat late	appelle-clairement au-loin
sæcla sitientia ferarum.	les espèces altérées-de-soif des bêtes-sau-
Denique noctivagi	Enfin errants-pendant-la-nuit [vages.
tenebant templa silvestria nympharum,	ils occupaient les enceintes boisées demeures des nymphes,
quibus exibant,	desquelles enceintes sortaient

Lubrica, proluvie larga lavere humida saxa,
Humida saxa super viridi stillantia musco,
Et partim plano scatere atque erumpere campo.
   Necdum res igni scibant tractare, nec uti
Pellibus, et spoliis corpus vestire ferarum :
Sed nemora atque cavos montes silvasque colebant,
Et frutices inter condebant squalida membra,
Verbera ventorum vitare imbresque coacti.
Nec commune bonum poterant spectare, nec ullis
Moribus inter se scibant, nec legibus uti.
Quod cuique obtulerat prædæ fortuna, ferebat
Sponte sua sibi quisque valere et vivere doctus[1].

. . . .

   Et manuum mira freti virtute pedumque,
Consectabantur silvestria sæcla ferarum
Missilibus saxis, et magno pondere clavæ,
Multaque vincebant, vitabant pauca[2] latebris;
Setigerisque pares suibus, silvestria membra
Nuda dabant terræ, nocturno tempore capti,
Circum se foliis ac frondibus involventes.

asiles solitaires d'où sortaient des sources d'eaux vives, qui, après avoir baigné les roches humides, retombaient ensuite lentement sur la verte mousse, tandis que d'autres sources jaillissaient dans les plaines, ou bien se précipitaient à grands flots dans les campagnes.

Ils ne savaient pas encore traiter les métaux par le feu. Ils ne connaissaient point l'usage des peaux, ni l'art de se revêtir de la dépouille des bêtes féroces. Les bois, les forêts et les cavités des montagnes étaient leur demeure ordinaire. Forcés de chercher un asile contre les pluies et la fureur des vents, ils allaient se blottir parmi des broussailles. Incapables de s'occuper du bien commun, ils n'avaient institué entre eux ni lois ni rapports moraux. Chacun s'emparait du premier butin que lui offrait le hasard. La Nature ne leur avait appris à user de leur force et à vivre que pour eux-mêmes...

Confiants dans la vigueur de leurs bras, et la merveilleuse agilité de leurs pieds, ils faisaient la guerre aux animaux sauvages, leur lançaient de loin des pierres, les attaquaient de près avec de pesantes massues, en massacraient un grand nombre, et s'enfuyaient dans leurs retraites à l'approche de quelques autres. Quand la nuit les surprenait, ils étendaient à terre leurs membres nus, à l'exemple des sangliers couverts de soies, et s'enveloppaient de feuilles et

fluenta lubrica humore,	des ruisseaux glissants par l'eau,
lavere proluvie larga	pour baigner par une inondation abon-
saxa humida,	les rochers humides, [dante
saxa humida stillantia	rochers humides dégouttants
super viridi musco,	sur la verte mousse,
et partim scatere	et en-partie *pour* jaillir
atque erumpere	et *pour* s'élancer
campo plano.	par la plaine unie.
Necdum scibant	Et ils ne savaient pas-encore
tractare res igni,	traiter les corps par le feu,
nec uti pellibus,	ni se servir des peaux,
nec vestire corpus	ni revêtir *leur* corps
spoliis ferarum.	des dépouilles des bêtes-sauvages.
Sed colebant nemora	Mais ils habitaient les bois
atque montes cavos	et les montagnes creuses
silvasque,	et les forêts,
condebantque	et ils cachaient
membra squalida	leurs membres sales
inter frutices,	au milieu des broussailles,
coacti vitare	forcés d'éviter
verbera ventorum imbresque.	les coups des vents et les pluies.
Nec poterant spectare	Ni ils ne pouvaient avoir-en-vue
bonum commune,	un bien commun,
nec scibant uti inter se	ni ils ne savaient se servir entre eux
ullis moribus,	d'aucunes règles,
nec legibus.	ni de lois.
Quisque doctus	Chacun étant instruit (habitué)
valere et vivere sibi	à être-fort et à vivre pour soi-même
sua sponte	de son propre-mouvement (par instinct)
ferebat quod prædæ	emportait ce que du butin
fortuna obtulerat cuique.	le hasard avait offert à chacun.
. . . .	. . . .
Et freti virtute mira	Et confiants dans la vigueur merveil-
manuum pedumque,	de *leurs* mains et de *leurs* pieds, [leuse
consectabantur	ils atteignaient [tout-les-forêts
sæcla ferarum silvestria	les espèces des bêtes-sauvages qui-habi-
saxis missilibus,	par des pierres de-jet,
et magno pondere clavæ,	et par le grand poids d'une massue,
vincebantque multa,	et ils en vainquaient beaucoup,
vitabant pauca latebris;	ils en évitaient peu par *leurs* retraites;
paresque suibus setigeris	et semblables aux sangliers hérissés-de-
dabant nuda terræ	ils donnaient nus à la terre [soie
membra silvestria,	*leurs* membres sauvages,
capti tempore nocturno,	surpris par le temps de-la-nuit
se involventes circum	s'enroulant tout-autour
foliis et frondibus.	de feuilles et de branches-feuillues.
Nec quærebant pavidi,	Et ils ne cherchaient pas effrayés,

Nec plangore¹ diem magno, solemque per agros
Quærebant pavidi, palantes noctis in umbris;
Sed taciti respectabant, somnoque sepulti,
Dum rosea face sol inferret lumina cœlo.
A parvis quod enim consuerant cernere semper
Alterno tenebras et lucem tempore gigni,
Non erat, ut fieri posset, mirarier unquam,
Nec diffidere, ne terras æterna teneret
Nox, in perpetuum detracto lumine solis.
   Sed magis illud erat curæ, quod sæcla ferarum
Infestam miseris faciebant sæpe quietem;
Ejectique domo² fugiebant saxea tecta,
Setigeri suis adventu validique leonis,
Atque intempesta cedebant nocte paventes
Hospitibus sævis instrata cubilia fronde.
   Nec nimio tum plus quam nunc³, mortalia sæcla
Dulcia linquebant labentis lumina vitæ.
Unus enim tum quisque magis deprensus eorum
Pabula viva feris præbebat dentibus haustus,
Et nemora ac montes gemitu silvasque replebat,
Viva videns vivo sepeliri viscera busto:

de broussailles. On ne les voyait point, saisis de crainte, errer dans les plaines au milieu des ténèbres, et chercher le soleil avec des cris lugubres. Mais ils attendaient en silence, dans les bras du sommeil, que cet astre, reparaissant sur l'horizon, éclairât de nouveau le ciel de ses feux. Accoutumés dès l'enfance à la succession alternative du jour et de la nuit, ce n'était pas une merveille pour eux. Ils ne craignaient point qu'une nuit éternelle régnât sur la terre et leur dérobât pour toujours la lumière du soleil.

Ce qui causait leur plus grande inquiétude, c'étaient les bêtes sauvages, dont les incursions troublaient leur repos et le leur rendaient souvent funeste. Chassés de leur asile, ils fuyaient à l'approche d'un sanglier aux soies hérissées ou d'un lion furieux; et, glacés d'effroi, ils cédaient, au milieu de la nuit, à ces cruels hôtes leurs lits de feuillage.

Et cependant la mort ne faisait guère plus de victimes dans ces premiers siècles, qu'elle n'en fait aujourd'hui. Il est vrai qu'un plus grand nombre d'infortunés, surpris et déchirés par les bêtes féroces, leur donnaient un repas vivant, et remplissaient de leurs cris aigus les bois et les montagnes, tandis qu'ils voyaient leurs

palantes in umbris noctis,	errant dans les ombres de la nuit,
per agros,	à travers les champs,
magno plangore	avec un grand gémissement
diem solemque ;	le jour et le soleil ;
sed respectabant taciti,	mais ils attendaient silencieux,
sepultique somno,	et ensevelis dans le sommeil,
dum sol inferret	jusqu'à ce que le soleil apportât
lumina cœlo	les lumières (la lumière) dans le ciel
face rosea.	avec son flambeau rosé.
Non erat ut	Il n'y avait pas de motifs pour que
posset fieri	il pût arriver
mirarier unquam	qu'ils s'étonnassent jamais
quod consuerant cernere	de ce qu'ils avaient-l'habitude de voir
a parvis,	dès les jeunes années,
tenebras et lucem	à savoir les ténèbres et la lumière
gigni tempore alterno,	être produites dans un temps alterné,
nec diffidere	ni pour qu'il pût arriver qu'ils craignis-
ne nox æterna	qu'une nuit éternelle [sent
teneret terras,	n'occupât les terres,
lumine solis detracto	la lumière du soleil étant ôtée
in perpetuum.	pour toujours.
Sed illud erat magis	Mais cela était plutôt
curæ,	à souci, [vages
quod sæcla ferarum	à savoir que les espèces des bêtes-sau-
faciebant sæpe quietem	rendaient souvent le repos
infestam miseris ;	funeste à ces malheureux ;
ejectique domo	et chassés de leur demeure
fugiebant tecta saxea	ils fuyaient dans les abris des-rochers
adventu suis setigeri	à l'arrivée d'un sanglier hérissé-de-soies
leonisque validi,	et d'un lion robuste,
atque nocte intempesta	et dans la nuit avancée
cedebant pavidi	ils cédaient tremblants
cubilia instrata fronde	leurs couches jonchées de feuillage
hospitibus sævis.	à ces hôtes cruels.
Nec tum sæcla mortalia	Ni alors les races mortelles
linquebant	n'abandonnaient
nimio plus quam nunc	beaucoup plus que maintenant
dulcia lumina	les douces lumières
vitæ labentis. [rum	de la vie qui s'échappe.
Tum enim unusquisque eo-	Alors en effet chacun d'eux
magis deprensus	plus souvent surpris que maintenant
præbebat pabula viva	fournissait des aliments vivants
feris,	aux bêtes-sauvages,
haustus dentibus,	englouti par leurs dents,
et replebat gemitu	et remplissait de gémissements
nemora ac montes silvasque,	les bois et les montagnes et les forêts.
videns viscera viva	en voyant ses chairs vivantes

LUCRÈCE. 14

Et quos effugium servarat[1], corpore adeso,
Posterius tremulas[2] super ulcera tetra tenentes
Palmas, horriferis accibant vocibus Orcum,
Donicum[3] eos vita privarunt vermina sæva,
Expertes opis, ignaros quid volnera vellent.
At non multa virum sub signis millia ducta
Una dies dabat exitio, nec turbida ponti
Æquora lædebant naves ad saxa virosque;
Sed temere[4] incassum mare fluctibu' sæpe coortis
Sævibat, leviterque minas ponebat inanes;
Nec poterat quemquam placidi pellacia ponti
Subdola pellicere in fraudem ridentibus undis.
Improba navigii ratio tum cæca jacebat.
Tum penuria deinde cibi languentia letho
Membra dabat : contra nunc rerum copia mersat.
Illi imprudentes ipsi sibi sæpe venenum
Vergebant : nunc dant aliis solertius ipsi.

   Inde[5] casas postquam ac pelles ignemque pararunt,
Et mulier conjuncta viro concessit in unum,

. . . .

chairs vivantes disparaître dans un tombeau vivant. Il est vrai que les malheureux que la fuite avait sauvés, blessés mortellement, appliquaient leurs mains tremblantes sur leurs plaies hideuses, appelant la mort avec des cris épouvantables, jusqu'à ce que, dénués de secours, ignorant la façon de guérir leurs plaies, ils expirassent dans d'atroces convulsions. Mais on ne voyait pas des milliers de guerriers, réunis sous des étendards différents, périr en un seul jour, ni la mer orageuse broyer contre les écueils navires et passagers. En vain l'Océan soulevait ses flots irrités, en vain il aplanissait son onde menaçante. La surface riante de ses eaux tranquilles était un appât incapable d'attirer les hommes dans le piége. L'art funeste de la navigation était encore ignoré. C'était alors la disette des vivres qui donnait la mort ; c'est l'abondance qui nous tue aujourd'hui. On s'empoisonnait par ignorance ; maintenant nous empoisonnons les autres avec art.

   Puis lorsqu'on connut l'usage des cabanes, de la dépouille des bêtes et du feu, lorsque la femme appartint à un seul époux.... l'es-

sepeliri busto vivo :	être ensevelies dans un tombeau vivant :
et quos effugium servarat,	et *ceux* que la fuite avait sauvés *de la mort*,
corpore adeso,	le corps entamé,
tenentes posterius	tenant ensuite
palmas tremulas	*leurs* mains tremblantes
super ulcera tetra,	sur des plaies hideuses,
accibant Orcum	appelaient Orcus (la mort)
vocibus horriferis,	avec des cris épouvantables,
donicum vermina sæva	jusqu'à ce que des convulsions cruelles
privarunt vita	eussent privé de la vie
eos expertes opis,	eux dénués de secours,
ignaros	ignorant
quid volnera vellent.	ce que les blessures exigeaient.
At una dies	Mais-du-moins un seul jour
non dabat exitio	ne donnait pas à la destruction
multa millia virum	beaucoup de milliers d'hommes
ducta sub signis,	conduits sous des étendards,
nec æquora turbida ponti	ni les plaines troublées de la mer
lædebant ad saxa	ne heurtaient contre les rochers
naves virosque ;	les navires et les hommes ;
sed mare sævibat temere	mais la mer sévissait au-hasard
fluctibus coortis sæpe	ses flots étant soulevés souvent
incassum,	en-vain,
ponebatque leviter	et elle déposait sans-calcul,
minas inanes ;	des menaces vaines ;
nec pellacia subdola	ni la séduction perfide
ponti placidi	de la mer paisible
poterat pellicere quemquam	ne pouvait entraîner quelqu'un
in fraudem	à *sa* perte
undis ridentibus.	par les ondes riantes.
Tum ratio improba navigii	Alors le procédé funeste de la navigation
jacebat cæca,	gisait inconnu,
tum deinde penuria cibi	alors d'un-autre-côté le manque de nourriture
dabat letho	donnait à la mort
membra languentia :	les membres affaiblis :
nunc contra	maintenant au-contraire
copia rerum mersat.	l'abondance des choses *les* noie.
Sæpe illi imprudentes	Souvent ceux-là sans-le-savoir
vergebant ipsi sibi	se versaient eux-mêmes
venenum ;	du poison ;
nunc ipsi dant solertius	maintenant eux-mêmes *en* donnent plus adroitement
aliis.	à d'autres.
Inde postquam pararunt	Puis après-qu'ils eurent préparé
casas, pelles, ignemque,	des cabanes, des peaux, et du feu,
et mulier conjuncta viro	et *que* la femme unie à un homme
concessit in unum,	échut à *lui* seul,
. . . .	. . . .

Tum genus humanum primum mollescere cœpit :
Ignis enim curavit, ut alsia corpora frigus
Non ita jam possent cœli sub tegmine ferre;
Et Venus imminuit vires, puerique parentum
Blanditiis facile ingenium fregere superbum [1].
Tunc et amicitiam cœperunt jungere, habentes
Finitima inter se, nec lædere, nec violare;
Et pueros commendarunt muliebreque sæclum,
Vocibus et gestu quum balbe [2] significarent,
Imbecillorum esse æquum misererier omni.
Non tamen omnimodis poterat concordia gigni;
Sed bona magnaque pars servabant fœdera casti [3] :
Aut genus humanum jam tum foret omne peremptum,
Nec potuisset adhuc perducere sæcla propago.
  At varios linguæ sonitus Natura subegit
Mittere, et utilitas expressit nomina rerum,
Non alia longe ratione, atque ipsa videtur
Protrahere ad gestum pueros infantia linguæ;
Quum facit, ut digito, quæ sint præsentia, monstrent.
Sentit enim vim quisque suam, quam possit abuti [4] :

pèce humaine commença dès lors à s'amollir. Le feu rendit les corps plus sensibles au froid. La voûte des cieux ne fut plus un toit suffisant. L'usage trop fréquent des plaisirs de l'amour énerva les forces. Les tendres caresses des enfants adoucirent sans peine le naturel farouche des pères. Alors ceux dont les habitations se touchaient commencèrent à former entre eux des liaisons, convinrent de s'abstenir de l'injustice et de la violence, de protéger réciproquement les femmes et les enfants, faisant entendre dès lors même, par leurs gestes et leurs sons inarticulés, que la pitié est une justice due à la faiblesse. Cependant cet accord ne pouvait être général; mais le plus grand nombre et les plus raisonnables observèrent fidèlement les lois établies. Sans cela, le genre humain aurait été entièrement détruit, et n'aurait pu se propager de génération en génération jusqu'à nos jours.

  La Nature apprit ensuite aux hommes à varier les inflexions de leur voix, et le besoin assigna des noms à chaque chose. Ainsi l'impuissance de se faire entendre par des bégaiements inarticulés force les enfants à recourir aux gestes, et à indiquer du doigt les objets présents. Car chacun a la conscience des facultés dont il peut faire

tum genus humanum	alors le genre humain [mollir :
cœpit primum mollescere :	commença pour-la-première-fois à s'a-
ignis enim curavit	le feu en effet prit-soin (fit)
ut corpora alsia	que les corps frileux
non jam possent ita	ne pussent plus ainsi
ferre frigus	supporter le froid
sub tegmine cœli;	sous la voûte du ciel;
et Venus imminuit vires,	et Vénus diminua les forces, [cilement
puerique fregere facile	et les enfants brisèrent (adoucirent) fa-
blanditiis	par des caresses
ingenium superbum	le naturel altier
parentum.	des pères.
Tunc et cœperunt	Alors aussi *les hommes* commencèrent
jungere amicitiam,	à unir l'amitié (à s'unir par l'amitié),
habentes finitima inter se,	ayant des voisinages entre eux,
nec lædere,	et *ils commencèrent* à ne pas attaquer,
nec violare;	et à ne pas user-de-violence;
et commendarunt pueros	et ils *se* recommandèrent *entre-eux* les
sæclumque muliebre,	et le sexe féminin, [enfants
quum significarent balbe	lorsqu'ils faisaient-entendre en-bégayant
vocibus et gestu	par les paroles et le geste
esse æquum omni	qu'il était juste pour tout *le monde*
misererier imbecillorum.	d'avoir-pitié des faibles.
Tamen concordia	Cependant la concorde
non poterat gigni	ne pouvait être produite
omnimodis;	dans-tous-les-cas;
sed pars bona magnaque	mais une partie bonne et grande [ment :
servabant fœdera casti :	observait les conventions religieuse-
aut genus humanum	ou (sans quoi) le genre humain
foret jam tum peremptum	eût été dès lors anéanti
omne,	tout-entier,
nec propago potuisset	et la propagation n'aurait pu
perducere adhuc sæcla	amener jusqu'-ici les générations.
At Natura	Mais la Nature
subegit mittere	força d'émettre
varios sonitus linguæ,	les différents sons de la langue,
et utilitas expressit	et l'utilité fit-sortir (fit trouver)
nomina rerum.	les noms des choses,
ratione non longe alia	par un moyen non bien autre
atque	et (que) *celui par lequel*
infantia ipsa linguæ	l'incapacité même de la langue
videtur protrahere pueros	paraît entraîner les enfants
ad gestum,	au geste,
quum facit	lorsqu'elle fait
ut monstrent digito	qu'ils montrent du doigt
quæ sint præsentia.	quels *objets* sont présents.
Quisque enim sentit	Chacun en effet sent

Cornua nata prius vitulo quam frontibus exstent,
Illis¹ iratus petit, atque infensus inurget.
At catuli pantherarum, scymnique leonum
Unguibus ac pedibus jam tum morsuque repugnant,
Vixdum quum ipsis sunt dentes unguesque creati.
Alituum porro genus alis omne videmus
Fidere, et a pennis tremulum² petere auxiliatum.
  Proinde³ putare aliquem tum nomina distribuisse
Rebus, et inde homines didicisse vocabula prima,
Desipere est; nam cur hic posset cuncta notare
Vocibus, et varios sonitus emittere linguæ,
Tempore eodem alii facere id non quisse putentur?
. . . .
  Postremo, quid in hac mirabile tantopere est re,
Si genus humanum, cui vox et lingua vigeret,
Pro vario sensu varias res voce notaret,
Quum pecudes mutæ⁴, quum denique sæcla ferarum
Dissimiles soleant voces variasque ciere,
Quum metus aut dolor est, et quum jam gaudia gliscunt?

usage. Le jeune taureau emporté par la fureur menace et veut déjà frapper de la corne, avant qu'elle commence à poindre sur son front. Les cruels nourrissons de la panthère et de la lionne se défendent avec les griffes dont sont armés leurs pieds, et avec leurs dents, quand leurs griffes et leurs dents sont à peine poussées. Enfin nous voyons tous les petits des oiseaux se confier à leurs ailes naissantes, et s'aider dans les airs d'un vol chancelant.

  Penser qu'alors un seul homme imposa des noms aux objets, et que les autres hommes apprirent de lui les premiers mots, c'est le comble de la folie; car s'il a pu désigner chaque chose par des termes, et produire les divers sons du langage, d'autres ne pouvaient-ils pas faire la même chose en même temps que lui?......

  Enfin, est-il donc si surprenant qu'avec une voix et une langue, les hommes, suivant qu'ils étaient affectés par les différents objets, les aient désignés par des paroles différentes, quand nous voyons des êtres muets, animaux domestiques ou sauvages, faire entendre des sons différents, selon que la crainte, la douleur ou la joie se succèdent

suam vim	sa force (ses facultés)
quam possit abuti :	dont il peut user :
priusquam cornua nata	avant que les cornes poussées (taureau,
exstent frontibus vitulo,	sortent des fronts (du front) au jeune-
iratus petit	irrité il cherche-à-atteindre
et infensus inurget illis.	et hosti e il frappe avec ces cornes.
At catuli panth rarum,	D'autre-part les petits des panthères,
scymnique leonum,	et les petits des lions,
repugnant jam tum	se défendent déjà alors
unguibus ac pedibus	avec les griffes et les pieds
morsuque,	et la morsure,
quum dentes unguesque	lorsque les dents et les griffes
sunt vixdum creati ipsis.	sont à peine poussées à eux-mêmes.
Videmus porro	Nous voyons en outre
omne genus alituum	toute la race des oiseaux
fidere alis,	se confier à ses ailes,
et petere a pennis	et demander aux plumes de ses ailes
auxiliatum tremulum.	un secours chancelant.
Proinde putare	Ainsi-donc penser
aliquem di-tribuisse tum	quelqu'un avoir distribué alors
nomina rebus,	des noms aux choses,
et homines didicisse inde	et les hommes avoir appris par là
prima vocabula,	les premiers mots,
est desipere ;	c'est déraisonner ;
nam cur hic posset	car pourquoi celui-ci pourrait-il
notare cuncta vocibus,	désigner tous les *objets* par des paroles,
et emittere	et émettre
sonitus varios linguæ,	des sons différents de la langue,
et alii non putentur	et *pourquoi* d'autres ne seraient-ils pas
quisse facere id	avoir pu faire cela [pensés
eodem tempore ?	dans le même temps ?
. . . .	. . . .
Postremo,	Enfin,
quid est tantopere mirabile	qu'y a-t-il de si étonnant
in hac re,	dans cette chose-ci,
si genus humanum,	si le genre humain, [vigoureuses,
cui vox et lingua vigeret,	auquel une voix et une langue étaient-
notaret voce	désignait par la parole
res varias	les objets différents
pro sensu vario,	selon une impression différente,
quum pecudes mutæ,	puisque les-animaux-domestiques muets,
quum denique sæcla ferarum	puisqu'enfin les espèces des bêtes-féroces
soleant ciere voces	ont-coutume de pousser des cris
dissimiles variasque,	différents et variés,
quum metus aut dolor est,	lorsque la crainte ou la douleur est,
et quum jam gaudia	et lorsque déjà les joies
gliscunt ?	s'élèvent ?

Quippe etenim id licet e rebus cognoscere apertis.
   Irritata canum quum primum magna molossum
Mollia ricta¹ fremunt, duros nudantia dentes,
Longe alio sonitu, rabie distracta minantur,
Et quum jam latrant, et vocibus omnia complent :
At catulos blande quum lingua lambere tentant,
Aut ubi eos jactant pedibus, morsuque petentes,
Suspensis teneros imitantur dentibus haustus;
Longe alio pacto gannitu vocis adulant,
Et quum deserti baubantur² in ædibus, aut quum
Plorantes fugiunt submisso corpore plagas.

. . . .

   Postremo, genus alituum, variæque volucres,
Accipitres atque ossifragæ, mergique marinis
Fluctibus in salsis victum vitamque petentes,
Longe alias alio jaciunt in tempore voces,
Et quum de victu certant prædaque repugnant³.
Et partim mutant cum tempestatibus una
Raucisonos cantus : cornicum ut sæcla vetusta
Corvorumque greges, ubi aquam dicuntur et imbres

dans leurs âmes? C'est ce que l'expérience nous montre clairement.
   Quand l'énorme chienne des Molosses, dans le premier accès de sa fureur, montre sous ses lèvres mobiles deux redoutables rangées de dents, le son menaçant de sa voix diffère de celui qu'on entend lorsqu'elle fait retentir tous les lieux d'alentour de ses longs aboiements. Et quand elle façonne de sa langue caressante les membres délicats de ses petits, quand elle les foule mollement aux pieds, les agace par des morsures innocentes, les happe doucement et sans appuyer la dent, le tendre murmure de sa voix maternelle ne ressemble ni aux hurlements plaintifs par lesquels elle déplore sa solitude, ni aux accents douloureux avec lesquels elle fuit en rampant le châtiment qui la menace.........
   Enfin, les volatiles, les oiseaux de toute espèce, l'épervier, l'orfraie, le plongeon qui cherche sa nourriture au fond de la mer, varient tous leurs cris selon les circonstances, surtout quand ils disputent leur subsistance, ou qu'ils défendent leur proie. Il y en a même dont la voix rauque change avec les saisons : telles sont les corneilles vivaces, et ces troupes de corbeaux quand ils appellent (suivant l'opinion commune) les vents, la pluie

Quippe etenim	Car en effet
licet cognoscere id	il est permis de reconnaître cela
e rebus apertis.	par des choses évidentes.
Quum primum	Lorsque d'abord
magna ricta mollia	les grandes gueules souples
canum molossum	des chiens molosses
fremunt irritata,	grondent irritées,
nudantia dentes duros,	mettant-à nu des dents dures,
distracta rabie	ouvertes par la rage
minantur,	elles menacent,
sonitu longe alio,	avec un son de loin (tout) autre,
et quum jam latrant,	et (que) lorsque déjà elles aboient,
et complent omnia vocibus.	et remplissent tout de *leurs* voix.
At quum tentant	Mais lorsque *ces chiens* essayent
lambere blande lingua	de lécher doucement de *leur* langue
catulos,	*leurs* petits,
aut ubi jactant eos	ou quand ils les remuent
pedibus,	de *leurs* pieds, [morsure,
petentesque morsu,	et cherchant-à-*les*-atteindre par une
imitantur	imitent
haustus teneros	des tentatives-délicates-pour-avaler
dentibus suspensis,	avec *leurs* dents suspendues, [de voix
adulant gannitu vocis	ils *les* caressent avec un gémissement
pacto longe alio,	d'une manière de loin (tout) autre,
et quum deserti	et (que) lorsqu'abandonnés
baubantur in ædibus,	ils hurlent dans les maisons,
aut quum plorantes	ou lorsque se-plaignant
fugiunt plagas	ils fuient les coups
corpore submissso.	avec un corps rampant.
. . . .	. . . .
Postremo, genus alituum,	Enfin, l'espèce des êtres-ailés,
volucresque variæ,	et les oiseaux divers,
accipitres atque ossifragæ,	les éperviers et les orfraies,
mergique	et les plongeons
petentes vitam victumque	cherchant *leur* vie et *leur* nourriture
in fluctibus salsis marinis,	dans les flots salés de-la-mer, [rents
jaciunt voces longe alias	jettent des cris de loin (tout) diffé-
tempore alio,	dans une circonstance différente,
et quum certant de victu,	et lorsqu'ils luttent pour *leur* nourriture,
aut repugnant de præda.	ou qu'*ils* résistent pour *leur* proie.
Et partim mutant	Et en-partie ils changent
cantus raucisonos	*leurs* chants rauques
una cum tempestatibus :	en-même-temps avec les saisons:
ut sæcla vetusta cornicum	comme les vieilles générations des cor-
gregesque corvorum,	et les troupes des corbeaux, [neilles
ubi dicuntur poscere	quand ils sont dits demander
aquam et imbres,	l'eau et les pluies,

Poscere, et interdum ventos aurasque vocare.
Ergo si varii sensus animalia cogunt,
Muta tamen quum sint, varias emittere voces;
Quanto mortales magis æquum est tum[1] potuisse
Dissimiles alia atque alia res voce notare!
   Illud[2] in his rebus tacitus ne forte requiras,
Fulmen detulit in terras mortalibus ignem
Primitus; inde omnis flammarum diditur ardor.
Multa videmus enim cœlestibus incita flammis
Fulgere, quum cœli donavit plaga vapores.
Et ramosa tamen, quum ventis pulsa, vacillans
Æstuat[3], in ramos incumbens arboris arbor;
Exprimitur, validis extritus viribus ignis,
Et micat interdum flammaï fervidus ardor[4],
Mutua dum inter se rami stirpesque teruntur;
Quorum utrumque[5] dedisse potest mortalibus ignem.
Inde cibum coquere ac flammæ mollire vapore
Sol docuit, quoniam mitescere multa videbant
Verberibus radiorum atque æstu victa per agros;
Inque dies magis hi victum vitamque priorem

et les orages. Si donc les différentes sensations des animaux leur font proférer, bien qu'ils soient muets, des sons différents, combien n'est-il pas plus naturel que l'homme ait pu désigner les divers objets par des sons particuliers!

   Maintenant, ô Memmius, pour prévenir une question que vous me faites peut-être intérieurement, sachez que c'est la foudre qui a apporté le feu sur la terre, qu'elle est le foyer primitif de toutes les flammes dont nous jouissons. Ne voyons-nous pas encore aujourd'hui un grand nombre de corps embrasés par les feux célestes, quand l'air orageux lance ses flammes sur la terre? Cependant comme il arrive souvent qu'un arbre touffu agité par les vents, s'échauffe en heurtant les branches d'un autre arbre, au point que la force du choc fait jaillir des étincelles, et quelquefois des feux ardents au milieu de ce frottement mutuel des rameaux, on peut assigner au feu ces deux origines. Ensuite, les premiers hommes voyant que les rayons du soleil adoucissaient et mûrissaient toutes les productions terrestres, essayèrent de cuire et d'amollir leurs aliments par l'action de la flamme; et ceux dont le génie était plus inventif et l'esprit plus pénétrant, introduisaient tous les jours, par

et interdum vocare auras ventosque,	et quelquefois appeler les souffles et les vents.
Ergo si sensus varii cogunt animalia, quum tamen sint muta, emittere voces varias, quanto est magis æquum mortales potuisse tum notare res dissimiles voce alia atque alia !	Donc si des sensations différentes forcent les animaux, quoique cependant ils soient muets, à émettre des voix différentes, combien il est plus juste (plus naturel) les mortels avoir pu alors désigner des objets dissemblables par une voix autre et par une autre !
Ne forte requiras tacitus illud in his rebus, fulmen detulit primitus ignem mortalibus in terras ; omnis ardor flammarum diditur inde.	De peur que tu ne demandes silencieux ceci à propos de ces choses-là, la foudre a apporté primitivement le feu aux mortels sur les terres (la terre); toute la chaleur des flammes est répandue de là (de la foudre).
Videmus enim multa incita flammis cœlestibus fulgere, quum plaga cœli donavit vapores.	Nous voyons en effet beaucoup de *corps* frappés par les flammes célestes briller, lorsque le coup du ciel (la foudre) a gratifié de *ses* feux.
Et tamen quum arbor ramosa, pulsa ventis, vacillans æstuat, incumbens in ramos arboris, ignis exprimitur extritus validis viribus, et ardor fervidus flammaï micat interdum, dum rami stirpesque teruntur mutua inter se; quorum utrumque potest dedisse ignem mortalibus.	Et cependant lorsqu'un arbre rameux, agité par les vents, vacillant s'échauffe, [*autre* arbre, en se penchant sur les rameaux d'un le feu jaillit produit-par-le-frottement avec de puissantes forces, et l'ardeur brûlante de la flamme étincelle quelquefois, tandis que les rameaux et les troncs se frottent réciproquement entre eux ; desquelles *causes* l'une-et-l'autre peuvent avoir donné le feu aux mortels.
Inde sol docuit coquere cibum, ac mollire vapore flammæ, quoniam videbant multa per agros victa verberibus radiorum atque æstu mitescere ; hique qui præstabant ingenio, vigebantque corde	De là le soleil enseigna à cuire la nourriture, et à l'amollir par la chaleur de la flamme, parce qu'ils voyaient beaucoup *de pro-* à travers les champs [*ductions* vaincues par les coups des rayons et par la chaleur s'adoucir ; et ceux qui l'emportaient par l'esprit, et *qui* étaient-forts par l'intelligence

Commutare novis monstrabant rebus et igni [1],
Ingenio qui præstabant et corde vigebant.
   Condere cœperunt urbes, arcemque locare
Præsidium reges ipsi sibi perfugiumque ;
Et pecudes et agros divisere, atque dedere,
Pro facie cujusque et viribus ingenioque ;
Nam facies multum valuit, viresque vigebant.
Posterius res [2] inventa est, aurumque repertum,
Quod facile et validis et pulchris dempsit honorem.
Divitioris enim sectam plerumque sequuntur,
Quamlibet et fortes, et pulchro corpore creti.
   Quod si quis vera vitam ratione gubernet,
Divitiæ grandes homini sunt, vivere parce
Æquo animo : neque enim est unquam penuria parvi.
At claros se homines voluere esse atque potentes,
Ut fundamento stabili fortuna maneret,
Et placidam possent opulenti degere vitam.
Nequidquam, quoniam ad summum succedere honorem
Certantes, iter infestum fecere viaï ;
Et tamen e summo, quasi fulmen, dejicit ictos
Invidia interdum contemptim in Tartara tetra [3] ;

le moyen du feu, de nouveaux changements dans la nourriture et dans l'ancienne manière de vivre.

Alors les rois commencèrent à bâtir des villes et à construire des forteresses, pour y trouver leur défense et leur asile. Ce furent eux qui réglèrent le partage des troupeaux et des terres, en proportion de la beauté, de la force du corps et des qualités de l'esprit ; car ces avantages naturels étaient les premières distinctions. On imagina ensuite la richesse ; on découvrit l'or, qui ôta sans peine à la force et à la beauté leur prééminence ; car la force et la beauté si remarquables qu'elles soient, vont d'elles-mêmes grossir la cour des riches.

Si l'on se conduisait par les conseils de la raison, la suprême richesse serait la modération et l'égalité d'âme ; car on ne manque jamais quand on désire peu. Mais les hommes ont voulu se rendre puissants et illustres, pour établir leur fortune sur des fondements solides, et mener ainsi une vie tranquille au sein de l'opulence. Vains efforts ! Le concours de ceux qui aspirent à la grandeur, en a rendu la route périlleuse ; et s'ils arrivent au faîte, l'envie, comme la foudre, les précipite souvent dans les horreurs d'une mort humi-

monstrabant magis in dies	montraient davantage *de jours en jours*
commutare	à changer [par le feu
novis rebus et igni	par de nouveaux objets (aliments) et
victum vitamque priorem.	la nourriture et la vie première.
Reges cœperunt	Les rois commencèrent
condere urbes,	à bâtir des villes,
locareque arcem	et à établir une citadelle
præsidium perfugiumque	secours et refuge
sibi ipsi;	pour eux-mêmes; [champs,
et divisere pecudes et agros,	et ils partagèrent les troupeaux et les
atque dedere	et *les* donnèrent
pro facie et viribus	en-raison-de la beauté et des forces
ingenioque cujusque;	et de l'esprit de chacun;
nam facies multum valuit,	car la beauté eut (avait) beaucoup de prix,
viresque vigebant.	et les forces étaient-en-honneur.
Posterius res inventa est,	Plus tard la richesse fut trouvée,
aurumque repertum,	et l'or fut découvert,
quod dempsit facile honorem	lequel ôta facilement l'honneur
et validis et pulchris.	et aux forts et aux beaux. [soient,
Enim et quamlibet fortes,	Car *les* hommes et quelque forts qu'*ils*
et creti pulchro corpore,	et *quoique* formés d'un beau corps,
sequuntur plerumque	suivent la-plupart-du-temps
sectam divitioris.	le parti du plus riche.
Quod si quis	Que si quelqu'un
gubernet vitam	gouvernait sa vie
vera ratione,	par la véritable raison, [sidérables
sunt homini divitiæ grandes	ce sont pour l'homme des richesses con-
vivere parce	de vivre sobrement
animo æquo;	avec une âme égale;
neque enim penuria parvi	ni en effet le manque de peu
est unquam.	n'est jamais.
At homines voluere	Mais les hommes ont voulu
se esse claros atque potentes,	eux-mêmes être illustres et puissants,
ut fortuna maneret	afin que *leur* fortune subsistât
fundamento stabili,	sur un fondement stable,
et opulenti possent degere	et qu'opulents ils pussent mener
vitam placidam.	une vie paisible.
Nequidquam,	Vainement,
quoniam certantes succedere	parce que s'efforçant d'arriver
ad honorem summum,	à l'honneur suprême,
fecere iter viai	ils ont rendu le parcours de la route
infestum;	dangereux;
et tamen invidia,	et cependant l'envie,
quasi fulmen,	comme la foudre,
dejicit interdum	renverse quelquefois
contemptim	outrageusement
e summo	du *lieu* le plus élevé

Ut satius multo jam sit parere quietum,
Quam regere imperio res velle, et regna tenere.
Proinde sine incassum defessi sanguine sudent,
Angustum per iter luctantes ambitionis,
Invidia quoniam, ceu fulmine, summa vaporant
Plerumque, et quæ sunt aliis magis edita cunque :
Quandoquidem sapiunt alieno ex ore, petuntque
Res ex auditis potius, quam sensibus ipsis :
Nec magis id nunc est, nec erit mox, quam fuit ante.
　　Ergo, regibus occisis[1], subversa jacebat
Pristina majestas soliorum, et sceptra superba;
Et capitis summi præclarum insigne, cruentum,
Sub pedibus volgi, magnum lugebat honorem;
Nam cupide conculcatur nimis ante metutum.
Res itaque ad summam fæcem turbasque redibat,
Imperium sibi quum ac summatum quisque petebat.
Inde[2] magistratum partim[3] docuere creare,
Juraque constituere, ut vellent legibus uti.
Nam genus humanum, defessum vi colere ævum,

liante. Ne vaut-il donc pas mieux obéir tranquillement, que d'ambitionner le trône et la souveraine autorité ? Laissez-les, ces malheureux, s'épuiser, suer du sang en pure perte, se débattre sur l'étroit sentier des honneurs; laissez-les, puisqu'ils ne voient pas que l'envie, semblable à la foudre, ramasse tous ses feux sur les hauteurs les plus élevées, puisqu'ils ne jugent, ne désirent rien que sur l'autorité d'autrui, sans consulter leurs propres sentiments. Ce que les hommes sont aujourd'hui, ils le seront encore, ils l'ont toujours été.

Ainsi, après le meurtre des rois, les débris des trônes et des sceptres demeuraient confondus dans la poussière, sans respect pour leur ancienne majesté; et ces ornements superbes de la tête des princes, foulés aux pieds des peuples et souillés de sang, regrettaient leur ancien éclat; car on écrase avec joie ce qu'on a adoré avec crainte. L'autorité retournait donc alors à la lie du peuple; tout n'était plus qu'anarchie, chacun voulant commander et s'ériger en souverain. On choisit alors un certain nombre de magistrats, on institua des lois auxquelles on se soumit volontairement. Car les hommes, las de vivre sous l'empire de la violence, épuisés

in tetra Tartara ictos;	dans le noir Tartare ces hommes atteints;
ut jam sit multo satius parere quietum,	de-sorte-qu'alors il est de beaucoup préférable d'obéir *étant* tranquille,
quam velle regere res imperio,	que de vouloir gouverner les affaires par le pouvoir,
et tenere regna.	et occuper les royantés (la royauté).
Proinde sine defessi sudent incassum sanguine,	Ainsi-donc permets *que* fatigués ils suent inutilement du sang,
luctantes per iter angustum ambitionis,	luttant à travers le chemin étroit de l'ambition,
quoniam summa, et quæcunque edita sunt magis aliis,	puisque les *lieux* les plus hauts, et que-toutes-les-choses-qui sont élevées plus que les autres,
vaporant invidia, ceu fulmine :	fument par *les coups de* l'envie, comme par la foudre;
quandoquidem sapiunt ex ore alieno,	puisqu'ils ont du goût (ils jugent) d'après la bouche (la parole) d'autrui,
petuntque res potius ex auditis quam sensibus ipsis :	et qu'*ils* recherchent les choses plutôt d'après ce-qu'ils-ont-entendu-dire que par *leurs* sentiments mêmes :
nec id est magis nunc, nec erit mox, quam fuit ante.	et cela n'est pas plus maintenant, et ne sera pas *plus* après, que *cela* n'a été auparavant.
Ergo, regibus occisis, majestas pristina soliorum jacebat subversa,	Donc, les rois ayant été tués, la majesté première des trônes gisait renversée,
et sceptra superba;	et (ainsi que) les sceptres superbes;
et insigne præclarum capitis summi, cruentum, sub pedibus volgi, lugebat magnum honorem;	et l'ornement brillant de la tête la-plus-élevée, *gisant* sanglant, sous les pieds de la foule, pleurait (regrettait) un grand honneur;
nam metutum nimis ante conculcatur cupide.	car *ce* qui a été trop craint auparavant est foulé-aux-pieds passionnément.
Itaque res redibat ad summam fæcem turbasque, quum quisque petebat sibi imperium ac summatum.	C'est pourquoi la chose (le pouvoir) revenait à l'extrême lie *du peuple* et aux désordres, même alors que chacun cherchait pour soi le commandement et la souveraineté.
Inde partim docuere creare magistratum,	De là en-partie (quelques-uns) ils enseignèrent à créer une magistrature,
consituereque jura ut vellent uti legibus.	et ils établirent des droits, pour que *les hommes* voulussent se servir de lois.
Nam genus humanum, defessum colere ævum vi,	Car le genre humain, fatigué de cultiver la vie (de vivre) par (la force,

Ex inimicitiis languebat; quo magis ipsum
Sponte sua cecidit sub leges arctaque jura.
Acrius ex ira quod enim se quisque parabat
Ulcisci, quam nunc concessum est legibus æquis,
Hanc ob rem est homines pertæsum vi colere ævum¹ ;
Unde² metus maculat pœnarum præmia vitæ;
Circumretit enim vis atque injuria quemque,
Atque, unde exorta est, ad eum plerumque revertit;
Nec facile est placidam ac pacatam degere vitam,
Qui violat factis communia fœdera pacis.
Etsi fallit enim Divum genus humanumque,
Perpetuo tamen id fore clam diffidere debet;
Quippe ubi se multi, per somnia sæpe loquentes,
Aut morbo delirantes, protraxe³ ferantur,
Et celata diu, in medium peccata dedisse.

VII. — L'IGNORANCE EST LA SOURCE DE TOUTES LES CRAINTES.
(V. 1199-1239.)

Nec pietas ulla est velatum ¹ sæpe videri
Vertier ad lapidem ², atque omnes accedere ad aras,
Nec procumbere humi prostratum, et pandere palmas ³
Ante Deum delubra, nec aras sanguine multo

d'ailleurs par les inimitiés particulières, eurent moins de peine à recevoir le frein des lois et de la justice; et comme le ressentiment portait la vengeance plus loin que les lois ne le permettent aujourd'hui, ils se fatiguèrent de cet état de violence et d'anarchie. De là cette crainte du châtiment, qui empoisonne pour le coupable tous les plaisirs de la vie. L'homme injuste et violent s'enlace lui-même dans ses propres filets; l'iniquité retombe presque toujours sur son auteur, et il n'y a plus de paix ni de tranquillité pour celui qui a violé le pacte social. Quand même il aurait trompé les regards des dieux et des hommes, il doit vivre et craindre que son délit ne soit un jour découvert. Car on dit qu'il s'est trouvé bien des gens qui, en songe, ou dans le délire d'une maladie, se sont souvent accusés eux-mêmes, et ont révélé des crimes qui étaient restés secrets pendant longtemps.

VII

La piété ne consiste pas à se tourner souvent, la tête voilée, devant une pierre, à fréquenter tous les temples, à se prosterner contre terre, à élever ses mains vers les statues des dieux, à inonder

languebat ex inimicitiis;	était-affaibli par-suite des inimitiés ;
quo magis cecidit ipsum	par quoi il tomba davantage de lui-même
sua sponte	de son plein-gré
sub leges juraque arcta.	sous les lois et les droits étroits.
Quod enim quisque parabat	Parce qu'en effet chacun se préparait
ulcisci acrius	à se venger plus vivement
ex ira,	par-suite-de la colère,
quam concessum est nunc	que *cela* n'a été accordé maintenant
legibus æquis,	par des lois équitables,
pertæsum est homines	l'ennui-prit les hommes
ob hanc rem	à cause de ce motif
colere ævum vi :	de cultiver la vie (de vivre) par la force :
unde metus pœnarum	d'où la crainte des châtiments [la vie ;
maculat præmia vitæ;	gâte *pour les coupables* les avantages de
vis enim atque injuria	la violence en effet et l'injustice *qu'il*
circumretit quemque,	enveloppent chaque *criminel*, [*exerce*
atque revertit plerumque	et elles retournent la-plupart-du-temps
ad eum unde exorta est ;	vers celui d'où elles sont sorties ;
nec est facile	et il n'est pas facile
qui violat factis	*celui* qui viole par *ses* actes
fœdera communia pacis	les conventions communes de la paix
degere vitam	mener une existence
placidam ac pacatam.	calme et paisible. [regards
Etsi enim fallit	Quand-même en effet il échappe-aux-
genus Divum	de la race des dieux
humanumque,	et de la race humaine,
debet tamen diffidere	il doit cependant douter
id fore clam perpetuo;	cela devoir être secret perpétuellement ;
quippe ubi multi	attendu que beaucoup d'*hommes*
ferantur se protraxe,	sont dits s'être révélés (trahis),
loquentes sæpe per somnia,	en parlant souvent dans des songes,
aut delirantes morbo,	ou délirant par maladie,
et dedisse in medium	et avoir mis en public (avoir divulgué)
peccata celata diu.	des fautes cachées longtemps.

VII. — L'IGNORANCE EST LA SOURCE DE TOUTES LES CRAINTES.

Nec ulla pietas est	Ni aucune piété n'est (il n'y a point de
videri sæpe velatum	à être vu souvent voilé [piété).
vertier ad lapidem,	se tourner vers une pierre,
atque accedere	et à s'approcher
ad omnes aras,	vers tous les autels,
nec procumbere humi,	ni à s'étendre à terre
prostratum,	prosterné,
et pandere palmas	et à ouvrir les paumes-des-mains
ante delubra Deum,	devant les sanctuaires des dieux,
nec spargere aras	ni à arroser les autels

Spargere quadrupedum, nec votis nectere vota,
Sed mage [1] pacata posse omnia mente tueri.
Nam quum suspicimus magni cœlestia mundi
Templa super, stellisque micantibus æthera fixum,
Et venit in mentem solis lunæque viarum;
Tunc, aliis oppressa malis, in pectore cura
Illa quoque expergefactum caput erigere infit,
Ecquæ [2] forte Deum nobis immensa potestas
Sit, vario motu quæ candida sidera verset.
Tentat enim dubiam mentem rationis egestas,
Ecquænam fuerit mundi genitalis origo,
Et simul ecquæ sit finis, quoad mœnia mundi
Hunc tanti motus possint perferre laborem ;
An, divinitus æterna donata salute,
Perpetuo possint ævi labentia [3] tractu,
Immensi validas ævi contemnere vires.

   Præterea, cui non animus formidine Divum
Contrahitur? Cui non corripunt membra pavore [4],
Fulminis horribili quum plaga torrida tellus
Contremit, et magnum percurrunt murmura cœlum?

les autels du sang des animaux, et à faire vœux sur vœux; mais bien plutôt à regarder tous les évén-ments d'un œil tranquille. En effet, quand on contemple, au-dessus de sa tête, les immenses voûtes du ciel et le firmament parsemé d'étoiles, quand on réfléchit sur le cours réglé du soleil et de la lune, alors une inquiétude que les autres maux de la vie semblaient avoir étouffée, se réveille tout à coup au fond des cœurs. On se demande s'il n'y aurait pas quelque divinité toute puissante qui mût à son gré ces globes éclatants? L'ignorance des causes rend l'esprit incertain et perplexe. On recherche si le monde a eu une origine, s'il doit avoir une fin, jusqu'à quand il pourra supporter la fatigue continuelle de ce mouvement journalier; ou si, marqué par les dieux du sceau de l'immortalité, il pourra, pendant une suite infinie de siècles, braver les efforts du temps.

   Mais outre cela, quel est le cœur qui n'est pas serré par la crainte des dieux? Quel est l'homme dont les membres glacés d'effroi ne se traînent, pour ainsi dire, en rampant, lorsque la terre embrasée tremble sous les coups redoublés de la foudre, lorsqu'un murmure épouvantable parcourt tout le firmament? Les nations et les peuples ne

sanguine multo	du sang abondant
quadrupedum,	des quadrupèdes,
nec nectere vota votis,	ni à enchaîner des vœux à des vœux,
sed mage posse tueri omnia	mais plutôt à pouvoir considérer tout
mente pacata.	avec un esprit apaisé.
Nam quum suspicimus super	Car lorsque nous contemplons au-dessus [de nous
templa cœlestia	les espaces célestes
magni mundi,	du vaste ciel,
æthera que fixum	et l'air percé (orné)
stellis micantibus,	d'étoiles étincelantes,
et venit in mentem	et que vient à l'esprit
viarum solis lunæque;	la pensée des routes du soleil et de la [lune;
tunc illa cura	alors ce souci
oppressa aliis malis	étouffé par d'autres maux
infit quoque	commence aussi
erigere in pectora	à élever dans notre cœur
caput expergefactum,	sa tête réveillée,
ecquæ	est-ce-qu'une
potestas immensa Deum	puissance infinie des dieux
sit forte nobis,	existerait par hasard pour nous,
quæ verset motu vario	qui ferait-tourner par un mouvement [varié
sidera candida.	les astres brillants.
Egestas enim rationis	En effet le manque de raison (l'igno- [rance)
tentat mentem dubiam,	inquiète l'esprit incertain,
ecquænam fuerit	y aura-t-il eu
origo genitalis mundi,	une origine génitale du monde,
et simul ecquæ sit finis,	et en-même-temps y aura-t-il quelque [fin,
quoad mœnia mundi	jusqu'à-quand les remparts du monde
possint perferre	pourront-ils supporter
hunc laborem	cette fatigue,
motus tanti;	d'un mouvement si-grand;
an, donata divinitus	ou-si, gratifiés par-une-volonté-divine
salute æterna,	d'un salut éternel,
possint labentia	ils pourront faisant-leurs-révolutions
tractu perpetuo ævi	dans l'étendue perpétuelle du temps
contemnere vires validas	braver les forces puissantes
ævi immensi.	du temps infini.
Præterea, cui animus	En outre à qui le cœur
non contrahitur	n'est-il pas resserré
formidine Divum?	par la crainte des dieux?
Cui membra	A qui les membres
non conrepunt pavore,	ne rampent-ils pas par l'effet de la [peur,
quum tellus torrida	lorsque la terre brûlée
contremit	tremble-tout-entière
plaga horribili fulminis,	par le coup épouvantable de la foudre,
et murmura percurrunt	et que des murmures parcourent
magnum cœlum?	le vaste ciel?

Non populi gentesque tremunt? Regesque superbi
Corripiunt Divum perculsi membra timore [1],
Ne quod ob admissum fœde, dictumve superbe,
Pœnarum grave sit solvendi tempus adactum?
Summa etiam quum vis violenti per mare venti
Induperatorem [2] classis super æquora verrit,
Cum validis pariter legionibus atque elephantis,
Non Divum pacem votis adit, ac prece quæsit [3]
Ventorum pavidus paces animasque secundas?
Nequidquam, quoniam violento turbine sæpe
Correptus nihilo fertur minus ad vada lethi [4] :
Usque adeo res humanas vis abdita [5] quædam
Obterit, et pulchros fasces sævasque secures
Proculcare, ac ludibrio sibi habere videtur!
Denique sub pedibus tellus quum tota vacillat,
Concussæque cadunt urbes, dubiæque minantur,
Quid mirum si se temnunt mortalia sæcla,
Atque potestates magnas, mirasque relinquunt
In rebus vires Divum, quæ cuncta gubernent?

sont-ils pas consternés? Et le superbe despote, frappé de crainte, n'embrasse-t-il pas étroitement les statues des dieux, tremblant que le moment redoutable ne soit arrivé où il expiera ses actions criminelles, ses ordres tyranniques? Et quand les vents impétueux, déchaînés sur les flots, balayent le commandant de la flotte avec ses puissantes légions et ses éléphants, ne tâche-t-il pas d'apaiser la Divinité par ses vœux, et d'obtenir, à force de prières, des vents plus favorables? Mais en vain. Emporté par un tourbillon violent, il n'en trouve pas moins la mort au milieu des écueils : tant il est vrai qu'une force secrète se joue des événements humains, et paraît se plaire à fouler aux pieds les haches redoutables et les faisceaux superbes! Enfin quand la terre entière vacille sous nos pieds, quand les villes ébranlées s'écroulent ou menacent ruine, est-il surprenant que l'homme, plein de mépris pour sa propre faiblesse, reconnaisse dans la nature une puissance supérieure, une force divine, qui règle à son gré l'univers?

Populi gentesque	Les peuples et les nations
non tremunt?	ne tremblent-ils pas?
Regesque superbi	Et les rois superbes
perculsi timore	frappés de crainte (statues) des dieux,
corripiunt membra Divum,	ne saisissent-ils pas les membres (les
ne tempus grave	de peur que le moment redoutable
solvendi pœnarum	de payer des châtiments [tensement,
ob quod admissum fœde,	à cause de quelque *action* commise hon-
dictumve superbe,	ou de *quelque parole* dite orgueilleuse-
sit adactum?	ne soit arrivé? [ment,
Quum etiam vis summa	Lorsqu'aussi la force suprême
venti violenti per mare	du vent violent à travers la mer
verrit super æquora	balaye sur les plaines *liquides*
induperatorem classis,	le commandant de la flotte,
pariter cum	également avec (en même temps que)
legionibus validis	*ses* légions puissantes
atque elephantis,	et *ses* éléphants,
non adit votis	n'implore-t-il pas par des vœux
pacem Divum,	la bienveillance des dieux, [prière
ac pavidus non quæsit prece	et effrayé ne demande-t-il pas par la
paces ventorum	les faveurs des vents
animasque secundas?	et des souffles favorables?
Nequidquam,	En-vain,
quoniam correptus sæpe	parce que saisi souvent
turbine violento,	par un tourbillon violent,
fertur nihilo minus	il n'est porté en rien moins
ad vada lethi:	vers les écueils de la mort:
usque adeo	jusqu'à un-tel-point (tant)
quædam vis abdita	une certaine force cachée
obterit res humanas,	écrase les choses humaines,
et videtur proculcare	et paraît fouler-aux-pieds
ac habere sibi ludibrio	et avoir pour soi-même à dérision
fasces pulchros	les faisceaux superbes
securesque sævas!	et les haches redoutables!
Denique quum tellus tota	Enfin lorsque la terre tout-entière
vacillat sub pedibus,	vacille sous *nos* pieds,
urbesque concussæ cadunt,	et que les villes ébranlées tombent,
dubiæque minartur,	et que *les villes* chancelantes menacent
quid mirum	qu'y a-t-il d'étonnant [ruine,
si sæcla mortalia	si les générations mortelles (humaines)
se temnunt,	se méprisent,
atque relinquunt in rebus	et laissent (admettent) dans les choses
magnas potestates	de grandes puissances
viresque miras Divum,	et les forces merveilleuses des dieux,
quæ gubernent cuncta?	lesquelles gouverneraient tout?

VIII. — DES MOYENS DE DESTRUCTION INVENTÉS PAR LES HOMMES.

(V. 1280-1347.)

Nunc tibi ¹ quo pacto ferri natura reperta
Sit, facile est ipsum per te cognoscere, Memmi.
Arma antiqua manus, ungues, dentesque fuerunt,
Et lapides, et item silvarum fragmina rami,
Et flammæ atque ignes, postquam sunt cognita primum.
Posterius ferri vis est ærisque ² reperta;
Et prior æris erat quam ferri cognitus usus:
Quo facilis magis est natura, et copia major.
Ære solum terræ tractabant, æreque belli
Miscebant fluctus, et volnera vasta ³ serebant,
Et pecus atque agros adimebant; nam facile ollis ⁴
Omnia cedebant armatis nuda et inerma.
Inde minutatim processit ferreus ensis,
Versaque in opprobrium ⁵ species est falcis ahenæ;
Et ferro cœpere solum proscindere terræ,
Exæquataque sunt creperi ⁶ certamina belli.

Et prius est armatum in equi conscendere costas,
Et moderarier hunc frenis, dextraque vigere
Quam bijugo curru belli tentare pericla;

VIII

Vous êtes maintenant, Memmius, à portée de deviner par vous-même comment on découvrit l'usage du fer. Les premières armes étaient les ongles, les mains, les dents, les pierres et les branches d'arbres; ensuite la flamme et le feu, quand ils eurent été trouvés. Ce ne fut que longtemps après qu'on connut les propriétés du fer et de l'airain. Mais l'usage de l'airain précéda celui du fer, parce qu'il était plus aisé à travailler et plus abondant. C'était avec l'airain qu'on labourait la terre; c'était avec l'airain qu'on livrait les combats, qu'on semait la mort, et qu'on s'emparait des troupeaux et des champs. Nu et sans défense, pouvait-on résister à des gens armés? Insensiblement le fer se convertit en épée; la faux d'airain fut rejetée avec mépris. Ce fut avec le fer qu'on déchira le sol; le fer rendit égales les chances douteuses des batailles.

On imagina de monter en armes sur les flancs du coursier, et de régler ses mouvements avec les rênes et d'une main vigoureuse, avant d'affronter les hasards de la guerre sur un char à deux che-

VIII. — DES MOYENS DE DESTRUCTION INVENTÉS PAR LES HOMMES.

Nunc est facile, Memmi,	Maintenant il est facile, Memmius,
ipsum cognoscere per te	toi-même connaître par toi
quo pacto natura ferri	de quelle manière la nature du fer
reperta sit tibi.	a été découverte pour toi.
Arma antiqua fuerunt	Les armes anciennes ont été
manus, ungues, dentesque,	les mains, les ongles, et les dents,
et lapides,	et les pierres,
et item rami	et de même les branches [rés)
fragmina silvarum,	fragments des forêts (arrachées aux forêts),
et flammæ atque ignes,	et les flammes et les feux
postquam cognita sunt	après qu'ils eurent été connus
primum.	pour-la-première-fois.
Vis ferri ærisque	La nature du fer et de l'airain
reperta est posterius;	fut découverte plus tard;
et usus æris erat cognitus	et l'usage de l'airain était connu
prior quam ferri;	antérieur à celui du fer;
quo natura	par *la raison* que la nature de l'airain
est magis facilis,	est plus facile à *travailler*,
et copia major.	et *que* la quantité *en* est plus grande.
Tractabant solum terræ	*Les hommes* travaillaient le sol de la terre
ære,	avec l'airain,
miscebantque fluctus belli,	et mêlaient les flots de la guerre,
et serebant vulnera vasta,	et semaient des blessures larges,
et adimebant	et enlevaient
pecus atque agros	le bétail et les champs
ære;	avec l'airain;
nam omnia	car toutes les choses
nuda et inerma	nues et désarmées
cedebant facile	cédaient facilement
ollis armatis.	à eux armés.
Inde ensis ferreus	De là (puis) l'épée de-fer
processit minutatim,	s'avança(s'introduisit) peu-à-peu,
speciesque falcis ahenæ	et la forme de la faux d'-airain
versa est in opprobrium;	fut tournée en opprobre; [fer
et cœpere proscindere ferro	et ils commencèrent à déchirer avec le
solum terræ,	le sol de la terre,
certaminaque belli creperi	et les luttes de la guerre douteuse
exæquata sunt.	furent égalisées.
Et conscendere armatum	Et monter armé
in costas equi,	sur les flancs d'un cheval,
et moderarier hunc frenis,	et diriger celui-ci avec des freins,
vigereque dextra,	et être-vigoureux par la main-droite,
est prius quam tentare	est antérieur à affronter
pericula belli	les dangers de la guerre

Et bijugo prius est, quam bis conjungere binos,
Et quam falciferos inventum ascendere currus.
Inde boves Lucas ¹ turrito corpore tetros,
Anguimanos, belli docuerunt volnera Pœni ²
Sufferre, et magnas Martis turbare catervas.
Sic alid ³ ex alio peperit discordia tristis,
Horribile humanis quod gentibus esset in armis;
Inque dies belli terroribus addidit augmen.
Tentarunt etiam tauros in mœnere ⁴ belli,
Expertique sues sævos sunt mittere in hostes;
Et validos Parthi præ se misere leones
Cum ductoribus armatis sævisque magistris ⁵,
Qui moderarier hos possent vinclisque tenere.
Nequidquam, quoniam permista cæde calentes
Turbabant sævi nullo discrimine turmas,
Terrificas capitum quatientes undique cristas;
Nec poterant equites fremitu perterrita equorum
Pectora mulcere, et frenis convertere in hostes.
Irritata leæ jaciebant corpora saltu
Undique, et advorsum venientibus ora petebant;

vaux. Cette dernière invention précéda l'attelage de quatre coursiers, et l'usage des chars armés de faux. Ensuite le Carthaginois apprit au monstrueux quadrupède dont le dos porte des tours, et dont la trompe flexible se replie comme un serpent, à supporter les blessures et à répandre le trouble dans les armées. Ainsi la discorde sanguinaire n'inventa que les uns après les autres les moyens de destruction, en ajoutant chaque jour un surcroît d'horreur à la guerre. On essaya même dans les combats la fureur des taureaux. On dressa au meurtre les sangliers cruels. Les Parthes se firent précéder par des lions vigoureux, que dirigeaient des conducteurs armés, maîtres terribles, destinés à modérer leur ardeur, et à les tenir dans les chaînes. Mais en vain; car ces redoutables animaux, échauffés par le carnage et la mêlée, portaient le trouble partout indistinctement, agitant de tous côtés leurs crinières effrayantes. Les cavaliers ne pouvaient ni rassurer leurs coursiers qu'épouvantaient ces affreux rugissements, ni les tourner à l'aide du mors contre l'ennemi. Les lionnes furieuses s'élançaient d'une armée à l'autre en bondissant, présentaient leur

curru bijugo;	sur un char attelé-de-deux-chevaux ;
et bijugo	et *affronter ces dangers* sur un char-atte-
est prius quam conjungere	est antérieur à atteler [lé-de-deux-
bis binos,	deux-fois deux *chevaux*, [chevaux
et quam inventum	et *antérieur à ce* qu'il eût été trouvé
conscendere currus	de monter-sur des chars
falciferos.	armés-de-faux.
Inde Pœni docuerunt	Puis les Carthaginois enseignèrent
boves Lucas tetros	aux bœufs lucaniens hideux
corpore turrito,	d'un (au) corps muni-de-tours,
anguimanos,	dont-la-trompe-ressemble-à-un-serpent,
sufferre volnera belli,	à supporter les blessures de la guerre,
et turbare	et à troubler
magnas caterras Martis.	les grands bataillons de Mars.
Sed discordia tristis	Mais la discorde funeste [autre,
peperit alid ex alio,	a engendré une chose à-la-suite-d'une
quod esset horribile	laquelle chose fût terrible
gentibus humanis in armis;	aux nations humaines en armes;
addiditque in dies augmen	et a ajouté *de jours* en jours un surcroît
terroribus belli.	aux terreurs de la guerre.
Tentarunt etiam tauros	Ils essayèrent même des taureaux
in mœnere belli;	dans le service de la guerre ;
expertique sunt	et ils tentèrent
mittere in hostes	d'envoyer contre les ennemis
sues sævos ;	les sangliers redoutables ; [mêmes
et Parthi misere præ se	et les Parthes envoyèrent devant eux-
leones validos,	des lions robustes,
cum ductoribus armatis	avec des conducteurs armés
magistrisque sævis,	et des maîtres cruels,
qui possent moderarier hos	qui pussent diriger ceux-ci
tenereque vinclis.	et *les* retenir par des chaînes.
Nequidquam, quoniam	Vainement, parce que
calentes cæde permixta,	échauffés par le carnage mêlé,
sævi turbabant turmas	cruels ils troublaient les escadrons
nullo discrimine,	sans aucune distinction,
quatientes undique	agitant de-tous-côtés
cristas terrificas capitum;	les crinières effrayantes de *leurs* têtes ;
nec equites poterant	ni les cavaliers ne pouvaient
mulcere pectora equorum	calmer les cœurs des chevaux [lions,
perterrita fremitu,	*cœurs* épouvantés par le rugissement *des*
et convertere frenis	et *les* tourner à-l'aide-des freins
in hostes.	contre les ennemis.
Leæ jaciebant undique	Les lionnes jetaient de-tous-côtés
saltu	par un bond
corpora irritata,	*leurs* corps irrités,
et petebant ora	et cherchaient-à-atteindre les visages
venientibus advorsum,	à (de) *ceux* qui venaient au-devant,

Et nec opinantes a tergo diripiebant,
Deplexæque dabant in terram volnere victos,
Morsibus affixæ validis atque unguibus uncis;
Jactabantque suos tauri, pedibusque terebant,
Et latera ac ventres hauribant subter equorum
Cornibus, ad terramque minanti mente ruebant.
At validis socios cædebant dentibus apri,
Tela infracta suo tinguentes sanguine sævi [1],
Permixtasque dabant equitum peditumque ruinas;
Nam transvoisa [2] feros exibant dentis adactus
Jumenta, aut pedibus ventos erecta petebant;
Nequidquam, quoniam ab nervis succisa videres
Concidere, atque gravi terram consternere casu.
Sic quos ante domi domitos satis esse putabant,
Effervescere cernebant in rebus agundis,
Volneribus, clamore, fuga, terrore, tumultu,
Nec poterant ullam partem redducere eorum.
Diffugiebat enim varium genus omne ferarum :
Ut nunc sæpe boves Lucæ, ferro male mactæ,
Diffugiunt, fera facta suis quum multa dedere.

gueule menaçante à tous ceux qu'elles rencontraient, attaquaient leur proie par derrière, la faisaient tomber sous leurs coups, et la déchiraient avec leurs griffes et leurs dents. Les taureaux enlevaient et écrasaient leurs propres guerriers, ou plongeaient leurs cornes sous le ventre et dans le flanc des chevaux, et les menaçaient encore après les avoir terrassés. Les sangliers, de leur côté, faisaient sentir à leurs propres alliés la force de leurs défenses; ils teignaient de leur sang les traits brisés sur leur peau, et irrités de nouveau par ces blessures, ils renversaient pêle-mêle cavaliers et fantassins. Vainement les chevaux se jetaient de côté pour éviter la cruelle atteinte de leurs dents; vainement ils se dressaient sur leurs pieds de derrière; on les voyait, les jarrets tranchés, tomber lourdement à terre. Ainsi ces animaux furieux, que l'on croyait domptés par la vie domestique, s'échauffaient au milieu de l'action, effarouchés par les blessures, les cris, la fuite, la terreur et le tumulte; il était impossible d'en ramener aucun, ils se dispersaient chacun de leur côté. Ainsi encore aujourd'hui les éléphants, blessés à la guerre, fuient après avoir répandu le carnage dans l'armée même

MORCEAUX CHOISIS. LIVRE V. 235

et diripiebant a tergo	et déchiraient par le dos
nec opinantes,	ceux-ne-s'y-attendant-pas,
deplexæque	et *les* ayant étreints
dabant in terram	précipitaient à terre
victos vulnere,	*eux* vaincus par *leur* blessure, [fortes
affixæ morsibus validis	cramponnées *à eux* par des morsures
atque unguibus uncis;	et par des griffes recourbées; [parti
taurique jactabant suos	et les taureaux lançaient ceux-de-leur-
terebantque pedibus,	et *les* écrasaient sous *leurs* pieds,
et hauribant subter	et perçaient en-dessous
cornibus	avec *leurs* cornes
latera ac ventres equorum,	les flancs et les ventres des chevaux,
ruebantque ad terram	et *les* précipitaient à terre
mente minanti.	avec un esprit menaçant.
At apri cædebant socios	Mais les sangliers abattaient *leurs* alliés
dentibus validis,	avec *leurs* dents puissantes,
tinguentes suo sanguine	teignant de leur sang
sævi	*étant* irrités
tela infracta,	les traits brisés, [versaient pêle-mêle)
dabantque ruinas permixtas	ils causaient des chutes mêlées (ils ren-
equitum peditumque;	de cavaliers et de fantassins;
nam jumenta transvorsa	car les chevaux se jetant-de-côté
exibant	cherchaient-à-éviter
adactus feros dentis,	les atteintes cruelles de *leur* dent,
aut erecta pedibus	ou élevés sur *leurs* pieds [saient);
petebant ventos;	cherchaient-à-atteindre les airs (se dres-
nequidquam,	vainement,
quoniam videres concidere	parce que tu *les* aurais vus tomber
succisa ab nervis,	coupés-en-dessous du-côté-des nerfs (du
atque consternere terram	et couvrir la terre [jarret),
casu gravi.	par une chute pesante.
Sic cernebant	Ainsi ils (les hommes) voyaient
quos putabant ante	*ceux* qu'ils croyaient auparavant
esse satis domitos domi	avoir été assez domptés à la maison
effervescere	s'échauffer [l'action),
in rebus agundis,	dans les choses devant être faites (dans
volneribus, clamore,	par les blessures, le cri,
fuga, terrore, tumultu,	la fuite, la terreur, le tumulte,
nec poterant reducere	et *les hommes* ne pouvaient ramener
ullam partem eorum.	aucune partie d'eux.
Omne enim genus varium	En effet toute la race variée
ferarum	des bêtes-féroces
diffugiebat:	se-dispersait-par-la-fuite: [lucaniens,
ut nunc sæpe boves Lucæ,	comme maintenant souvent les bœufs
male mactæ ferro,	maltraités par le fer,
diffugiunt,	se-dispersent-par-la-fuite, [leur-parti)
quum dedere suis	après qu'ils ont donné (fait) à ceux-de-

Sic fuit ut facerent : sed vix adducor, ut ante
Non quierint ¹ animo præsentire atque videre,
Quam commune malum fieret, fœdumque futurum ;
Et magis id possis factum contendere in omni,
In variis mundis varia ratione creatis,
Quam certo atque uno terrarum quolibet orbi ².
Sed facere id non tam vincendi spe voluerunt,
Quam dare quod gemerent hostes, ipsique perire,
Qui numero diffidebant, armisque vacabant.

IX. — LA MUSIQUE.
(V. 1377-1409.)

At liquidas avium voces imitarier ore
Ante fuit multo, quam lævia carmina cantu
Concelebrare homines possent, auresque juvare ;
Et zephyri cava per calamorum sibila primum
Agrestes docuere cavas inflare cicutas.
Inde minutatim dulces didicere querelas,
Tibia quas fundit digitis pulsata canentum,
Avia per nemora, ac silvas saltusque reperta,
Per loca pastorum deserta, atque otia dia.
Sic unumquidquid paulatim protrahit ætas

qu'ils doivent défendre. Voilà ce que les hommes ont fait. Néanmoins je ne puis me persuader qu'ils n'aient pas prévu, avant d'en avoir été les victimes, les malheurs communs qui résulteraient pour eux de cet usage, et j'aimerais que vous en fissiez une loi générale, commune à tous les mondes différemment constitués par la Nature, au lieu de la restreindre à notre monde particulier. Encore ne fut-ce pas l'espoir de vaincre qui inspira cette idée barbare ; mais ceux qui se défiaient de leur nombre, et qui étaient dépourvus d'armes, voulurent, en périssant eux-mêmes, rendre la victoire funeste à leurs ennemis.

IX

On imitait avec la voix le gazouillement des oiseaux, longtemps avant que des vers harmonieux, soutenus des charmes de la mélodie, caressassent les oreilles. Le sifflement du zéphyr dans les roseaux creux apprit d'abord aux hommes à enfler un chalumeau champêtre. Insensiblement la flûte, animée par des doigts agiles, fit entendre ses douces plaintes. L'usage en fut découvert dans les forêts écartées, dans les bois, dans les solitudes ; on la doit aux doux loisirs des bergers. Ainsi le temps donne peu à peu naissance aux

multa facta fera.	beaucoup d'actes cruels. [ainsi:
Fuit ut sic facerent;	Il est arrivé que *les hommes* faisaient
sed adducor vix	mais je suis amené à-peine *à croire*
ut non quierint ante	qu'ils n'aient pas pu auparavant
præsentire animo	pressentir dans *leur* esprit
atque videre	et voir
quam fieret	combien *cela* deviendrait
malum commune	un mal commun
futurumque fœdum;	et serait *un mal* affreux;
et possis contendere magis	et tu pourrais prétendre plutôt
id factum in omni,	cela avoir été fait dans tout *globe*,
in variis mundis	dans les différents mondes
creatis varia ratione,	créés de différente manière,
quam orbi quolibet	que dans un globe quelconque
terrarum	des terres (de la terre)
uno et certo.	unique et déterminé.
Sed qui diffidebant numero,	Mais *ceux* qui se défiaient du nombre,
vacabantque armis,	et étaient-dépourvus d'armes,
non tam voluerunt facere id	n'ont pas tant voulu faire cela
spe vincendi,	par l'espoir de vaincre, [chose
quam dare	qu'*ils ont* voulu donner (causer) *quelque*
quod hostes gemerent,	dont les ennemis gémissent,
perireque ipsi.	et périr eux-mêmes.

IX. — LA MUSIQUE.

At imitarier ore	Mais imiter avec la bouche
voces liquidas avium	les voix pures des oiseaux
fuit multo ante	eut-lieu bien avant
quam homines possent	que les hommes pussent
concelebrare cantu	répéter par le chant
carmina lævia,	des vers polis (harmonieux),
juvareque aures;	et charmer les oreilles;
et sibila Zephyri	et les sifflements du zéphyr
per cava calamorum	à travers les creux des roseaux
docuere primum agrestes	enseignèrent d'abord aux campagnards
inflare cicutas cavas.	à enfler les tiges creuses.
Inde didicere minutatim	Puis ils apprirent peu-à-peu
dulces querelas,	les douces plaintes, [jouent,
quas tibia fundit,	que la flûte répand,
pulsata digitis canentum,	touchée par les doigts de ceux-qui *en*
reperta	*la flûte* inventée
per nemora avia,	à travers les bois écartés,
ac silvas saltusque,	et les forêts et les pâturages-boisés,
per loca deserta pastorum,	à travers les lieux (les séjours) solitaires
atque otia dia.	et *dans leurs* loisirs divins. [des bergers.
Sic ætas protrahit	Ainsi le temps amène

In medium, ratioque in luminis eruit oras.
Hæc animos ollis mulcebant atque juvabant
Cum satiate ¹ cibi ; nam tum sunt omnia cordi.
Sæpe itaque inter se prostrati in gramine molli,
Propter aquæ rivum, sub ramis arboris altæ,
Non magnis opibus jucunde corpora habebant;
Præsertim quum tempestas ridebat, et anni
Tempora pingebant viridantes floribus herbas.
Tum joca, tum sermo, tum dulces esse cachinni
Consuerant; agrestis enim tum musa vigebat.
Tum caput atque humeros plexis redimire coronis,
Floribus et foliis, lascivia læta monebat,
Atque extra numerum procedere membra moventes
Duriter, et duro terram pede pellere matrem :
Unde oriebantur risus, dulcesque cachinni,
Omnia quod nova tum magis hæc et mira vigebant.
Et vigilantibus hinc aderant solatia somni ²,
Ducere multimodis voces, et flectere cantus,
Et supera ³ calamos unco percurrere labro.

différents arts, et le génie les met en lumière. Ces amusements innocents charmaient leurs ennuis, à la suite d'un repas frugal, dans
ces moments où le repos est délicieux. Souvent même, étendus entre
amis sur un tendre gazon, au bord d'un ruisseau, à l'ombre d'un
arbre élevé, ils se procuraient à peu de frais des plaisirs simples et
purs, surtout dans la riante saison, quand le printemps émaillait la
verdure des prairies par l'éclat des fleurs. Alors, au milieu des ris,
des jeux, des doux propos, leur muse agreste prenait son essor. La
gaieté folâtre les invitait à orner leurs têtes et leurs épaules de cou-
ronnes de fleurs et de guirlandes de feuillages; leurs pieds rustiques
frappaient lourdement, sans souplesse et sans mesure, cette terre,
leur mère commune. De là naissaient de doux ris et d'innocents
éclats, parce que la nouveauté de ces plaisirs les rendait plus pi-
quants. On se consolait de ne pas dormir parce que l'on pliait sa
voix à des accents variés, ou que l'on promenait ses lèvres serrées
sur des chalumeaux. Tels sont encore aujourd'hui nos amusements

paulatim in medium	peu-à-peu au milieu
unumquidque,	chaque chose,
ratioque eruit	et la raison arrache chaque chose
in oras luminis.	pour la produire aux régions de la lumière.
Hæc mulcebant	Ces plaisirs flattaient
atque juvabant animos ollis	et charmaient les cœurs à eux
cum satiate cibi;	avec la satiété de nourriture;
nam tum omnia	car alors toutes les choses
sunt cordi.	sont à cœur (sont agréables).
Itaque sæpe prostrati	Aussi souvent étendus
inter se	entre eux (réunis)
in gramine molli,	sur le gazon tendre,
propter rivum aquæ,	près d'un cours d'eau,
sub ramis arboris altæ,	sous les branches d'un arbre élevé,
habebant corpora jucunde	ils tenaient leurs corps agréablement
opibus non magnis;	avec des richesses non grandes;
præsertim quum tempestas	surtout lorsque le temps
ridebat,	était-riant,
et tempora anni	et que les saisons de l'année
pingebant floribus	émaillaient de fleurs
herbas viridantes.	les herbes verdoyantes.
Tum joca, tum sermo,	Alors les jeux, alors la conversation,
tum dulces cachinni	alors les doux éclats-de-rire
consuerant esse;	avaient-coutume d'avoir-lieu;
tum enim musa agrestis	alors en effet la muse champêtre
vigebat.	était-dans-sa-vigueur (s'animait)
Tum lascivia læta	Alors l'humeur-folâtre joyeuse
monebat redimire	les avertissait de ceindre
caput atque humeros	leur tête et leurs épaules
[illegible]	de couronnes entrelacées
[illegible]	de fleurs et de feuillages,
[illegible]	et de s'avancer
*[illegible]*tes membra duriter	remuant leurs membres durement
extra numerum,	en-dehors-de la mesure,
et pellere pede duro	et de frapper d'un pied dur
terram matrem:	la terre, leur mère:
unde risus oriebantur,	d'-où des rires s'élevaient,
dulcesque cachinni,	et de doux éclats-de-rire,
quod hæc omnia nova	parce que tous ces plaisirs étant nouveaux
et mira	et étonnants
vigebant tum magis.	avaient alors plus de force.
Et hinc solatia somni	Et de-là des consolations du sommeil
aderant vigilantibus,	étaient à eux veillants,
ducere voces multimodis	à savoir de diriger leurs voix de beaucoup-de-manières,
et flectere cantus,	et d'assouplir leurs chants,
et percurrere calamos	et de parcourir les chalumeaux
supera	à-la-partie-supérieure

Unde etiam vigiles nunc hæc accepta tuentur,
Et numerum [1] servare genus didicere ; neque hilo [2]
Majorem interea capiunt dulcedini' [3] fructum,
Quam silvestre genus capiebat terrigenarum [4].

X. — LES ARTS DANS LA VIE CIVILISÉE.

(V. 1421-1445.)

... Tunc pelles [1], nunc aurum et purpura curis
Exercent hominum vitam, belloque fatigant:
Quo magis in nobis, ut opinor, culpa residit.
Frigus enim nudos sine pellibus excruciabat
Terrigenas, at nos nil lædit veste carere
Purpurea atque auro signisque ingentibus apta ;
Dum plebeia tamen sit, quæ defendere possit.
Ergo hominum genus incassum frustraque laborat,
Semper et in curis consumit inanibus ævum ;
Nimirum quia non cognovit quæ sit habendi
Finis, et omnino quoad crescat vera voluptas ;
Idque minutatim vitam provexit in altum [2],
Et belli magnos commovit funditus æstus.
 At vigiles mundi magnum et versatile templum
Sol et luna suo lustrantes lumine circum,
Perdocuere [3] homines annorum tempora verti,

pendant la veillée ; nous connaissons les règles de l'harmonie ; mais, avec plus de ressources, nous ne sommes pas plus heureux que ces anciens habitants des forêts, enfants de la terre.

X

C'étaient jadis de simples peaux, c'est aujourd'hui l'or et la pourpre, qui sont devenus l'objet de nos soucis et de nos combats. Aussi sommes-nous plus coupables que ces enfants de la terre. Ils étaient nus ; la toison des animaux leur était nécessaire contre le froid. Mais à nous, qu'importent l'or, la pourpre et les riches broderies, quand nous sommes à l'abri sous une étoffe commune ? Ainsi l'homme se tourmente et s'épuise en vain ; il consume ses jours dans des soins superflus, parce qu'il ne met point de bornes à sa cupidité, parce qu'il ne connaît pas les limites au delà desquelles le véritable plaisir ne croît plus. Voilà ce qui a rendu peu à peu la vie humaine si orageuse, ce qui a suscité tant de guerres cruelles, effroi de la société.
 Le soleil et la lune, ces deux globes éclatants qui promènent sans se reposer leur lumière dans le riche palais des cieux, ont fait

labro unco.	avec la lèvre recourbée.
Unde etiam nunc vigiles	D'où maintenant encore ceux-qui-veil- [lent
tuentur hæc accepta,	conservent ces *amusements* qu'ils ont [reçus,
et didicere servare	et ils ont appris à observer
genus numerum,	l'espèce (les différences) des mesures,
neque interea capiunt	ni cependant ils ne retirent
fructum dulcedinis	un avantage d'agrément
majorem hilo,	plus grand en rien, [rês
quam genus silvestre	que *celui que* la race habitante-des-fo-
terrigenarum	des-enfants-de-la terre,
capiebat.	ne retirait.

X. — LES ARTS DANS LA VIE CIVILISÉE.

Tunc pelles,	Alors des peaux,
nunc aurum et purpura	maintenant l'or et la pourpre
exercent curis	tourmentent par des soucis
fatigantque bello	et fatiguent par la guerre
vitam hominum :	la vie des hommes :
quo culpa	par quoi la faute
residit magis in nobis,	s'établit davantage en nous,
ut opinor.	comme je *le* pense.
Frigus enim excruciabat	Le froid en effet faisait-souffrir
terrigenas nudos	*ces* enfants-de-la-terre nus
sine pellibus;	*quand ils étaient* sans peaux; [pre,
at carere veste purpurea,	mais manquer d'un vêtement de-pour-
atque apta auro	et muni (orné) d'or
signisque ingentibus	et de figures (de broderies) grandes
lædit nos nil,	ne nuit à nous en rien, [sier soit
dum tamen plebeia sit	pourvu cependant qu'un *vêtement* gros-
quæ possit defendere.	qui puisse *nous* mettre-à-l'abri.
Ergo genus hominum	Donc la race des hommes
laborat incassum frustraque,	travaille inutilement et en-vain,
et consumit semper ævum	et consume toujours sa vie
in curis inanibus;	dans des soins stériles; [connaître
nimirum quia non cognovit	à-savoir parce qu'elle n'a pas appris-à-
quæ sit finis habendi,	quelle est la limite de posséder,
et omnino quoad	et en-général jusqu'où
vera voluptas crescat.	le véritable plaisir croît.
Inde provexit minutatim	De là elle a avancé peu-à-peu
vitam in altum,	*sa* vie dans la haute-mer,
et commovit funditus	et a soulevé jusqu'-au-fond
magnos æstus belli.	les grandes agitations de la guerre.
At sol et luna vigiles	Mais le soleil et la lune qui-veillent
lustrantes circum	éclairant tout-autour
suo lumine templum mundi	de leur lumière l'espace du ciel
magnum et versatile,	*espace* grand et roulant.
perdocuere homines	ont enseigné-pleinement aux hommes

Et certa ratione geri rem atque ordine certo.
  Jam validis septi degebant turribus ævum,
Et divisa colebatur discretaque tellus.
Tum mare velivolum florebat navibu' pandis;
Auxilia et socios jam pacto fœdere habebant,
Carminibus quum res gestas cœpere poetæ
Tradere; nec multo priu' sunt elementa reperta.
Propterea¹, quid sit prius actum, respicere ætas
Nostra nequit, nisi qua ratio vestigia monstrat.
  Navigia atque agri culturas, mœnia, leges,
Arma, vias, vestes, et cetera de genere horum
Præmia², delicias quoque vitæ funditus omnes,
Carmina, picturas, et dædala signa polire,
Usus et impigræ simul experientia mentis
Paulatim docuit pedetentim progredientes.
Sic unumquidquid paulatim protrahit ætas
In medium, ratioque in luminis eruit oras.
Namque alid ex alio clarescere corde videmus
Artibus, ad summum donec venere cacumen.

connaître aux hommes la vicissitude constante des saisons, et l'ordre invariable qui règne dans la Nature.

Déjà l'homme vivait à l'abri de ses tours et de ses forteresses; la terre était divisée entre ses habitants, la culture était florissante, la mer couverte de voiles innombrables, les nations unies d'intérêts et liées par des traités, lorsque les poëtes, par leurs chants, transmirent les événements à la postérité. L'invention de l'écriture est peu antérieure à cette époque. Voilà pourquoi il ne nous reste de ces anciens temps d'autres traces que celles que la raison peut entrevoir confusément.

La navigation, l'agriculture, l'architecture, la jurisprudence, l'art de forger les armes, de construire les chemins, de préparer les étoffes, les autres inventions de ce genre, les arts même de pur agrément, comme la poésie, la peinture, la sculpture, ont été le fruit tardif du besoin, de l'activité et de l'expérience. Ainsi le temps amène pas à pas les découvertes. Il n'est rien que la science ne mette en lumière, et le génie porte sans cesse un nouveau jour dans les arts, jusqu'à ce qu'ils aient atteint au plus haut degré de perfection.

tempora anni verti,	les saisons de l'année tourner,
et rem geri	et ce phénomène être produit
ratione certa	d'après un calcul déterminé
atque ordine certo.	et dans un ordre déterminé.
Jam degebant ævum	Déjà ils passaient *leur* vie
septi turribus validis,	entourés de tours solides,
et tellus divisa discretaque	et la terre divisée et séparée
colebatur.	était cultivée.
Tum mare velivolum	Alors la mer sur-laquelle-volent-des- [voiles
florebat navibus pandis;	florissait par des navires recourbés;
jam habebant	déjà ils avaient
fœdere pacto	par un traité convenu
auxilia et socios,	des secours (des auxiliaires) et des alliés,
quum poetæ cœpere	lorsque les poëtes commencèrent
tradere carminibus	à transmettre par les vers
res gestas;	les actions accomplies;
nec elementa	ni les éléments *de l'écriture* (l'alphabet)
reperta sunt multo prius.	ne furent trouvés beaucoup auparavant.
Propterea nostra ætas	A cause de cela notre âge
nequit respicere	ne-peut voir-en-arrière
quid sit actum prius,	quelle chose a été faite auparavant,
nisi ratio	à-moins-que la raison [nière.
monstrat vestigia qua.	ne montre des traces en-quelque-ma-
Usus et simul experientia	La pratique et en-même-temps l'ex-
mentis imigræ	d'un esprit actif [périence
docuit paulatim	enseigna peu-à-peu
progredientes pedetentim	aux *hommes* progressant insensiblement
navigia atque culturas agri,	les navires et les cultures du champ,
mœnia, leges,	les remparts, les lois,
arma, vias, vestes,	les armes, les routes, les vêtements,
et cetera præmia	et tous-les-autres avantages
de genere horum,	du genre de ceux-ci,
funditus quoque	*elles enseignèrent* à-fond aussi
omnes delicias vitæ,	tous les raffinements de la vie,
polire carmina,	à polir les vers,
picturas et signa dædala.	les peintures et les figures faites-artis-
Sic ætas protrahit	Ainsi le temps amène [tement.
paulatim in medium	insensiblement au milieu
unumquidquid,	chaque chose,
ratioque eruit	et la raison découvre *chaque chose*
in oras luminis.	aux régions de la lumière.
Namque videmus	Car nous voyons
alid ex alio	une chose à-la-suite-d'une autre
clarescere artibus	s'éclairer pour les arts (dans les arts)
corde,	par *la force de* l'intelligence,
donec venere	jusqu'à ce qu'elles soient arrivées
ad cacumen summum.	au faîte le plus élevé.

NOTES

DU CINQUIÈME LIVRE DES MORCEAUX CHOISIS DE LUCRÈCE.

I

Page 166 : 1. *His repertis*, ces découvertes, c'est-à-dire le système d'Épicure.

— 2. *Ejus*, Épicure.

— 3. *Si*. Dans cette conjonction, *i* est bref et ne s'élide pas devant *ut*. C'est une licence fort rare.

— 4. *Aliorum*, sous-entendu *qui dii habentur*.

Page 168 : 1. *Puro*, purifié des vices, et aussi des erreurs et des préjugés de la superstition.

— 2. *Nemeæus hiatus leonis*, pour *hiatus Nemeæi leonis*. — Hercule, dans un de ses douze travaux, tua un lion qui ravageait les campagnes de Némée, en Argolide.

— 3. *Arcadius sus*, le sanglier de l'Érymanthe. L'Érymanthe est une montagne d'Arcadie.

— 4. *Cretæ taurus*, le Minotaure.

— 5. *Lernæa.... colubris*, l'hydre, fléau de Lerne. Lerne est un marais d'Argolide. La tête de ce monstre était hérissée de serpents qui renaissaient sans cesse quand on les coupait; Hercule dut les trancher toutes à la fois.

— 6. *Vis Geryonai*, périphrase poétique, et hellénisme, pour Géryon lui-même. C'était un monstre à trois têtes, et même, suivant quelques mythologues, à trois corps (*tripectora*), qui régnait dans une île voisine de Gadès. Hercule le tua et enleva ses troupeaux.

— 7. *Diomedis equi*. Leur maître, roi de Thrace, les nourrissait de chair humaine.

— 8. *Bistoniasque plagas*. Les Bistons étaient un peuple de Thrace, sur les bords de la mer Égée. — *Ismara*, l'Ismare, montagne du même pays.

— 9. *Volucres.... colentes.* Hercule tua dans un marais voisin de Stymphale, en Arcadie, des oiseaux dont le bec perçait le fer. Lucrèce leur prête en outre des serres recourbées.

— 10. *Hesperidum.* Les mythologues plaçaient le jardin des Hespérides soit en Bétique, soit dans les îles de l'Océan, voisines des côtes d'Afrique. Cette dernière version semble adoptée par Lucrèce.

Page 170 : 1. *Quæ prælia.... insinuandum.* Ces luttes-là nous ne pouvons les éviter. Celui donc qui a désarmé les monstres qu'on appelle le vice, l'ignorance et la superstition, est plus grand, et a plus de droits à notre reconnaissance que les vainqueurs des lions et des dragons fabuleux.

— 2. *Divinitus.* Lucrèce, on le voit, se soucie peu de se mettre, par ses impressions poétiques, en contradiction avec ses doctrines matérialistes.

Voyez encore les passages suivants : sur les évolutions des astres (76-91) ; sur la destruction future du monde (93-110) ; contre l'opinion qui attribue aux dieux la puissance créatrice (156-181).

II.

Page 172 : 1. *Impetus ingens cœli*, tournure poétique pour *cælum quod ingenti impetu rapitur*.

— 2. *Avidam* pour *magnam*. Mot à mot : une partie qui semble avide de dévorer les autres, devant laquelle les autres ne paraissent plus, tant elle les dépasse en grandeur.

— 3. *Duas partes*, pour *duas ex tribus partibus*, les deux tiers ; expression fréquemment employée.

— 4. *Geli*, genitif de *gelus* ou *gelum*, forme archaïque, pour l'indéclinable *gelu*.

— 5. *Vitai*, dans le sens de *victus*.

— 6. *Cimus*, parfait de *cieo*. Ce verbe a pour régime sous-entendu *fruges* ou *germina*, substantifs dont le sens se trouve contenu au vers précédent dans l'épithète *fecundas*.

Page 174 : 1. *Anni tempora.* Pendant les mois d'août et de septembre il se manifestait à Rome des fièvres d'un caractère très-dangereux.

— 2. *Tum porro.* Comme dernier reproche adressé à la Nature, le poëte insiste sur la faiblesse et le dénuement de l'homme dans sa première enfance.

— 3. *Infracta loquela.* La nourrice, pour se mettre à la portée de l'enfant, affecte de balbutier comme lui, d'adoucir la prononciation des consonnes, d'abréger les mots.

III.

Page 176 : 1. *Atque eadem gigni.* Ils ont eu un commencement, comme ils doivent avoir une fin.

— 2. *Principio.* Lucrèce passe successivement en revue les quatre prétendus éléments, et cherche à démontrer qu'ils sont tous sujets à périr.

— 3. *Ad diluviem revocatur.* Lucrèce suppose que les mêmes molécules ont subi plusieurs fois ce double changement d'eau en terre et de terre en eau.

— 4. *Quodcumque alid* (pour *aliud*) *auget.* Tous les principes qui ont servi à former un corps, sont restitués par ce corps, lorsqu'il se décompose. C'est ainsi que les particules de terre qui avaient été délayées et absorbées par l'eau, sont plus tard reconstituées sous leur forme première, si cette eau vient à s'évaporer par l'action du soleil, ou par quelque autre cause physique.

— 5. *Terra limatur.* La terre est entamée parce qu'elle forme à ses dépens tout ce qui sort de son sein.

— 6. *Recrescit.* La terre répare ses pertes parce que les éléments de tous les êtres qu'elle a formés viennent, quand ceux-ci se décomposent, se confondre de nouveau dans son sein.

Page 178 : 1. *Retroque remanat.* Système bizarre, et que Lucrèce ne cherche même pas à expliquer.

— 2. *Agmine dulci.* L'eau est redevenue douce parce qu'elle a déposé en se filtrant dans la terre toute saveur amère.

— 3. *Fluere omnia.* Il y a ainsi un échange perpétuel entre les corps qui s'écoulent dans l'air, et l'air qui reconstitue les corps.

Page 180 : 1. *Suppeditatque....lumen.* La lumière est pour Lucrèce une émission de particules lumineuses distinctes et qui se succèdent avec une rapidité si grande que cette succession échappe à nos regards.

— 2. *Eii,* datif archaïque pour *ei*.

— 3. *Pingues multa fuligine.* La résine épaisse produit en brûlant une fumée abondante.

—4. *Ardore ministro.* Lucrèce emploie ici *ministro* comme participe.

Page 182 : 1. *Subortu*, par une création successive de rayons: c'est le sens de *suboriri*, naître après un autre, à la place d'un autre.

— 2. *Denique.* Ce mot dans Lucrèce n'est pas seulement employé pour indiquer la dernière partie d'une énumération ; il n'est souvent qu'une simple transition comme *deinde*, *præterea*.

— 3. *Monumenta virum*, par opposition à *delubra Deum.*

— 4. *Neque enim.* Le poëte veut dire que ces pierres ne se détachent pas subitement, mais que la lente action du temps les ruine, les désagrége peu à peu, et en prépare la chute définitive.

— 5. *Privata fragore.* Si ces pierres n'étaient brisées, fendues à l'intérieur, elles ne tomberaient pas si facilement.

— 6. *Quod quidam memorant.* Certains physiciens de la plus haute antiquité grecque, et parmi eux, Anaximandre, prétendaient que l'air ou le ciel (αἰθήρ) est le principe élémentaire de tout ce qui existe.

Page 184 : 1. *Bellum Thebanum*, la guerre des Sept chefs qui eut lieu vers 1320, avant Jésus-Christ, environ cinquante ans avant la guerre de Troie.

— 2. *Multa.* L'art de la navigation était alors plus avancé chez les Romains qu'il ne l'avait été chez les Grecs.

— 3. *Melicos peperere sonores.* Il y avait pourtant bien des siècles que la lyre, la flûte, etc., étaient connues des Grecs. Lucrèce veut dire sans doute que ces instruments ont été perfectionnés au point qu'ils semblent comme inventés une seconde fois.

— 4. *Natura hæc rerumque ratioque*, figure appelée hendiadyin (ἓν διὰ δυεῖν) pour *hæc ratio naturæ*, l'Épicuréisme.

— 5. *Antehac*, dans un autre âge, dont le souvenir serait absolument effacé.

Page 186 : 1. *Si tristior... ruinasque.* Voici le raisonnement de Lucrèce : De ce que de tels désastres se sont produits à la surface du monde, on peut induire que si la cause qui les provoquait eût été plus énergique encore, le globe terrestre lui-même aurait pu sauter en éclats et être anéanti.

—2. *Tantum suppeditant amnes.* Les fleuves fournissent sans cesse tant d'eau à la mer, que celle-ci ne peut être tarie par les rayons dévorants du soleil.

— 3. *Incepti*, entreprise qui consisterait à ensevelir sous les eaux la terre tout entière.

Page 188 : 1. *Quum semel... in arris*. Ainsi chacun de ces deux éléments, l'eau et le feu, a obtenu une fois un triomphe passager.

— 2. *Ambens*. Parmi les commentateurs les uns regardent ce participe comme un exemple unique de contraction pour *ambedens*, dévorant; les autres comme une contraction de *ambiens*, dans sa course autour du monde.

— 3. *Phaethonta*. Phaéthon, fils d'Apollon, ayant arraché à son père le serment solennel de souscrire à ce qu'il lui demanderait, voulut conduire pendant une journée le char du soleil. Mais les chevaux ne reconnaissant pas la main qui les guidait d'ordinaire, s'emportèrent hors de leur route, et causèrent de terribles catastrophes dans le ciel et sur la terre.

— 4. *Pereunt res*; comme il est arrivé dans le cas unique où le feu a triomphé.

— 5. *Multos urbes*. Allusion au déluge de Deucalion.

Voyez encore un passage sur la position de la terre au centre du monde (535-564), et un autre passage extrêmement curieux sur la dimension que Lucrèce attribue au soleil et à la lune (564-584).

IV.

Page 190 : 1. *Mundi... scatere*. D'après cette hypothèse, il n'y aurait qu'une ouverture dans la voûte du ciel, qu'une source unique par laquelle s'échapperaient les principes ignés (*elementa vaporis*) du monde entier.

— 2. *Prata... redundet*. La comparaison n'est pas bien juste; le ruisseau ne devient fleuve que parce que des sources ou des affluents grossissent son cours. Il eût été plus à propos de citer certaines sources qui sortent de terre par des canaux étroits, et forment à leur naissance des cours d'eau importants, comme le Timave dont parle Virgile, *Énéide*, I, 184, 185.

— 3. *Est etiam quoque....* Seconde hypothèse.

Page 192 : 1. *Quod genus*, comme en grec ὃν τρόπον.

— 2. *Forsitan et...* Troisième hypothèse.

— 3. *Itere*, forme archaïque pour *itinere*.

— 4. *Labefactos aere multo*. Le char du Soleil, en fendant l'air, dans sa course rapide, éprouve une résistance qui épuise à la longue l'énergie de ses rayons lumineux.

— 5. *Matuta.* Cette déesse était appelée Ino ou Leucothoé chez les Grecs. Elle devançait l'Aurore, et lui préparait des voies dans le ciel.

— 6. *Solis.... gigni.* Dans cette hypothèse, le soleil ne serait pas un astre permanent, mais une agrégation d'atomes ignés, qui se formerait chaque matin pour s'évanouir le soir.

Page 194 : 1. *Idæis e montibus altis.* L'Ida en Phrygie était une des montagnes les plus élevées des contrées grecques, une de celles par conséquent où il était le plus naturel d'observer les phénomènes que présente le soleil levant.

— 2. *Dispersos ignes.* Les premiers feux de l'aurore paraissent en effet dispersés sur l'horizon tout entier ; ils se resserrent peu à peu, à mesure qu'approche le lever de l'astre et sont tous enfin comme absorbés dans le disque solaire, quand il apparaît.

— 3. *Multa.... tempore fiunt.* On ne peut comparer la précision mathématique de la révolution solaire aux phases de la végétation, de la température, de la vie humaine, etc...., où l'on peut dire que la régularité dans l'ensemble se compose d'irrégularités dans le détail.

— 4. *Dentes cadere.* Il s'agit de la chute des premières dents, qui, vers l'âge de sept ans, tombent et sont remplacées.

— 5. *Sol idem*, le soleil restant toujours le même. On a vu plus haut que Lucrèce avait admis comme possible une hypothèse bizarre, d'après laquelle le soleil ne serait qu'une agglomération de feux, renouvelée à chaque aurore.

Page 196 : 1. *Imparibus anfractibus.* Le soleil décrit des courbes d'inégale longueur, suivant les différentes époques de l'année, soit au-dessus, soit au-dessous de notre horizon.

— 2. *Orbem.* La sphère céleste, et en même temps notre globe terrestre, sur lequel on trace fictivement l'écliptique décrite par le soleil dans le ciel.

— 3. *Quod.... detraxit*, ce qu'il a donné en moins pour la durée des jours à l'un des deux hémisphères.

— 4. *Ad id signum*, le Bélier au printemps, et la Balance en automne.

— 5. *Nodus.* On appelle nœuds les deux points d'intersection de l'écliptique avec l'équateur.

— 6. *Flatus Aquilonis et Austri.* Le vent du nord et le vent du midi servent à désigner le point d'où ils soufflent : le pôle nord et le pôle sud.

— 7. *Cælum*, le point du ciel où se trouve le soleil, quand il passe à l'équateur aux mois de mars et de septembre.

— 8. *Metas*, les deux tropiques appelés aussi *metæ* (bornes) parce qu'ils bornent la course du soleil sur l'écliptique. Ce passage est difficile, et le sens en est fort controversé. On peut encore lire et expliquer ainsi : — *Nam medio cursu flatus* (accusatif) *Aquilonis et Austri distinet, æquato cælum discrimine metans.* Car le soleil au milieu de sa course annuelle, à égale distance du nord au sud, partage le ciel dans son évolution en deux parties de même grandeur.

— 9. *Posituram.* Le passage du soleil à l'équateur a lieu à cause de la position inclinée du zodiaque.

— 10. *Signis*, les douze signes du zodiaque, imaginés par les astronomes anciens pour préciser les différentes phases de la révolution solaire annuelle.

— 11. *Aut quia crassior.... aer.* Seconde hypothèse. Lucrèce, au lieu de se contenter de la première hypothèse, qui est suffisante, en imagine deux autres fort absurdes, mais qui se rattachent de plus près à son système atomistique.

— 12. *Tremulum*, tremblant, vacillant à cause des obstacles qu'il rencontre dans sa course.

— 13. *Aut etiam.... ignes.* Troisième hypothèse, qui se rapporte à cette supposition énoncée plus haut d'un soleil se reformant chaque jour.

— 14. *Certa de parte.* Dans une même partie de l'horizon à l'orient, et non pas au même point.

Voyez encore le passage où Lucrèce expose si poétiquement l'hypothèse d'une lune se reformant chaque jour (730-750).

V.

Page 198 : 1. *Mollia.* Dans le monde, à sa naissance, tout devait être tendre, délicat.

— 2. *Magnum certamen*, une lutte entre les arbres à qui s'élèvera le plus haut.

— 3. *Inde loci*, archaïsme pour *inde, postea.*

— 4. *Mortalia sæcla*, non-seulement les hommes, mais les autres êtres animés, soumis comme lui à la mort.

— 5. *Multaque.... terris*. Les anciens s'imaginaient voir des phénomènes de génération spontanée chez de nombreux insectes et même chez les grenouilles.

Page 200 : 1. *Ova relinquebant*. Du moment que Lucrèce admet la génération spontanée des espèces par la combinaison de la chaleur et de l'humidité dans le sein de la terre, il est naturel qu'il admette aussi l'existence de l'œuf ou de l'embryon comme ayant précédé celle de l'être parfait.

— 2. *Mortalia sæcla*. Cette expression a un sens plus restreint qu'au vers 12 : ici elle désigne uniquement l'espèce humaine.

Page 202 : 1. *Montibus*; la partie pour le tout. Il s'agit ici non-seulement des animaux qui peuplent les montagnes, mais encore de tous les quadrupèdes qui vivent sur la terre.

— 2. *Finem.... habere*. Tout a une fin, selon Lucrèce, et la fécondité de la terre, comme tout le reste.

Voyez encore un beau passage sur les espèces qui ont dû disparaître depuis la création (853-875), et un autre, non moins curieux, dans lequel le poëte nie que les Centaures et les Chimères aient jamais pu exister (876-898).

VI.

Page 202 : 1. *Durius*. Les organes de l'homme primitif avaient conservé quelque chose de la dureté de la terre, qui, selon le bizarre système d'Épicure, les avait formés de son sein.

Page 204 : 1. *Robustus*, épithète générique de *arator*. Ce n'est pas à dire que les hommes primitifs ne fussent pas robustes ; Lucrèce vient d'affirmer le contraire.

— 2. *Scibat*, et à la page suivante *scibant*, formes archaïques pour *sciebat, sciebant*.

— 3. *Dia*, divins, c'est-à-dire, précieux, puisqu'ils suffisaient à l'alimentation de l'homme.

— 4. *Miseris*. Lucrèce rapproche souvent cette épithète de *mortalibus*, parce que, selon lui, dans la vie, les maux sont plus fréquents que les biens.

Page 206 : 1. *Valere.... doctus*. Les hommes n'usaient de leurs forces et ne vivaient alors que pour la satisfaction de leurs instincts.

— 2. *Pauca*, quelques animaux plus forts et que les hommes ne pouvaient vaincre.

Page 209 : 1. *Nec plangore*. Lucrèce combat dans ses vers l'opinion de certains philosophes qui croyaient qu'aux premiers temps du monde, les hommes, quand venait la nuit, poussaient des cris de terreur et redoutaient d'éternelles ténèbres. Mais le retour régulier du jour et de la nuit avait dû bientôt les rassurer. Les éclipses seules ont toujours eu le privilége d'exciter chez les peuples ignorants des craintes superstitieuses.

— 2. *Domo*, l'asile qu'ils avaient choisi au milieu des broussailles pour y passer la nuit.

— 3. *Plus*. Quoique les hommes fussent exposés alors à la férocité des bêtes sauvages, la vie moyenne n'était guère plus courte que de nos jours pour des raisons que le poëte développe avec éloquence aux vers 71 et suivants.

Page 210 : 1. *Servarat*. La fuite les avait sauvés de la mort, mais après qu'ils avaient reçu de graves blessures.

— 2. *Tremulas*, tremblantes de douleur et de fièvre.

— 3. *Donicum*, forme archaïque pour *donec*.

— 4. *Temere*, à la légère, au hasard, et non pour châtier l'audace de l'homme, puisqu'il ne naviguait pas encore. — *Incassum*, sans résultat fatal pour le genre humain. — *Leviter*, comme *temere*, sans calcul.

— 5. *Inde*. C'est le second âge de l'humanité.

Page 212 : 1. *Superbum*, altier, violent. Les parents devinrent doux et faibles; les caresses de leurs enfants amollirent leur rude et sauvage nature.

— 2. *Balbe*. L'homme ne savait encore que bégayer.

— 3. *Casti*. Ce nominatif pluriel se rapporte à l'idée de *homines* comprise dans *bona pars*, et est, pour le sens, l'équivalent de l'adverbe *caste*.

— 4. *Abuti*, pour *uti*, se construisait avec l'accusatif dans la vieille langue latine.

Page 214 : 1. *Illis*, avec ces cornes dont il sent qu'il sera bientôt armé; il croit déjà s'en servir et frapper son ennemi.

—2. *Tremulum*; épithète transportée de *pennis* à *auxiliatum*. Les ailes encore inhabiles du jeune oiseau tremblent et le soutiennent à peine.

— 3. *Proinde*. C'est la réfutation de la doctrine pythagoricienne, reprise par Platon dans le Cratyle, et d'après laquelle un seul homme aurait inventé et enseigné le langage.

— 4. *Mutæ*, qui n'ont pas un langage articulé comme celui de l'homme.

Page 216 : 1. *Ricta*, forme archaïque pour *rictus*.

— 2. *Baubantur*. Ce mot exprime par onomatopée le hurlement triste et prolongé du chien.

— 3. *De rictu.... repugnant*. Le cri des animaux quand ils se disputent leur subsistance ou défendent leur proie n'est pas le même que dans les autres circonstances.

Page 218 : 1. *Tum*, aux premiers âges du monde.

— 2. *Illud.... requiras*. Lucrèce arrive maintenant à rechercher l'origine du feu.

— 3. *Et ramosa.... æstuat*. C'est la deuxième cause qui provoque la naissance de la flamme, le frottement.

— 4. *Et micat...., ardor*. Il est vrai qu'en frottant violemment deux morceaux de bois l'un contre l'autre on peut les échauffer jusqu'à en faire jaillir la flamme, mais que des arbres en se courbant les uns contre les autres sous l'effort du vent se soient spontanément embrasés, c'est un phénomène dont on ne cite aucun exemple.

— 5. *Utrumque.... ignem*. Ces deux causes sont la foudre et le frottement.

Page 220 : 1. *Novis rebus et igni*. C'est comme s'il y avait *igne novis rebus admoto*, le feu servant à préparer des aliments nouveaux.

— 2. *Res*, les biens autres que le sol et les troupeaux.

— 3. *Tartara tetra*, le noir Tartare, c'est-à-dire, la mort, ou peut-être seulement une obscure et misérable condition.

Page 222 : 1. *Ergo regibus occisis*. Lucrèce a parlé dans les vers précédents des catastrophes auxquelles expose la recherche du pouvoir. Voici maintenant ce qui est arrivé dans les premiers siècles, après que le peuple se fut lassé de la tyrannie des rois.

— 2. *Inde*, pour ce motif, pour remédier à cet état de choses.

— 3. *Partim*. Cet adverbe est employé comme sujet pour *nonnulli*.

Page 224 : 1 *Hanc.... arum*. Les hommes, après avoir renversé les tyrans qui les avaient opprimés, sacrifièrent à leur sécurité privée la liberté dont ils jouissaient, et passèrent de la démagogie sous le joug d'une autorité sévère, monarchique ou aristocratique, suivant les pays.

— 2. *Unde*, par suite de l'évolution qui donna l'empire à la loi.

— 3. *Protraxe*, forme archaïque, et crase pour *protraxisse*.

Voyez encore le passage où Lucrèce recherche les causes qui ont répandu chez tous les peuples de la terre la croyance à l'existence des Dieux (1160-1196).

VII.

Page 224 : 1. *Velatum*. Quand on offrait un sacrifice, on s'approchait de l'autel, la tête voilée.

— 2. *Ad lapidem*, vers l'image du dieu, image qui est faite en pierre ou en marbre.

— 3. *Pandere palmas*, ouvrir les paumes de la main, c'est-à-dire, tendre les mains renversées : c'était le geste des suppliants au pied des autels.

Page 226 : 1. *Mage*, forme archaïque pour *magis*.

— 2. *Ecquæ*, forme archaïque pour *ecqua*.

— 3. *Labentia*, à cause des révolutions qu'accomplissent, non les cieux eux-mêmes, *mœnia mundi*, mais les astres dont la voûte céleste est parsemée.

— 4. *Conrepunt membra pavore*. Certains commentateurs voient à tort dans cette expression une transposition poétique pour *irrepit membris pavor*. Lucrèce veut dire que, sous l'empire de la crainte, l'homme se courbe, se prosterne, rampe à terre. Il lui semble que plus il se fera humble, plus il aura chance d'échapper au péril.

Page 228 : 1. *Corripiunt.... timore*. Bon nombre de commentateurs entendent ainsi ce vers : *perculsi timore Dictum corripiunt membra*, ramassent leurs membres, se font petits.

— 2. *Induperatorem*, forme archaïque pour *imperatorem*.

— 3. *Quæsit*, 3ᵉ personne du singulier de *quæso*, qui n'est resté usité qu'à la première personne.

— 4. *Ad vada lethi*, métaphore tirée des bas-fonds où se brisent les navires. Lucrèce l'a sans doute choisie, parce qu'il s'agit du chef d'une flotte battue par la tempête.

— 5. *Vis abdita*, la fatalité, selon Lucrèce.

Tout dans ce beau livre est intéressant; ainsi voyez encore (1240-1280) le passage sur la découverte des métaux.

VIII.

Page 230 : 1. *Tibi*, est explétif.

— 2. *Æris*. Les anciens désignaient par le mot grec χαλκὸς et le mot latin *as*, soit le cuivre pur, soit le plus souvent des alliages de ce métal avec le zinc, le plomb et l'étain, ou même l'or et l'argent. Dans ces premiers temps dont parle Lucrèce il ne peut s'agir que des alliages les plus simples, comme par exemple du cuivre avec le plomb ; ce qui formait une sorte de bronze peu résistant.

— 3. *Vasta*; parce que les armes qui les faisaient étaient grossières et pesantes.

— 4. *Ollis*. Les inventeurs des premières armes triomphaient facilement des autres hommes nus et désarmés.

— 5. *Versaque in opprobrium*; parce que les faux ou faucilles d'airain ne servirent plus que dans les pratiques de la magie pour couper, la nuit, les herbes vénéneuses.

— 6. *Creperi*, mot archaïque qui a le sens de *dubii*.

Page 232 : 1. *Boves Lucas*, les éléphants, ainsi appelés parce que ce fut en Lucanie que les Romains virent pour la première fois ces éléphants dans la guerre contre Pyrrhus.

— 2. *Pœni*. Les Carthaginois avaient fait des éléphants une des principales forces de leurs armées.

— 3. *Alid*, forme archaïque pour *aliud*.

— 4. *Mœnere*, forme archaïque pour *munere*.

— 5. *Sævisque magistris*. Il fallait que les conducteurs de ces lions les traitassent avec une extrême rigueur pour s'en faire obéir, et encore ne pouvaient-ils guère réussir, *nequidquam*.

Page 234 : 1. *Sævi*. Ils étaient exaspérés par les traits dont ils étaient percés.

— 2. *Transvorsa*, forme archaïque pour *transversa*.

Page 236 : 1. *Quierint*, (e bref) de *queo*.

— 2. *Et magis orbi*. Ce passage est très-obscur. Outre le sens que nous avons donné, il y a encore celui-ci : On supposerait plutôt qu'un pareil fait se fût produit dans un autre monde, moins bien organisé que le nôtre, parce que ce fait nous semble à nous, hommes raisonnables, un pur acte de démence.

Voyez encore comment l'homme apprit à tisser la laine, puis à planter et à greffer (1348-1378).

IX

Page 238 : 1. *Satiate*, forme archaïque pour *satietate*.

— 2. *Solatia somni*, s.-ent. *quibus se ipsi fraudabant* : ils se privaient volontiers de sommeil pour prolonger leurs fêtes.

— 3. *Supera*, forme archaïque pour *supra*. Ils effleuraient de leurs lèvres la partie supérieure des chalumeaux.

Page 240 : 1. *Numerum*, crase pour *numerorum*.

— 2. *Neque hilo*, pour *et nihilo*.

— 3. *Dulcedini'*, pour *dulcedinis*.

— 4. *Terrigenarum*, de ces hommes des premiers siècles encore rapprochés de l'époque où, suivant le poëte, ils étaient nés de la terre (*e terra geniti*).

X.

Page 240 : 1 *Pelles*, la possession des peaux dont ils se revêtaient pour se garantir du froid.

— 2. *In altum*, en pleine mer, c'est-à-dire, au milieu des agitations, des tempêtes.

— 3. *Perdocuere*. Le soleil et la lune enseignent clairement le cours des saisons.

Page 242 : 1. *Propterea*. Tant que l'écriture n'avait pas existé, les événements n'avaient pu être transmis que par la tradition orale qui les eut bientôt altérés et même complétement dénaturés.

— 2. *Cetera.... præmia*, les autres avantages de ce genre, par opposition à *delicias vitæ*, les raffinements de la vie, les arts de pur agrément.

ARGUMENT ANALYTIQUE

DES MORCEAUX EXTRAITS DU LIVRE SIXIÈME.

I. Éloge d'Épicure. Athènes doit être fière d'avoir donné le jour à ce philosophe qui apprit aux humains à bannir la crainte et le désir, et à triompher des maux par la connaissance de la vérité.

II. Lucrèce étudie la nature de la foudre. L'éclair est produit par les semences ignées accumulées dans les nuages.

III. La foudre n'est point une arme aux mains des dieux, comme le pense le vulgaire; elle frappe au hasard, et les temples eux-mêmes ne sont point épargnés.

IV. Les vastes flancs de l'Etna sont creux; l'air y pénètre, s'y échauffe, embrase les rochers qui l'emprisonnent, et s'élance par le cratère, entraînant avec lui des matières liquéfiées.

V. Lucrèce est incertain sur les causes qui provoquent les crues du Nil. Sont-ce les vents étésiens qui, soufflant du nord, arrêtent le cours du fleuve? Sont-ce des ensablements qui ferment son embouchure? Sont-ce des pluies périodiques ou la fonte des neiges qui produisent ce phénomène?

VI. Les maladies contagieuses sont occasionnées par le déplacement des éléments qui flottent dans l'atmosphère.

VII. La peste, partie d'Égypte, vint fondre sur Athènes l'an 430 av. Jésus-Christ. Lucrèce décrit les symptômes de cet effroyable fléau, les douleurs atroces qui précédaient la mort, et les scènes de désolation dont Athènes fut alors le théâtre.

LIVRE SIXIÈME.

I. — LE SAGE EST LE BIENFAITEUR DE L'HUMANITÉ.

(V. 1-48.)

Primæ frugiferos fœtus mortalibus ægris
Dididerunt quondam præclaro nomine Athenæ,
Et recreaverunt vitam, legesque rogarunt [1],
Et primæ dederunt solatia dulcia vitæ,
Quum genuere virum [2], tali cum corde repertum,
Omnia veridico qui quondam ex ore profudit,
Cujus et exstincti, propter divina reperta,
Divolgata vetus jam ad cœlum gloria fertur.
 Nam quum vidit hic, ad victum quæ flagitat usus,
Et per quæ possint vitam consistere tutam,
Omnia jam ferme mortalibus esse parata,
Divitiis homines et honore et laude potentes
Affluere, atque bona natorum excellere fama,
Nec minus esse domi cuiquam tamen anxia corda,

I

 C'est Athènes, cette ville fameuse, qui, la première, fit connaître les moissons aux mortels infortunés ; c'est elle qui leur procura une vie nouvelle sous l'empire des lois ; c'est elle enfin qui leur fournit des consolations contre les malheurs de la vie, en donnant le jour à ce sage dont la bouche fut l'organe de la vérité, dont les découvertes divines ont étonné l'univers, et dont la gloire, victorieuse du trépas, s'élève maintenant jusqu'aux cieux.
 Ce grand homme, considérant que les mortels, avec la plupart des ressources qu'exigent les besoins et la conservation de la vie, avec des richesses, des honneurs, de la réputation, des enfants bien nés, n'en étaient pas moins la proie de chagrins intérieurs, et ne pouvaient

LIVRE SIXIÈME.

I. — LE SAGE EST LE BIENFAITEUR DE L'HUMANITÉ.

Athenæ nomine præclaro
dididerunt quondam primæ
mortalibus ægris
fœtus frugiferos,
et recreaverunt vitam,
rogaruntque leges,
et dederunt primæ
dulcia solatia vitæ,
quum genuere virum,
repertum cum corde tali,
qui profudit quondam
omnia
ex ore veridico,
cujus et exstincti,
vetus gloria divolgata
fertur jam ad cœlum,
propter reperta divina.
   Nam quum hic vidit
jam ferme omnia
quæ usus flagitat
ad victum,
et per quæ possint
consistere vitam tutam,
esse parata mortalibus,
homines potentes
et honore et laude
affluere divitiis,
atque excellere
bona fama natorum,
et tamen corda
non esse minus anxia domi
cuiquam,

Athènes d'un nom illustre
répandit jadis la première
pour les (parmi les) mortels souffrants
les productions qui-donnent-les-blés,
et elle ranima la vie,
et elle porta les lois,
et elle donna la première
les douces consolations de la vie,
lorsqu'elle enfanta un homme, [telle,
qui s'est trouvé avec une intelligence
qui répandit jadis
toute chose
de sa bouche véridique,
duquel même étant mort
l'ancienne gloire répandue
est portée maintenant au ciel,
à cause de ses découvertes divines.
   Car lorsque celui-ci vit
maintenant presque toutes les choses
que le besoin exige
pour la nourriture, [sent
et par lesquelles ils (les hommes) puis-
établir la vie sûre,
être acquises aux mortels,
les hommes puissants [nommée)
et par l'honneur et par l'éloge (la re-
regorger de richesses,
et être-supérieurs [fants,
par la bonne réputation de leurs en-
et cependant les cœurs
n'être pas moins inquiets à l'intérieur
à-qui-que-ce-soit (à tous),

Atque animum infestis cogi servire querelis [1];
Intellexit ibi vitium vas [2] efficere ipsum,
Omniaque illius vitio corrumpier [3] intus,
Quæ conlata [4] foris et commoda cunque venirent;
Partim quod fluxum pertusumque esse videbat,
Ut nulla posset ratione explerier unquam,
Partim quod tetro quasi conspurcare sapore
Omnia cernebat, quæcunque receperat intus.
 Veridicis igitur purgavit pectora dictis,
Et finem statuit cuppedinis atque timoris,
Exposuitque bonum summum, quo tendimus omnes,
Quid foret, atque viam monstravit tramite prono,
Qua possemus ad id recto contendere cursu,
Quidve mali foret in rebus mortalibu' passim,
Quod flueret naturali [5], varieque volaret,
Seu casu, seu vi, quod sic Natura parasset;
Et quibus e portis [6] occurri cuique deceret;
Et genus humanum frustra plerumque probavit
Volvere curarum tristes in pectore fluctus.
Nam veluti pueri trepidant, atque omnia cæcis

s'empêcher de gémir comme des esclaves dans les fers, comprit que tout le mal venait du vase même, qui, étant vicié, corrompt et aigrit ce qu'on y verse de plus précieux, soit que, perméable et privé de fond, il reçoive toujours sans jamais se remplir, soit qu'intérieurement souillé, il infecte de son noir poison tout ce qu'il renferme.

Il commença donc par purifier le cœur humain, en y versant la vérité. Il mit des bornes à ses désirs, le guérit de ses alarmes, lui fit connaître la nature de ce bien suprême auquel nous aspirons tous, la voie la plus facile et la plus courte pour y parvenir. Il lui apprit quels sont les maux auxquels le pouvoir irrésistible de la Nature assujettit tous les mortels, et qui viennent assaillir l'homme sous mille formes, ou par une irruption fortuite, ou par un effet nécessaire des dispositions de la Nature. Il lui apprit de quel côté l'âme doit se mettre en défense contre leurs assauts, et combien sont vaines ces sombres inquiétudes qu'elle nourrit trop souvent au fond d'elle-même. Car si les enfants s'effrayent de tout pendant la nuit, nous-mêmes

atque animum cogi	et l'âme être forcée
servire querelis infestis,	d'être-l'-esclave de plaintes funestes,
intellexit vas ipsum	il comprit le vase lui-même
efficere ibi vitium,	faire là le mal,
omniaque,	et toutes les choses,
quæcunque venirent	quelles-que-fussent-celles-qui venaient
conlata foris	apportées du dehors
et commoda,	et avantageuses,
corrumpier intus	être corrompues à l'intérieur
vitio illius ;	par le défaut de ce vase ;
partim quod videbat	en-partie parce qu'il voyait ce vase
fluxum pertusumque,	coulant et troué, [moyen
ut posset nulla ratione	de-sorte-qu'il ne pouvait par aucun
explerier unquam,	être rempli jamais,
partim quod cernebat	en-partie parce qu'il voyait ce vase
quasi conspurcare omnia,	comme souiller toutes choses, [rieur,
quæcunque receperat intus,	toutes-celles-qu'il avait reçues à l'inté-
sapore tetro.	par une saveur infecte.
Purgavit igitur pectora	Il purifia donc les cœurs
dictis veridicis,	par des paroles véridiques,
et statuit finem	et il établit une limite
cuppedinis atque timoris,	du désir et de la crainte,
exposuitque	et il exposa
bonum summum	le bien suprême
quo omnes tendimus,	où tous nous tendons,
quid foret,	quel il était,
atque monstravit viam	et il a indiqué une route
tramite prono,	d'un sentier incliné (facile),
qua possemus contendere	par-où nous pourrions tendre
ad id	vers ce bien
cursu recto,	par une course directe,
quidve mali foret passim	ou quoi de mal (quel mal) était çà-et-là
in rebus mortalibus,	dans les choses mortelles,
quod flueret,	lequel mal découlait,
volaretque varie,	et volait sous-des-formes-diverses,
seu casu naturali,	soit par un hasard naturel,
seu vi,	soit par une force naturelle, [ainsi ;
quod natura parasset sic ;	parce que la nature avait disposé cela
et e quibus portis	et de quelles portes [chacun,
deceret occurri cuique ;	il convenait qu'on-allât-au-devant-de
et probavit	et il prouva
genus humanum	le genre humain
volvere frustra plerumque	rouler en-vain la-plupart-du-temps
in pectore	dans son cœur
tristes fluctus curarum.	les tristes flots des soucis. [blent,
Nam veluti pueri trepidant,	Car de-même-que les enfants trem-
atque metuunt omnia	et craignent toute chose

In tenebris metuunt ; sic nos in luce timemus
Interdum nihilo quæ sunt metuenda magis quam
Quæ pueri in tenebris pavitant, finguntque futura.
Hunc igitur terrorem animi, tenebrasque necesse est
Non radii solis, nec lucida tela diei
Discutiant, sed Naturæ species, ratioque ;
Quo magis inceptum pergam pertexere dictis.
 Et quoniam docui mundi mortalia templa
Esse, et nativo consistere corpore cœlum,
Et quæcunque in eo fiunt fientque, necesse
Esse ea dissolvi, quæ restant percipe porro,
Quandoquidem semel insignem conscendere currum
Vincendi spes [1] hortata est, atque obvia cursu
Quæ fuerant, sunt placato conversa furore.

II. — COMMENT SE FORME LA FOUDRE.
(V. 238-293.)

Fulmina quo pacto gignantur, et impete tanto
Fiant ut possint ictu discludere turres,
Disturbare domos, avellere tigna trabesque,
Et monumenta virum demoliri atque ciere,

en plein jour, nous sommes les jouets de terreurs aussi frivoles. Pour dissiper ces craintes et ces ténèbres, il est besoin non des rayons du soleil et de la lumière du jour, mais de l'étude réfléchie de la Nature. Aussi continuerai-je mon œuvre avec d'autant plus d'ardeur.

 Je vous ai enseigné que l'édifice du monde est périssable, que le ciel a commencé, que tous les corps qui naissent et naîtront dans son enceinte ne peuvent échapper à la dissolution. Écoutez maintenant les vérités qu'il me reste à vous découvrir, puisque l'espérance de vaincre m'a engagé à monter sur le char éclatant de la gloire, et que les obstacles qui s'opposaient à ma course se sont aplanis devant moi.

II

 Comment se forme la foudre ? Comment acquiert-elle assez de force pour fendre les tours d'un seul coup, pour abattre les maisons, arracher les solives et les poutres, ébranler et détruire les monu-

in tenebris cæcis,	dans les ténèbres obscures,
sic nos timemus interdum	ainsi nous nous craignons parfois
in luce	en *plein* jour
quæ sunt	des choses qui ne sont
nihilo magis metuenda	en rien plus à-craindre
quam quæ pueri pavitant	que *celles* dont les enfants ont-peur
in tenebris,	dans les ténèbres,
finguntque futura.	et *qu'ils* s'imaginent devoir arriver.
Necesse est igitur	Il est nécessaire donc
non radii solis,	non que les rayons du soleil,
nec tela lucida diei,	ni les traits lumineux du jour,
sed species Naturæ	mais que le spectacle de la Nature
ratioque	et que la réflexion
discutiant hunc terrorem,	dissipent cette terreur,
tenebrasque animi;	et *ces* ténèbres de l'âme ;
quo pergam magis	par quoi je continuerai davantage
pertexere dictis inceptum.	à achever par *mes* paroles la chose com-
Et quoniam docui	Et puisque j'ai enseigné [mencée.
templa mundi	les espaces du monde
esse mortalia,	être sujets-à-la mort,
et cœlum consistere	et le ciel être-composé
corpore nativo,	d'un corps qui-a-reçu-la-naissance,
et esse necesse	et être nécessaire
quæcunque fiunt	tous-les-*corps*-qui se font
et fient in eo,	et se feront en lui,
ea dissolvi,	ces *corps* être dissous, [à *l'apprendre*,
percipe porro quæ restant,	apprends ensuite les *vérités* qui restent
quandoquidem spes vincendi	puisque l'espoir de vaincre
hortata est semel	m'a engagé une fois
conscendere	à monter
currum insignem,	sur un char brillant,
atque quæ fuerant	et *que* les *obstacles* qui avaient été
obvia cursu	opposés à *ma* course
conversa sunt,	ont été changés,
furore placato.	*leur* fureur ayant été apaisée.

II. — COMMENT SE FORME LA FOUDRE.

Expediam quo pacto	J'expliquerai de quelle manière
fulmina gignuntur,	les foudres sont produites, [grande
et fiant impete tanto	et deviennent d'une impétuosité si-
ut possint	qu'elles peuvent
discludere turres ictu,	fendre les tours d'un coup,
disturbare domos,	renverser les maisons,
avellere tigna trabesque,	arracher les solives et les poutres,
et demoliri atque ciere	et détruire et ébranler
monumenta virum,	les monuments des hommes,

Exanimare homines, pecudes prosternere passim.
Cetera de genere hoc qua vi facere omnia possint,
Expediam, neque te in promissis¹ plura morabor.

    Fulmina gignier e crassis alteque putandum est
Nubibus exstructis ; nam cœlo nulla sereno,
Nec leviter densis mittuntur nubibus unquam :
Nam dubio procul hoc fieri manifesta docet res,
Quod tunc per totum concrescunt aera nubes
Undique, uti tenebras omnes Acherunta reamur
Liquisse, et magnas cœli complesse cavernas :
Usque adeo, tetra nimborum nocte coorta,
Impendent atræ Formidinis ora ² superne,
Quum commoliri tempestas fulmina cœptat.

    Præterea, persæpe niger quoque per mare nimbus,
Ut picis e cœlo demissum flumen, in undas
Sic cadit, et fertur tenebris procul, et trahit atram
Fulminibus gravidam tempestatem atque procellis,
Ignibus ac ventis cumprimis ipse repletus,
In terra quoque ut horrescant, ac tecta requirant.

ments des hommes, donner la mort aux hommes eux-mêmes, étendre sans vie les troupeaux et exercer mille autres ravages de cette nature? Je vais vous l'expliquer sans différer plus longtemps.

    La foudre ne se forme que dans des nuages épais et accumulés les uns sur les autres à une hauteur considérable. Jamais elle ne jaillit d'un ciel serein ou voilé de nuages légers : c'est ce que prouve l'expérience, puisque, dans les premiers moments où l'orage prépare ses traits, les nuages s'épaississent dans toute l'étendue de l'atmosphère; on croirait que toutes les ténèbres ont quitté l'Achéron pour remplir les profondes cavités des cieux ; une nuit effrayante nous couvre de ses voiles ; la Terreur est suspendue sur nos têtes.

    Quelquefois un nuage noirâtre, semblable à un fleuve de poix qui descendrait du ciel, fond en eau et répand les ténèbres dans le lointain, traînant à sa suite les ouragans, les tempêtes, les foudres, et rempli lui-même de feux et de vents si terribles, que, sur la terre

exanimare homines,	priver-de-vie les hommes,
prosternere passim pecudes,	abattre çà-et-là les troupeaux,
qua vi possint	j'*expliquerai* par quelle force elles peu-[vent
facere omnia cetera	faire toutes-les-autres choses
de hoc genere,	de ce genre,
neque morabor te plura	et je ne te retarderai pas plus
in promissis.	dans des promesses.
Putandum est	Il faut penser
fulmina gignier	les foudres être produites
e nubibus crassis	de nuages épais
exstructisque alte;	et accumulés à-une-grande-hauteur;
nam nulla	car aucunes *foudres*
mittuntur unquam	ne sont envoyées jamais
cœlo sereno,	d'un ciel serein,
nec nubibus leviter densis :	ni de nuages légèrement (peu) épais :
nam res manifesta	car la réalité manifeste [(possible)
docet procul dubio	enseigne loin du doute (sans doute
hoc fieri;	cela arriver;
quod tunc nubes	parce qu'alors les nuages
concrescunt undique	s'épaississent de-toute-part
per aera totum,	à travers l'air tout-entier,
uti reamur	de-sorte-que nous croyons
omnes tenebras	toutes les ténèbres
liquisse Acherunta,	avoir quitté l'Achéron,
et complesse	et avoir rempli
magnas cavernas cœli :	les grandes cavités du ciel :
usque adeo,	jusqu'à-un-tel-point, [(les nuages)
nocte tetra nimborum coorta,	la nuit affreuse des nuages (formée par s'étant élevée,
ora atræ Formidinis	les traits de la sombre Terreur
impendent superne,	*nous* menacent d'en-haut,
quum tempestas cœptat	lorsque la tempête commence
commoliri fulmina.	à mettre-en-mouvement les foudres.
Præterea,	En-outre,
persæpe quoque	très-souvent aussi, [vrant la mer)
nimbus niger per mare	un nuage noir à travers la mer (cou-
cadit in undas sic	tombe en eaux ainsi
ut flumen picis	comme un fleuve de poix
demissum e cœlo,	descendu du ciel,
et fertur procul tenebris,	et est porté au-loin avec les ténèbres,
et trahit	et traîne
atram tempestatem	une noire tempête
gravidam fulminibus	chargée de foudres
atque procellis,	et de coups-de-vent, [(surtout)
repletus ipse cumprimis	rempli lui-même parmi les premiers
ignibus ac ventis,	de feux et de vents,
ut quoque in terra	de-sorte-que même sur la terre

Sic igitur supera nostrum caput esse putandum est
Tempestatem altam[1] ; neque enim caligine tanta
Obruerent terras, nisi inædificata superne
Multa forent multis exempto nubila sole ;
Nec tanto possent hæc terras opprimere imbri,
Flumina abundare ut facerent, camposque natare,
Si non exstructis foret alte nubibus æther.
His igitur ventis atque ignibus omnia plena
Sunt ; ideo passim fremitus et fulgura fiunt ;
Quippe etenim supra docui, permulta vaporis
Semina habere cavas nubes, et multa necesse est
Concipere ex solis radiis ardoreque eorum.
Hic, ubi ventus eas idem qui cogit in unum
Forte locum quemvis, expressit[2] multa vaporis
Semina, seque simul cum eo commiscuit igni ;
Insinuatus ibi vortex versatur in alto[3],
Et calidis acuit fulmen fornacibus intus[4] :
Nam duplici ratione accenditur : ipse sua nam
Mobilitate calescit, et e contagibus ignis.

même, les hommes saisis d'effroi cherchent un asile sous leurs toits. Telle doit être la profondeur des nuages orageux qui se forment au-dessus de nos têtes. La terre ne serait point ensevelie dans une aussi profonde nuit, si la lumière du soleil n'était interceptée par des amas de nuages ; et les pluies ne tomberaient pas sur la terre avec assez d'abondance pour gonfler les rivières et inonder les campagnes, si la région éthérée n'était remplie de nuages accumulés à une hauteur prodigieuse.

Partout il y a ainsi des feux et des vents. Voilà pourquoi de tous côtés on entend des tonnerres, on voit des éclairs. Car je vous ai déjà enseigné que la cavité des nuages est remplie de semences de feu, dont le nombre est encore augmenté par les rayons et la chaleur du soleil. Lorsque le vent, après avoir rassemblé tous ces nuages dans un même lieu, en a tiré un grand nombre de molécules ignées avec lesquelles il se mêle, alors un tourbillon s'introduisant dans la masse nuageuse, s'agite dans les espaces célestes et aiguise les traits de la foudre au milieu de cette fournaise ardente. Car ce tourbillon s'échauffe de deux manières, ou par sa propre rapidité ou par le contact du feu. Lorsque le vent s'est échauffé par sa propre

horrescant,	*les* hommes frissonnent,
ac requirant tecta.	et cherchent *leurs* abris.
Putandum est igitur sic	Il faut penser donc ainsi
tempestatem esse altam	la tempête être haute
supera nostrum caput;	au-dessus de notre tête;
neque enim nubila	ni en effet les nuages
obruerent terras	ne couvriraient les terres
caligine tanta,	d'une obscurité si-grande,
nisi multa	si beaucoup *de nuages* [(en haut)
forent inædificata superne	n'avaient été amoncelés dans-les-airs
multis	sur beaucoup *de nuages*
sole exempto ;	le soleil ayant été écarté;
nec hæc possent	ni ces *nuages* ne pourraient
opprimere terras	couvrir les terres
imbri tanto,	d'une pluie si-grande,
ut facerent	qu'ils fissent
flumina abundare,	les fleuves déborder,
camposque natare,	et les plaines nager (être inondées),
si æther non foret	si l'air n'était pas
nubibus exstructis alte.	*formé* de nuages entassés haut.
Omnia igitur sunt plena	Tous les *lieux* donc sont pleins
his ventis atque ignibus;	de ces vents et de *ces* feux ;
fremitus et fulgura	des grondements et des éclairs
fiunt ideo passim ;	ont-lieu à-cause-de-cela çà-et-là ;
quippe etenim docui supra	car en effet j'ai enseigné plus-haut
nubes cavas habere	les nuages creux avoir
permulta semina vaporis,	de très-nombreux germes de feu,
et necesse est	et il est nécessaire
concipere multa	*ces nuages en* prendre beaucoup
ex radiis solis	des rayons du soleil
ardoreque eorum.	et de la chaleur de ces *rayons*.
Hic, ubi idem ventus	Alors, quand le même vent
qui cogit eas forte	qui rassemble *ces* nuages par hasard
in unum locum quemvis,	dans un lieu quelconque,
expressit	*en* a tiré
multa semina vaporis,	beaucoup de germes de feu,
seque commiscuit simul	et s'est mêlé en-même-temps
cum eo igni,	avec ce feu,
ibi vortex insinuatus	alors un tourbillon qui s'y est introduit
versatur in alto,	tourne en haut,
acuitque fulmen intus	et aiguise la foudre à l'intérieur
calidis fornacibus ;	dans de chaudes fournaises;
nam accenditur	car *ce tourbillon* est allumé
duplici ratione :	d'une double manière :
nam calescit ipse	car il s'échauffe de lui-même
sua mobilitate,	par sa mobilité,
et e contagibus ignis.	et par les contacts du feu.

Inde ubi percaluit vis venti, vel gravis ignis
Impetus incessit[1], maturum tum quasi fulmen
Perscindit subito nubem, ferturque coruscis
Omnia luminibus lustrans loca percitus ardor.
Quem gravis insequitur sonitus, displosa repente
Opprimere ut cœli videantur templa superne.
Inde tremor terras graviter pertentat, et altum
Murmura percurrunt cœlum ; nam tota fere tum
Tempestas concussa tremit, fremitusque moventur.
Quo de concussu sequitur gravis imber et uber,
Omnis uti videatur in imbrem vertier æther,
Atque ita præcipitans ad diluviem revocare :
Tantus, discidio nubis ventique procellâ,
Mittitur, ardenti sonitus quum provolat ictu !

III. — LA FOUDRE FRAPPE AU HASARD.
(V. 386-421.)

Quod si Jupiter atque alii fulgentia Divi
Terrifico quatiunt sonitu cœlestia templa,
Et jaciunt ignes, quo cuique est cunque voluntas,
Cur, quibus incautum scelus aversabile cunque est,

violence, ou par l'impression de la flamme, la foudre mûre en quelque sorte, crève le nuage, et le feu céleste, lancé avec rapidité, répand partout sa lumière étincelante. Un bruit affreux se fait entendre, comme si la voûte des cieux, brisée tout à coup, tombait en éclats sur nos têtes. Alors le globe est ébranlé par un tremblement général. Un murmure terrible parcourt le firmament d'un pôle à l'autre. Car tous les nuages s'agitent et retentissent à la fois, et de cette secousse universelle naissent les flots d'une pluie si abondante, qu'on croirait que le ciel tout entier va se résoudre en eau, et noyer la terre par un nouveau déluge : tant est violente la tempête, lorsque les nuages se déchirent, que les vents grondent, et que la foudre éclate dans les airs !

III

Si c'est Jupiter et les autres dieux qui ébranlent les voûtes éclatantes du monde avec un bruit menaçant, et qui lancent la foudre partout où il leur plaît, que ne percent-ils d'outre en outre ces scé-

Inde ubi vis venti percaluit,	Puis quand la violence du vent s'est échauffée-entièrement,
vel impetus gravis ignis incessit,	ou que l'impétuosité forte du feu est survenue,
tum fulmen quasi maturum perscindit subito nubem	alors la foudre, comme mûre déchire subitement la nue,
ardorque percitus fertur lustrans omnia loca luminibus coruscis.	et le feu lancé-vivement est porté éclairant tous les lieux de lumières étincelantes.
Quem sonitus gravis insequitur,	Lequel *feu* un bruit fort suit,
ut templa cœli superne videantur displosa repente opprimere.	de-sorte-que les espaces du ciel en-haut paraissent éclatant soudainement écraser *les hommes*.
Inde tremor pertentat graviter terras,	De là un tremblement ébranle fortement les terres,
et murmura percurrunt cœlum altum ;	et des murmures parcourent le ciel élevé ;
nam tum tempestas fere tota concussa tremit,	car alors la tempête presque tout-entière ébranlée tremble,
fremitusque moventur.	et des grondements sont excités (se font [entendre].
De quo concussu imber gravis et uber sequitur,	Après laquelle secousse une pluie pesante et abondante suit,
uti omnis æther videatur vertier in imbrem,	de-sorte-que tout l'air paraît être changé en pluie,
atque præcipitans ita revocare ad diluviem :	et se précipitant ainsi ramener *la terre* au déluge :
tantus mittitur discidio nubis procellaque venti,	si-violent *l'air* s'abat par le déchirement de la nue et par l'ouragan du vent,
quum sonitus provolat ictu ardenti !	quand le bruit s'élance avec un coup brûlant !

III. — LA FOUDRE FRAPPE AU HASARD.

Quod si Jupiter atque alii Divi	Que si Jupiter et les autres dieux
quatiunt sonitu terrifico templa cœlestia fulgentia,	ébranlent avec un bruit effrayant les espaces-du-ciel brillants,
et jaciunt ignes quocunque voluntas est cuique,	et jettent les feux, partout-où la volonté est à chacun d'*eux*,
cur non faciunt ut quibuscunque est scelus aversabile incautum,	pourquoi ne font-ils pas que tous-ceux-auxquels est un crime odieux dont-ils-ne-se-sont-pas-gardés,

Non faciunt, icti flammas ut fulguris halent,
Pectore perfixo, documen mortalibus acre?
Et potius nullæ[1] sibi turpis consciu' rei
Volvitur in flammis innoxius inque peditur,
Turbine cœlesti subito conreptus et igni?

Cur etiam loca sola petunt frustraque laborant?
An tum brachia consuescunt firmantque lacertos?
In terraque Patris cur telum[2] perpetiuntur
Obtundi? Cur ipse sinit, neque parcit in hostes?

Denique, cur nunquam cœlo jacit undique puro
Jupiter in terras fulmen, sonitusque profundit?
An, simul ac nubes successere, ipse in eas tum
Descendit, prope ut hinc teli determinet ictus?
In mare qua porro mittit ratione? quid undas
Arguit, et liquidam molem camposque natantes?

Præterea[3], si vult caveamus fulminis ictum,
Cur dubitat facere ut possimus cernere missum?
Si necopinantes autem vult opprimere igni,
Cur tonat ex illa parte[4], ut vitare queamus?

lérats qui se livrent sans réserve aux crimes les plus odieux, et dont la mort serait pour les autres hommes un exemple redoutable? Au lieu que des infortunés qui n'ont point de reproches à se faire, point de fautes à expier, sont enveloppés dans les flammes et dévorés tout à coup par les tourbillons du feu céleste.

D'un autre côté, pourquoi perdent-ils leurs peines à frapper les lieux solitaires? Est-ce afin d'accoutumer leurs bras? d'assurer leurs coups? Pourquoi souffrent-ils que les traits du père des dieux s'émoussent sur la terre? Et lui-même, pourquoi le permet-il au lieu de les réserver contre ses ennemis?

Enfin, pourquoi Jupiter ne lance-t-il jamais sa foudre, ne fait-il jamais gronder son tonnerre, quand le ciel est serein? Descend-il au milieu des nuages qui viennent de se former pour ajuster ses coups de plus près? Mais pourquoi les faire tomber sur la mer? Que reproche-t-il aux flots, à cette masse liquide, à ces plaines flottantes?

D'ailleurs, s'il veut que nous évitions la foudre, que ne nous en laisse-t-il apercevoir le coup? Si son intention est de nous surprendre, pourquoi nous faire connaître par le tonnerre de quel côté nous

icti halent	frappés exhalent
flammas fulguris,	les flammes de la foudre,
pectore perfixo,	la poitrine transpercée,
documen acre mortalibus?	enseignement énergique pour les mor-[tels?
Et potius	Et pourquoi plutôt
conscius sibi	celui-qui-n'a-conscience en-lui-même
nullæ rei turpis,	d'aucune action honteuse,
volvitur	est-il roulé
impediturque in flammis	et est-il enveloppé dans les flammes
innoxius,	*étant* innocent,
conreptus subito	saisi subitement
turbine cœlesti et igni?	par un tourbillon céleste et par le feu?
Cur etiam petunt	Pourquoi aussi visent-ils
loca sola,	les lieux solitaires,
laborantque frustra?	et prennent-ils-de-la-peine en-vain?
An tum consuescunt	Est-ce-qu'alors ils exercent
brachia	*leurs* bras,
firmantque lacertos?	et fortifient *leurs* muscles?
Curque perpetiuntur	Et pourquoi souffrent-ils
telum Patris	le trait du Père
obtundi in terra?	s'émousser sur la terre? [les ennemis?
Cur ipse sinit,	Pourquoi lui-même *le* permet-il, [contre
neque parcit in hostes?	et ne le ménage-t-il pas *pour le tourner*
Denique, cur Jupiter	Enfin, pourquoi Jupiter,
nunquam jacit fulmen	ne lance-t-il jamais la foudre
in terras,	sur les terres,
profunditque sonitus,	et ne répand-ils pas des bruits,
cœlo puro undique?	le ciel étant pur de-tous-côtés?
An simul ac nubes	Est-ce-que dès que les nuages
successere,	sont venus-sous *ses pieds*,
tum ipse descendit in eas,	alors lui-même descend dans ces *nuages*,
ut determinet prope hinc	pour qu'il ajuste près d'ici
ictus teli?	les coups de *son* trait?
An porro qua ratione	Ou-bien encore par quelle raison
mittit in mare?	*les* envoie-t-il sur la mer?
Quid arguit undas,	De quoi accuse-t-il les ondes,
et molem liquidam	et la masse liquide
camposque natantes?	et les plaines qui-nagent (la mer)?
Præterea, si vult	En outre, s'il veut [foudre,
caveamus ictum fulminis,	que nous prenions-garde au coup de la
cur dubitat facere [sum?	pourquoi hésite-t-il à faire
ut possimus cernere mis-	que nous puissions voir le jet?
Si autem vult	Mais s'il veut
opprimere igni	accabler par le feu
necopinantes,	*nous ne-nous-y-attendant-pas*,
cur tonat ex illa parte,	pourquoi tonne-t-il de ce côté, [dre?
ut queamus vitare?	de-sorte-que nous puissions éviter *la fou-*

Cur tenebras ante et fremitus et murmura concit?
Et simul in multas partes qui credere possis
Mittere, an hoc ausis nunquam contendere factum
Ut fierent ictus uno sub tempore plures?
At sæpe est numero factum, fierique necesse est,
Ut pluere in multis regionibus et cadere imbres,
Fulmina sic uno fieri sub tempore multa.
Postremo, cur sancta Deum delubra, suasque
Discutit infesto præclaras fulmine sedes,
Et bene facta Deum frangit simulacra, suisque
Demit imaginibus violento volnere honorem?
Altaque cur plerumque petit loca? plurimaque hujus
Montibus in summis vestigia cernimus ignis?

IV. — L'ETNA.
(V. 676-701.)

Nunc tamen, illa modis quibus irritata repente
Flamma foras vastis Ætnæ fornacibus efflet,
Expediam. Primum totius subcava montis
Est natura, fere silicum suffulta cavernis;
Omnibus est porro in speluncis ventus et aer;

devons éviter la foudre? Pourquoi ces grondements lointains, ces ténèbres, ces roulements qui en sont toujours les avant-coureurs?

Concevez-vous qu'il lance son trait en plusieurs lieux à la fois? Cependant vous ne pouvez le nier, sans démentir une expérience souvent répétée; il est nécessaire que la foudre, comme la pluie, puisse tomber en même temps de différents côtés.

Enfin, pourquoi son foudre destructeur renverse-t-il les temples des Immortels, et ces édifices superbes érigés en son propre honneur? Pourquoi briser les statues des dieux travaillées avec tant d'art, et par des coups indiscrets, diminuer la beauté de ses propres images? En un mot, pourquoi s'attaquer ordinairement aux lieux les plus élevés? Pourquoi laisser plus de traces de la foudre sur le sommet des montagnes que partout ailleurs?

IV

Mais tâchons maintenant d'expliquer la manière dont la flamme en fureur s'exhale soudainement des fournaises de l'Etna. D'abord toute la montagne est creuse intérieurement, et appuyée presque partout sur des cavernes de cailloux. Or, toutes les cavernes sont

Cur concit ante	Pourquoi met-il-en-mouvement auparavant
tenebras et fremitus	les ténèbres et les grondements
et murmura?	et les murmures?
Et qui possis credere	Et comment pourrais-tu croire
mittere simul	Jupiter envoyer *la foudre* à-la-fois
in multas partes?	en beaucoup de côtés?
An ausis contendere	Ou-bien oserais-tu prétendre
nunquam factum	n'être jamais arrivé
ut plures ictus fierent	que plusieurs coups eussent-lieu
sub uno tempore?	sous (en) un seul temps?
At factum est sæpenumero,	Mais il est arrivé souvent,
necesseque est fieri	et il est nécessaire qu'il arrive
multa fulmina fieri	beaucoup de foudres avoir-lieu (être lancées)
sub uno tempore,	sous (en) un seul temps,
sic ut pluere	ainsi qu'*il est nécessaire* pleuvoir
et imbres cadere	et les eaux (l'eau) tomber
in multis regionibus.	dans beaucoup de contrées.
Postremo cur discutit	Enfin pourquoi fracasse-t-il
fulmine infesto	avec une foudre ennemie
delubra sancta Deum,	les temples saints des dieux,
susque sedes præclaras,	et ses *propres* demeures brillantes,
et frangit simulacra Deum	et brise-t-il les statues des dieux
facta bene,	faites bien (artistement),
demitque honorem	et enlève-t-il de l'éclat
suis imaginibus	à ses *propres* images
vulnere violento?	par une blessure violente?
Curque petit plerumque	Et pourquoi vise-t-il la-plupart-du-temps
loca alta,	les lieux élevés,
cernimusque	et pourquoi voyons-nous
in montibus summis	sur les montagnes à-leurs-sommets
vestigia plurima	les traces les plus nombreuses
hujus ignis?	de ce feu?

IV. — L'ETNA.

Nunc tamen expediam	Maintenant cependant j'expliquerai
quibus modis illa flamma	de quelles manières cette flamme
irritata repente	irritée soudainement
efflet foras	s'exhale au-dehors
vastis fornacibus Ætnæ.	par les vastes fournaises de l'Etna.
Primum natura	D'abord la nature
montis totius	de la montagne tout-entière
est subcava,	est creuse en-dessous,
et suffulta fere	et appuyée presque-partout
cavernis silicum:	sur des cavernes de cailloux :
porro ventus et aer	or le vent et l'air
est in omnibus speluncis;	est (sont) dans toutes les cavernes;

Ventus enim fit, ubi est agitando [1] percitus aer.
Hic ubi percaluit [2], calefecitque omnia circum
Saxa furens, qua contingit, terramque, et ab ollis
Excussit calidum flammis velocibus ignem :
Tollit se, ac rectis ita faucibus [3] ejicit alte,
Funditque ardorem longe, longeque favillam
Differt, et crassa volvit caligine fumum ;
Extruditque simul mirando pondere saxa :
Ne dubites [4] quin hæc animaï turbida sit vis.

Præterea, magna ex parti [5] mare montis ad ejus
Radices frangit fluctus, æstumque resorbet :
Ex hoc usque mari speluncæ montis ad altas
Perveniunt subter fauces ; hac ire fatendum est,
Et penetrare animam penitus res cogit aperta,
Atque efflare foras, ideoque extollere flammas,
Saxaque subjectare, et arenæ tollere nimbos [6] :
In summo sunt vertice enim crateres [7], ut ipsi
Nominitant, nos quas fauces perhibemus et ora.

remplies de vents, et par conséquent d'air, puisque le vent n'est que l'air mis en agitation. Lorsque ce terrible élément s'est enflammé, et a communiqué sa ardeur aux rochers et à la terre, autour desquels il fait rage, et qu'il en a fait sortir des flammes rapides, des feux dévorants, il s'élève, s'élance directement par des gorges de la montagne, répand au loin la flamme et la cendre, roule une fumée noire et épaisse, et lance en même temps des rochers d'une si énorme pesanteur, qu'à ces effets on ne peut méconnaître l'impétuosité des vents.

D'ailleurs la mer baigne en grande partie le pied de cette montagne, sans cesse elle y brise et en ramène ses flots. Les cavernes règnent par-dessous terre, depuis la mer jusqu'aux gorges de la montagne. On ne peut douter que les vents n'entrent par ces ouvertures quand la mer s'est retirée, et ne dirigent leur souffle de là vers le sommet. Voilà pourquoi l'on voit les flammes s'élever en l'air, les rochers s'élancer au loin, et des nuages de sable se répandre de tous côtés. A la cime, sont ces larges entonnoirs par où s'échappent les vents : les Grecs les appellent cratères, et nous nous leur donnons le nom de gorges et de bouches.

ventus enim fit,	le vent en effet a-lieu,
ubi aer est percitus	lorsque l'air est ébranlé
agitando.	par le-fait-d'être-agité.
Ubi hic percaluit,	Dès-que celui-ci s'est échauffé entière- [ment,
furensque calefecit circum	et furieux a échauffé à-l'-entour
omnia saxa,	tous les rochers,
qua contingit,	par-où il *les* touche,
terramque,	ainsi-que la terre,
excussitque ab ollis	et qu'il a fait-sortir de ces choses
ignem calidum	un feu brûlant
flammis velocibus,	avec des flammes rapides,
se tollit,	il s'élève,
ac ita ejicit alte	et ainsi (alors) il s'élance en-haut
faucibus rectis,	par les gorges droites,
funditque ardorem longe,	et répand la chaleur au-loin,
differtque longe favillam,	et porte çà-et-là au-loin la cendre,
et volvit fumum	et roule une fumée
caligine crassa;	d'une obscurité épaisse;
extruditque simul	et pousse-dehors en-même-temps
saxa pondere mirando :	des rochers d'un poids étonnant :
ne dubites	pour que tu ne doutes pas
quin hæc vis turbida	que cette violence impétueuse
sit animaï.	ne soit la *violence* du vent.
Præterea	En outre
mare frangit fluctus,	la mer brise *ses* flots,
resorbetque æstum	et ravale (reprend) la vague
ex magna parti	en grande partie
ad radices ejus montis :	aux racines (aux pieds) de cette mon- [tagne :
speluncæ perveniunt subter	des cavernes s'étendent au-dessous
usque ex hoc mari	à-partir de cette mer [tagne;
ad fauces altas montis;	jusqu'aux gorges profondes de la mon-
fatendum est ire hac,	il faut avouer *le vent* circuler par-là,
et res aperta cogit	et la réalité manifeste force de reconnaî- [tre
animam	le vent
penetrare penitus,	pénétrer *par-là* intérieurement,
atque efflare foras,	et s'exhaler au-dehors,
ideoque extollere flammas,	et pour-cette raison élever les flammes,
subjectareque saxa,	et lancer des rochers,
et tollere nimbos arenæ :	et soulever des nuages de sable :
crateres enim,	des cratères en effet, [pellent,
ut ipsi nominitant,	comme eux-mêmes (les Grecs) *les* ap-
sunt in vertice summo,	sont au sommet le-plus-élevé,
quos nos perhibemus	lesquels *cratères* nous nous appelons
fauces et ora.	gorges et bouches.

V. — LE NIL.
(V. 711-736.)

Nilus in æstatem crescit, campisque redundat
Unicus in terris, Ægypti totius amnis.
Is rigat Ægyptum medium per sæpe¹ calorem
Aut quia sunt æstate aquilones² ostia contra,
Anni tempore eo quo etesia³ flabra feruntur,
Et contra fluvium flantes remorantur, et undas
Cogentes sursus, replent, coguntque manere :
Nam dubio procul⁴ hæc adverso flabra feruntur
Flumine, quæ gelidis a stellis axis aguntur ;
Ille ex æstifera parti⁵ venit amnis ab Austro,
Inter nigra virum percoctaque sæcla calore,
Exoriens penitus media ab regione diei.
  Est quoque uti possit magnus congestus arenæ
Fluctibus adversis oppilare ostia contra,
Quum mare permotum ventis ruit intus⁶ arenam :
Quo fit uti pacto liber minus exitus amni,
Et proclivus⁷ item fiat minus impetus undis.
  Fit quoque uti pluviæ⁸ forsan magis ad caput ejus,

V

Le Nil, ce fleuve sans pareil sur la terre, ce fleuve de toute l'Égypte s'accroît et inonde les campagnes à mesure que l'été s'avance. Ces débordements peuvent venir de ce que, dans cette saison, où règnent les vents étésiens, les aquilons soufflant à l'embouchure et contre la direction du fleuve, en suspendent le cours, en refoulent les ondes, en comblent le lit, et le forcent de s'arrêter. Car on ne peut douter que le souffle de ces vents ne soit opposé à la direction du fleuve, puisqu'ils viennent des constellations glacées du pôle boréal, tandis que le Nil prend sa source dans les régions du Midi, dans ces climats brûlants que le soleil visite au milieu de sa course, et dont les habitants sont noircis et dévorés par la chaleur.

Il se peut encore que de vastes amas de sables déposés à son embouchure forment une digue contre ces flots lorsque la mer, agitée par les vents, roule des sables; d'où il arrive que la décharge du fleuve est moins libre, et la pente de son lit, moins inclinée.

Il se peut aussi que les pluies soient plus abondantes à sa source,

V. — LE NIL.

Nilus,	Le Nil,
unicus in terris,	sans-pareil sur les terres (sur la terre),
amnis Ægypti totius,	fleuve de l'Égypte tout-entière,
crescit in æstatem,	croît *en avançant* dans l'été,
redundatque campis.	et déborde dans les plaines.
Is rigat Ægyptum	Celui-ci arrose l'Égypte
sæpe per medium calorem;	souvent au milieu de la chaleur;
aut quia æstate,	ou parce que l'été,
eo tempore anni	dans cette saison de l'année
quo flabra etesia	dans laquelle les souffles étésiens
feruntur,	sont portés (circulent),
aquilones sunt	les aquilons sont (soufflent)
contra ostia,	dans une-direction-opposée aux bouches,
et flantes contra fluvium	et soufflant contre le fleuve,
remorantur,	l'arrêtent,
et cogentes sursus undas,	et amassant en-haut les ondes,
replent,	remplissent *le fleuve*,
coguntque manere :	et le forcent à rester :
nam hæc flabra	car ces souffles
quæ aguntur	qui sont poussés
a stellis gelidis axis,	des constellations glacées du pôle,
feruntur procul dubio	sont portés (circulent) sans doute
flumine adverso;	le fleuve étant opposé (contre le courant
ille amnis venit	ce fleuve vient [du fleuve);
ex parti æstifera	du côté qui-amène-la-chaleur
ab Austro,	du midi,
exoriens inter sæcla virum	s'élevant parmi des races d'hommes [leil,
nigra percoctaque sole,	noires et entièrement-brûlées par le so-
ab regione diei	du-côté-de la région du jour [midi).
penitus media.	*qui est* tout à fait au milieu (en plein
Est quoque uti	Il est *possible* aussi que
magnus congestus arenæ	un grand entassement de sable
possit oppilare ostia	puisse fermer les bouches
contra	du-côté-opposé
fluctibus adversis,	aux flots venant-en-sens-contraire,
quum mare	lorsque la mer
permotum ventis	fortement-remuée par les vents
ruit arenam intus :	pousse le sable à-l'intérieur :
quo pacto fit uti	par laquelle façon il arrive que [fleuve,
exitus minus liber amni,	l'issue devienne moins libre pour le
et item impetus fiat	et que de même le cours devienne
minus proclivus undis.	moins incliné pour les ondes.
Fit quoque uti	Il arrive aussi que
pluviæ fiant forsan magis	les pluies ont-lieu peut-être davantage
ad caput ejus,	auprès de la source de ce *fleuve*,

Tempore eo fiant quo etesia flabra aquilonum
Nubila conjiciunt in eas tunc omnia¹ partes².
Scilicet ad mediam regionem ejecta diei,
Quum convenerunt, ibi ad altos denique montes
Contrusæ nubes coguntur, vique premuntur.
　　Forsit³ et Æthiopum penitus de montibus altis
Crescat, ubi in campos albas descendere ningues
Tabificis⁴ subigit radiis sol omnia lustrans⁵.

VI. — DES MALADIES CONTAGIEUSES.
(V. 1087-1134.)

　　Nunc, ratio quæ sit morbis, aut unde repente
Mortiferam possit cladem conflare coorta
Morbida vis hominum generi pecudumque catervis,
Expediam. Primum multarum semina rerum
Esse supra docui, quæ sint vitalia nobis ;
Et contra, quæ sint morbo mortique, necesse est
Multa volare : ea quum casu sunt forte coorta,
Et perturbarunt cœlum, fit morbidus aer :
Atque ea vis omnis morborum pestilitasque
Aut extrinsecus¹ ut nubes nebulæque, superne

dans cette saison où le souffle des vents étésiens chasse de ce côté les nuages, qui, rassemblés dans les régions du midi, s'accumulent et se condensent à la cime des plus hautes montagnes, et tombent enfin par la pression de leur pesanteur.

Peut-être aussi cette crue vient-elle des hautes montagnes d'Éthiopie, quand le soleil, dont les rayons embrassent toute la Nature, fond la blanche neige et la fait descendre à grands flots dans les plaines.

VI

Je vais maintenant vous expliquer la cause des maladies contagieuses, de ces fléaux terribles qui répandent tout à coup la mortalité sur les hommes et sur les troupeaux. Rappelez-vous d'abord que l'atmosphère est remplie d'une infinité d'atomes de toute espèce, dont les uns nous donnent la vie, les autres engendrent la maladie et le trépas. Quand le hasard a soulevé un grand nombre de ces derniers, l'air se corrompt et devient mortel. Toutes ces maladies actives et pestilentielles nous sont transmises d'un climat étranger par la voie de l'air, comme les nuages et les brouil-

eo tempore quo	dans cette saison dans laquelle
flabra etesia aquilonum	les souffles étésiens des aquilons
conjiciunt tunc	poussent-ensemble alors
omnia nubila	tous les nuages
in eas partes.	dans ces parties-là.
Scilicet ejecta	Sans-doute rejetés [(le midi),
ad regionem diei mediam,	vers la région du jour *qui est* au milieu
quum convenerunt,	lorsqu'ils se sont réunis,
ibi denique nubes	là enfin les nues [gnes
contrusæ ad altos montes	jetées-pêle-mêle vers les hautes monta-
coguntur,	s'amassent,
premunturque vi.	et sont pressées par *leur propre force*.
Forsit et crescat	Peut-être aussi pourrait-il-croître
de montibus penitus altis	des montagnes tout-à-fait hautes
Æthiopum,	des Éthiopiens,
ubi sol lustrans omnia	quand le soleil éclairant tout
subigit radiis tabificis	force par *ses* rayons dissolvants
ningues albas	les neiges blanches
descendere in campos.	à descendre dans les plaines.

VI. — DES MALADIES CONTAGIEUSES.

Expediam nunc	J'expliquerai maintenant
quæ ratio sit morbis,	quelle cause est aux maladies,
aut unde vis morbida	ou d'où la force morbifique
coorta repente	s'étant élevée soudainement
possit conflare	peut produire
cladem mortiferam	un désastre mortel
generi hominum	pour la race des hommes
catervisque pecudum.	et pour les troupes des bestiaux.
Primum docui supra	D'abord j'ai enseigné plus-haut
semina multarum rerum	les éléments de beaucoup d'atomes
esse,	exister,
quæ sint vitalia nobis;	qui sont vitaux pour nous;
et contra est necesse	et par-contre il est nécessaire
multa volare	beaucoup voler
quæ sint morbo mortique :	qui sont à maladie et à mort :
quum casu ea	lorsque accidentellement ceux-ci
coorta sunt forte,	se sont levés-ensemble par hasard,
et perturbarunt cœlum,	et ont troublé-complètement le ciel,
aer fit morbidus;	l'air devient malsain ;
atque omnis ea vis	et toute cette force
morborum	des maladies,
pestilitasque	et la peste
aut veniunt superne	ou viennent d'-en-haut
per cœlum	à travers le ciel
extrinsecus,	du-dehors,

Per cœlum veniunt, aut ipsa sæpe coorta
De terra surgunt, ubi putrorem¹ humida nacta est,
Intempestivis pluviisque et solibus icta.
    Nonne vides etiam cœli novitate et aquarum
Tentari, procul a patria quicunque domoque
Adveniunt ? ideo quia longa discrepat aer.
Nam quid Britannum cœlum differre putamus,
Et quod in Ægypto est, qua mundi claudicat axis,
Quidve, quod in Ponto² est, differre a Gadibus, atque
Usque ad nigra³ virum percoctaque sæcla calore ?
Quæ quum quattuor inter se diversa videmus
Quattuor a ventis et cœli partibus esse,
Tum color et facies hominum distare videntur
Largiter, et morbi generatim sæcla tenere.
    Est elephas morbus⁴, qui propter flumina Nili
Gignitur Ægypto in media, neque præterea usquam⁵.
Atthide tentantur gressus⁶, oculique in Achæis
Finibus : inde aliis alius locus est inimicus
Partibus ac membris ; varius concinnat id aer.

lards, ou s'élèvent du sein même de la terre, dont les glèbes humides ont été putréfiées par une alternative déréglée de pluie et de chaleur.

    Ne remarquez-vous pas encore que le changement d'air et d'eau affecte la santé du voyageur éloigné de sa patrie ? C'est qu'il y trouve un air trop différent de celui qu'il a coutume de respirer. Quelle différence en effet entre l'atmosphère des Bretons et celle de l'Égypte, où s'abaisse l'axe du monde ? Quelle différence entre le climat du Pont et celui de ces vastes régions qui s'étendent depuis Gadès jusqu'aux peuples brûlés par la chaleur du soleil ? Ces quatre pays, exposés à quatre vents, et situés sous quatre climats divers, diffèrent non-seulement par l'exposition, mais encore par la couleur et l'aspect de leurs habitants, et par la nature des maladies auxquelles ceux-ci sont sujets.

    L'éléphantiasis est une maladie qui naît sur les bords du Nil au milieu de l'Égypte, et nulle part ailleurs. Le climat de l'Attique est contraire aux jambes, celui des Achéens est malsain pour les yeux. D'autres pays attaquent d'autres parties du corps ; toutes ces diffé-

ut nubes nebulæque,	comme des nuages et des brouillards,
aut surgunt	ou s'élèvent
coorta sæpe	soulevés-ensemble souvent
de terra ipsa,	de la terre elle-même,
ubi humida nacta est	dès qu'humide elle a trouvé
putrorem,	la putréfaction, [soleils
icta pluviisque et solibus	ayant été atteinte par des pluies et des
intempestivis.	hors-de-saison.
Nonne vides etiam	Ne vois-tu pas aussi
quicunque adveniunt	tous-ceux-qui arrivent
procul a patria domoque	loin de *leur* patrie et de *leur* maison
tentari novitate	être éprouvés par la nouveauté
cœli et aquarum?	du ciel (du climat) et des eaux?
ideo quia	pour-cette-raison que
aer discrepat longe.	l'air diffère de loin (beaucoup).
Nam quid putamus	Car en quoi (combien) pensons-nous
cœlum Britannum, differre	le ciel (le climat) breton, différer,
et quod est in Ægypto,	et (de) *celui* qui est en Égypte,
qua axis mundi claudicat,	là-où l'axe du monde est incliné,
quidve,	ou en quoi (combien *pensons-nous*,
quod est in Ponto,	*celui* qui est dans le Pont,
differre a Gadibus,	différer de Gadès (du climat de Gadès),
atque usque ad sæcla virum	et jusqu'aux races des hommes [leil?
nigra percoctaque calore?	noires et brûlées-complétement du so-
Quæ quattuor	Lesquels quatre *points*
quum videmus	lorsque nous voyons
diversa inter se	opposés entre eux
esse a quattuor ventis	être-du-côté de quatre vents *différents*
et partibus cœli,	et de *quatre* parties différentes du ciel,
tum color et facies	alors la couleur et l'aspect
hominum	des hommes
videntur distare largiter,	paraissent différer largement, [ces
et morbi tenere sæcla	et des maladies *paraissent* tenir les ra-
generatim.	par-espèces.
Est morbus elephas,	Il est (il y a) la maladie éléphantiasis,
qui gignitur	laquelle est engendrée
propter flumina Nili	le-long-des cours (des eaux) du Nil,
in media Ægypto,	au milieu de l'Égypte,
neque usquam præterea.	et non en-quelque-lieu en-plus. [tique,
Gressus tentantur Atthide,	Les pas (les pieds) sont éprouvés en At-
oculique	et les yeux *le sont*
in finibus Achæis:	dans les territoires achéens:
inde alius locus	puis un autre lieu
est inimicus	est ennemi (funeste) [bres;
aliis partibus ac membris;	à d'autres parties et à *d'autres* mem-
aer varius	un air différent
concinnat id.	produit cela.

Proinde ubi se cœlum, quod nobis forte alienum est,
Commovet, atque aer inimicus serpere cœpit ;
Ut nebula ac nubes paulatim repit, et omne
Qua graditur, conturbat et immutare coactat ;
Fit quoque ut, in nostrum quum venit denique cœlum,
Corrumpat, reddatque sui simile, atque alienum.
Hæc igitur subito clades nova pestilitasque,
Aut in aquas cadit, aut fruges persidit in ipsas,
Aut alios hominum pastus pecudumque cibatus ;
Aut etiam suspensa manet vis aere in ipso,
Et quum spirantes mixtas hinc ducimus auras,
Illa quoque in corpus pariter sorberere necesse est.
Consimili ratione venit bubus quoque sæpe
Pestilitas, etiam pecubus[1] balantibus ægror.
Nec refert utrum nos in loca deveniamus
Nobis adversa, et cœli mutemus amictum[2] ;
An cœlum nobis ultro Natura cruentum
Deferat, aut aliquid quo non consuevimus uti[3],

rences viennent de l'atmosphère. Lors donc que l'air d'un pays étranger, doué d'une qualité dangereuse, se déplace et s'avance vers nous, il se traîne lentement comme un nuage ; il altère et corrompt toutes les régions de l'atmosphère par où il passe, et enfin, arrivé dans notre climat, il le corrompt, l'assimile à lui, et le rend funeste pour nous. Ce fléau d'une nouvelle espèce se répand en un moment dans les eaux, s'attache aux moissons, se mêle aux aliments des hommes et des troupeaux. Quelquefois son venin reste suspendu dans les airs, et nous ne pouvons respirer ce fluide ainsi mélangé, sans puiser en même temps le poison dont il est infecté. La contagion gagne de la même manière le bœuf laborieux et la brebis bêlante. Qu'importe donc que nous nous transportions nous-mêmes dans un climat malsain, sous un ciel nouveau, ou que la Nature

Proinde ubi cœlum,	Ainsi-donc quand un ciel (une partie
quod forte est	qui par hasard est [du ciel,)
alienum nobis,	contraire à nous,
se commovet,	se met-en-mouvement,
atque aer inimicus	et qu'un air ennemi (funeste)
cœpit serpere,	commence à s'avancer-lentement,
repit paulatim,	il se traîne insensiblement,
ut nebula et nubes,	comme un brouillard et un nuage,
et conturbat omne	et trouble-complétement tout *le ciel*
qua graditur,	par-là où il s'avance,
et coactat immutare.	et *le* force à changer.
Fit quoque ut,	Il arrive aussi que,
quum venit denique	lorsqu'il est venu enfin
in nostrum cœlum,	dans notre ciel,
corrumpat,	il *le* corrompt,
reddatque simile sui,	et *le* rend semblable à lui-même,
atque alienum.	et contraire *pour nous*.
Igitur hæc clades nova	Donc ce fléau nouveau
pestilitasque	et *cette* peste
aut cadit subito in aquas,	ou tombe subitement sur les eaux,
aut persidit	ou s'arrête
in fruges ipsas,	sur les céréales elles-mêmes,
aut alios pastus hominum	ou sur d'autres nourritures des hommes
cibatusque pecudum;	et *sur* les aliments des troupeaux;
aut etiam vis manet	ou même sa force reste
suspensa in aere ipso,	suspendue dans l'air lui-même,
et quum spirantes ducimus	et lorsque respirant nous aspirons
auras mixtas hinc,	les airs mélangés de là (de ces atomes),
est necesse	il est nécessaire
sorbere pariter in corpus	d'absorber en-même-temps dans le corps
illa quoque.	ces *atomes* aussi.
Pestilitas venit	La peste vient
sæpe quoque	souvent aussi
ratione consimili	d'une manière semblable
bubus,	aux bœufs,
ægror etiam	et la maladie aussi
pecubus balantibus.	aux troupeaux bêlants.
Nec refert utrum	Et il n'importe pas si
nos deveniamus in loca	nous arrivons dans des lieux
adversa nobis,	contraires à nous,
et mutemus	et si nous changeons [veloppe),
amictum cœli,	le manteau du ciel (l'air qui nous en-
an Natura	ou-si la Nature
deferat ultro nobis	apporte d'elle-même à nous
cœlum cruentum,	un ciel sanglant (mortel),
aut aliquid	ou quelqu'*élément*
quo non consuevimus uti,	dont nous n'avons-pas coutume d'user.

Quod nos adventu possit tentare recenti.

VII. — LA PESTE D'ATHÈNES.
(V. 1135-1281.)

   Hæc ratio quondam morborum et mortifer æstus [1]
Finibu' Cecropiis funestos reddidit agros,
Vastavitque vias [2], exhausit civibus urbem.
Nam penitus veniens Ægypti e finibus ortus,
Aera permensus multum camposque natantes,
Incubuit tandem populo Pandionis [3]; omnes
Inde catervatim morbo mortique dabantur.
Principio [4] caput [5] incensum fervore gerebant,
Et duplices oculos suffusa luce rubentes.
Sudabant etiam fauces intrinsecus atro
Sanguine, et ulceribus vocis via septa coibat;
Atque animi interpres manabat lingua cruore,
Debilitata malis, motu gravis, aspera tactu.
Inde, ubi per fauces pectus complerat, et ipsum
Morbida vis in cor mœstum confluxerat ægris;
Omnia tum vero vital claustra lababant.
Spiritus ore foras tetrum volvebat odorem,

nous amène un air pestilentiel et des atomes étrangers, dont l'irruption soudaine cause notre trépas?

VII

   Une maladie de cette espèce, causée par des vapeurs mortelles, désola jadis les contrées où régna Cécrops, rendit les chemins déserts, et dépeupla cette ville. Née au fond de l'Égypte, après avoir franchi les espaces immenses des airs et des mers, elle s'abattit enfin sur les murs de Pandion ; et tous les habitants à la fois furent la proie de la maladie et de la mort. Le mal s'annonçait par un feu dévorant qui se portait à la tête. Les yeux devenaient rouges et enflammés. L'intérieur du gosier était baigné d'une sueur de sang noir, le canal de la voix fermé et resserré par des ulcères, et la langue, cette interprète de l'âme, était souillée de sang, affaiblie par la douleur, pesante, rude au toucher. Ensuite, quand l'humeur était descendue de la gorge dans la poitrine, et s'était rassemblée autour du cœur malade, alors tous les soutiens de la vie s'ébranlaient à la fois. La bouche exhalait une odeur fé-

MORCEAUX CHOISIS. LIVRE VI. 285

quod possit tentare nos adventu recenti.	qui puisse éprouver nous par *son* arrivée récente.

VII. — LA PESTE D'ATHÈNES.

Quondam	Jadis
hæc ratio morborum	ce genre de maladies
et æstus mortifer	et une chaleur mortelle [railles
reddidit agros funestos	rendit les campagnes pleines-de-funé-
finibus Cecropiis,	dans le territoire de Cécrops,
vastavitque vias,	et rendit-désertes les routes,
exhausit urbem civibus.	épuisa la ville de citoyens.
Nam veniens	Car arrivant
ortus penitus	étant née au-fond
e finibus Ægypti,	du territoire de l'Égypte,
permensus aera multum	ayant traversé un air étendu
camposque natantes,	et les plaines liquides,
incubuit tandem	elle (cette chaleur) s'abattit enfin
populo Pandionis ;	sur le peuple de Pandion ;
inde omnes dabantur	de là tous étaient donnés
morbo mortique	à la maladie et à la mort
catervatim.	par-troupes.
Principio gerebant caput	D'abord ils portaient la tête
incensum fervore,	brûlée par la chaleur,
et duplices oculos	et les deux yeux [sous.
rubentes luce suffusa.	rouges par l'éclat *du sang* répandu-des-
Fauces etiam	Le gosier aussi
sudabant intrinsecus	suait à-l'intérieur
sanguine atro,	par un sang noir,
et via vocis coibat	et le canal de la voix se resserrait
septa ulceribus ;	entouré d'ulcères ;
atque lingua,	et la langue,
interpres animi,	interprète de l'âme,
manabat cruore,	dégouttait de sang,
debilitata malis,	affaiblie par ces maux (ces ulcères),
gravis motu,	pesante par le mouvement,
aspera tactu.	âpre au toucher.
Inde, ubi vis morbida	Puis, quand la force morbifique
complerat pectus	avait rempli la poitrine
per fauces,	en s'insinuant par le gosier,
et confluxerat ægris	et avait afflué pour les malades
in cor ipsum mœstum ;	dans leur cœur même abattu ;
tum vero	alors de-plus
omnia claustra vitaï	toutes les barrières de la vie
lababant.	chancelaient.
Spiritus volvebat foras	La respiration roulait au-dehors
ore	par la bouche

Rancida quo perolent projecta cadavera ritu.
Atque animi prorsum vires totius, et omne
Languebat corpus, lethi jam limine in ipso :
Intolerabilibusque malis erat anxius angor
Assidue comes, et gemitu commixta querela.
Singultusque frequens noctem per sæpe diemque
Conripere assidue nervos, et membra coactans,
Dissolvebat eos, defessos ante fatigans.
Nec nimio cuiquam posses ardore tueri
Corporis in summo summam fervescere partem,
Sed potius tepidum manibus proponere tactum ;
Et simul ulceribus quasi inustis omne rubere
Corpus, ut est, per membra sacer quum diditur ignis[1].
Intima pars homini vero flagrabat ad ossa ;
Flagrabat stomacho flamma, ut fornacibus, intus ;
Nil adeo posset cuiquam leve tenueque membris
Vertere in utilitatem ; ad ventum et frigora semper,
In fluvios partim gelidos ardentia morbo
Membra dabant, nudum jacientes corpus in undas ;

tide, semblable à celle des cadavres corrompus. L'âme perdait toutes ses forces, et le corps languissant paraissait déjà toucher le seuil de la mort. A ces maux insupportables se joignaient, et le tourment d'une inquiétude continuelle, et des plaintes mêlées de gémissements. Des sanglots redoublés le jour et la nuit irritaient les nerfs, contractaient les membres, déliaient les articulations, et épuisaient ces malheureux qui succombaient déjà à la fatigue. Cependant les corps à la surface ne paraissaient point trop brûlants et ne faisaient éprouver au toucher qu'une impression de tiédeur. Mais ils étaient couverts de rougeur, comme s'ils eussent été remplis d'ulcères enflammés ou que le feu sacré se fût répandu dans les membres. Une ardeur intérieure dévorait jusqu'à leurs os. La flamme bouillonnait dans leur estomac comme dans une fournaise. Les étoffes les plus légères, les plus minces, étaient un fardeau pour eux. Toujours exposés à l'air et au froid, les uns, dans l'ardeur qui les dévorait, se précipitaient au milieu des fleuves glacés, et plongeaient leurs membres nus dans les ondes ; les autres se jetaient

odorem tetrum,	une odeur fétide,
quo ritu perolent	de la manière dont sentent-fort
cadavera rancida projecta.	les cadavres infects jetés-dehors.
Atque vires animi totius	Et les forces de l'âme entière
prorsum,	*languissaient* complètement,
et omne corpus languebat,	et tout le corps languissait,
jam in limine ipso lethi :	déjà sur le seuil même du trépas :
angorque anxius	et l'inquiétude qui-tourmente
erat assidue comes	était assidûment compagne
malis intolerabilibus,	à (de) ces maux intolérables,
et querela	ainsi-que la plainte
commixta gemitu.	mêlée de gémissement.
Sæpeque	Et souvent
per noctem diemque	pendant la nuit et le jour
singultus frequens	un hoquet fréquent [nerfs,
corripere assidue nervos,	*se mettait* à saisir continuellement les
et coactans membra,	et contractant les membres,
dissolvebat eos,	dissolvait eux (brisait les malades),
fatigans defessos ante.	épuisant *eux* fatigués auparavant.
Nec posses tueri	Et tu n'aurais pu voir
partem summam	la partie qui-est-à-la-surface
fervescere cuiquam	s'échauffer pour quelqu'un
in summo corporis	à la surface du corps
ardore nimio,	par une chaleur excessive,
sed potius	mais plutôt
proponere manibus	offrir aux mains
tactum tepidum ;	un toucher tiède ;
et simul omne corpus	et en-même-temps tout le corps
rubere	être-rouge [dedans,
quasi ulceribus inustis,	comme par des ulcères enflammés-au-
ut est,	comme il arrive,
quum ignis sacer	lorsque le feu sacré
diditur per membra.	est répandu à travers les membres.
Pars vero intima	De-plus la partie intérieure
flagrabat homini	brûlait pour l'homme
ad ossa ;	jusqu'aux os ;
flamma flagrabat intus	une flamme brûlait intérieurement
stomacho,	dans l'estomac,
ut fornacibus ;	comme dans des fournaises ;
adeo nil leve tenueque	tellement rien de léger ni de fin
posset vertere cuiquam	n'aurait pu tourner pour quelqu'un
in utilitatem membris ;	en utilité pour *ses* membres ;
semper ad ventum et frigora,	toujours au vent et aux froids,
partim dabant	en-partie (les uns) donnaient (jetaient)
in fluvios gelidos	dans les fleuves frais
membra ardentia morbo,	*leurs* membres embrasés par la maladie,
jacentes in undas	jetant dans les ondes

Multi præcipites lymphis putealibus alte
Inciderunt, ipso venientes ore patente :
Insedabiliter sitis arida corpora mersans
Æquabat multum parvis humoribus imbrem[1].

   Nec requies erat ulla mali ; defessa jacebant
Corpora, mussabat tacito medicina timore :
Quippe patentia[2] quum totas ardentia noctes
Lumina versarent oculorum, expertia somno.
Multaque præterea[3] mortis tum signa dabantur,
Perturbata animi mens in mœrore metuque,
Triste supercilium, furiosus voltus et acer,
Sollicitæ porro plenæque sonoribus aures,
Creber spiritus, aut ingens raroque coortus,
Sudorisque madens per collum splendidus humor ;
Tenuia sputa, minuta, croci contincta colore,
Salsaque, per fauces raucas vix edita tussi ;
In manibus vero nervi trahier, tremere artus ;
A pedibusque minutatim succedere frigus
Non dubitabat. Item ad supremum denique tempus

au fond des puits vers lesquels ils se traînaient la bouche béante. Mais leur soif inextinguible ne mettait pas de différence entre des flots abondants ou quelques gouttes d'eau.

   La douleur ne leur laissait aucun répit. Leurs membres gisaient sans force, et la médecine balbutiait saisie d'une muette terreur. En effet, leurs yeux ardents ouverts pendant des nuits entières, roulaient dans leurs orbites, sans jouir du sommeil. On remarquait encore en eux mille autres symptômes de mort. Leur âme était troublée par le chagrin et par la crainte, leurs sourcils, froncés, leurs yeux, hagards et furieux, leurs oreilles, inquiétées par des tintements continuels; leur respiration, tantôt vive et précipitée, tantôt forte et lente; leur col, baigné d'une sueur transparente; leur salive, appauvrie, teinte d'une couleur de safran, chargée de sel, et chassée avec peine de leurs gosiers par une toux violente. Les nerfs de leurs mains se roidissaient, leurs membres frissonnaient, et le froid de la mort se glissait par degrés des pieds au tronc. Enfin, dans les der-

corpus nudum;	*leur* corps nu;
multi præcipites	beaucoup se-précipitant
inciderunt alte	tombèrent de-haut
lymphis putealibus,	dans les eaux des-puits,
venientes ore ipso patente.	venant la bouche même ouverte.
Sitis arida	Une soif brûlante
mersans corpora	plongeant *leurs* corps *dans l'eau*
insedabiliter	sans-pouvoir-être-apaisée
æquabat multum imbrem	égalait beaucoup de pluie (d'eau)
parvis humoribus.	à de petites gouttes-de-liquide.
Nec ulla requies mali erat;	Ni aucun repos du mal n'était
corpora defessa jacebant;	les corps fatigués gisaient;
medicina mussabat	la médecine parlait-bas
timore tacito :	par une crainte muette :
quippe quum versarent	attendu-qu'ils (les malades) roulaient
noctes totas	durant les nuits tout-entières
lumina ardentia oculorum,	les lumières brûlantes de *leurs* yeux,
patentia,	ouvertes,
expertia somno.	privées de sommeil.
Prætereaque	Et en outre
multa signa mortis	beaucoup de symptômes de mort
dabantur tum,	étaient donnés alors,
mens animi perturbata	la pensée de l'âme toute-troublée
in mœrore metuque,	dans le chagrin et la crainte,
supercilium triste,	le sourcil triste (farouche),
voltus furiosus et acer,	le regard furieux et vif,
porro aures sollicitæ	de-plus les oreilles inquiètes
plenæque sonoribus,	et pleines de tintements,
spiritus creber,	une respiration fréquente,
aut ingens coortusque raro,	ou forte et s'élevant rarement,
humorque splendidus	et le liquide brillant
sudoris	de la sueur
madens per collum;	dégouttant le-long-du cou ;
sputa tenuia, minuta,	les crachats peu-épais, petits,
contincta colore croci,	teints de la couleur du safran,
salsaque,	et salés,
vix edita tussi	à-peine poussés-au-dehors par la toux
per fauces raucas;	à travers le gosier rauque.;
nervi vero	de-plus les nerfs
trahier in manibus,	*se mettaient à se contracter dans les mains,*
artus tremere;	les membres à trembler ;
frigus non dubitabat	le froid n'hésitait pas (ne tardait pas)
succedere minutatim	à se glisser peu-à-peu
a pedibus.	*à partir* des pieds.
Item denique	De même enfin
ad tempus supremum	à-l'approche-du temps suprême

Compressæ nares, nasi primoris acumen
Tenue, cavati oculi, cava tempora, frigida pellis
Duraque ; inhorrebat rictum ¹; frons tenta minebat ².
Nec nimio rigida post strati morte jacebant ;
Octavoque fere candenti lumine solis,
Aut etiam nona reddebant lampade vitam.
Quorum si quis, ut est, vitarat funera lethi,
Ulceribus tetris et nigra proluvie alvi ³,
Posterius tamen hunc tabes lethumque manebat.
Aut etiam multus, capitis cum sæpe dolore,
Corruptus sanguis plenis ex naribus ibat.
Huc hominis totæ vires corpusque fluebat.
Profluvium porro qui tetri sanguinis acre
Exierat, tamen in nervos huic morbus et artus
Ibat ⁴, et horrendi metuentes limina lethi,
Et manibus sine nonnulli pedibusque ⁵ manebant
In vita tamen, et perdebant lumina partim :
Usque adeo mortis metus his incesserat acer !
Atque etiam quosdam cepere oblivia rerum
Cunctarum, neque se possent cognoscere ut ipsi.
Multaque humi quum inhumata jacerent corpora supra

niers moments, leurs narines étaient resserrées et effilées, leurs yeux enfoncés, leurs tempes creuses, leur peau froide et rude, leur bouche grimaçante, leur front tendu et saillant. Et la mort ne tardait pas à raidir leurs membres ; la huitième ou la neuvième aurore les voyait presque toujours expirer. Si au bout de cette période quelqu'un échappait au trépas, comme cela arrivait quelquefois, grâce à la suppuration des ulcères ou à la sécrétion des noires matières du ventre, la dissolution et la mort les atteignaient néanmoins, quoique plus tard. Souvent aussi un sang corrompu coulait en abondance de leurs narines, et ils ressentaient de violentes douleurs de tête. Toutes leurs forces, toute leur substance se perdaient par cette voie. Si la maladie ne prenait point son cours par les narines et n'occasionnait point une pareille hémorragie, elle se jetait sur les nerfs et se répandait dans les membres. Les uns, redoutant l'approche effrayante du trépas, privés de leurs pieds et de leurs mains, tenaient encore à la vie ; d'autres enfin se laissaient ravir l'usage de la vue : tant la crainte de la mort frappait ces malheureux ! Il y en avait aussi qui perdaient le souvenir des choses passées, jusqu'à ne plus se reconnaître eux-mêmes. Quoique la terre fût couverte de cadavres amoncelés les uns sur les autres sans sépulture, les oi-

nares compressæ,	les narines serrées,
acumen nasi primoris tenue,	la pointe du nez à-son-extrémité déte- [nue mince,
oculi cavati, tempora cava,	les yeux creusés, les tempes creuses,
pellis frigida duraque;	la peau froide et dure;
rictum inhorrebat;	la bouche-ouverte grimaçait;
frons tenta minebat.	le front tendu menaçait.
Nec nimio post jacebant	Et non trop de temps après ils gi- [saient
strati morte rigida,	étendus par la mort roide,
fereque reddebant vitam,	et presque-toujours ils rendaient la vie
octavo lumine candenti	à la huitième lumière éblouissante
solis,	du soleil,
aut etiam nona lampade.	ou encore à la neuvième clarté (au neu- [vième jour).
Quorum si quis	Desquels si quelqu'un
vitarat funera lethi,	avait évité les funérailles de la mort,
ut est,	comme cela arrive,
ulceribus tetris	par des ulcères fétides
et nigra proluvie alvi,	et par un noir flux du ventre,
posterius tamen	plus tard cependant
tabes lethumque	la consomption et la mort
manebat hunc.	attendait (attendaient) celui-ci.
Aut etiam multus sanguis	Ou encore beaucoup de sang
corruptus,	corrompu,
sæpe cum dolore capitis,	souvent avec une douleur de tête,
exibat ex naribus plenis.	sortait des narines pleines (à pleines na- [rines).
Vires totæ hominis	Les forces entières de l'homme
corpusque fluebat huc.	et son corps coulait (coulaient) là.
Porro qui exierat	De-plus celui qui avait évité
profluvium acre	le flux acre
sanguinis tetri,	d'un sang fétide,
tamen morbus ibat huic	cependant la maladie allait à celui-ci
in nervos et artus,	dans les nerfs et les membres,
et metuentes limina	et redoutant les seuils (l'approche)
lethi horrendi,	d'un trépas horrible,
nonnulli	quelques-uns
sine et pedibus manibusque	et sans pieds et sans mains
manebant tamen in vita,	restaient cependant dans la vie,
et partim perdebant lumina:	et en-partie (d'autres) perdaient les yeux:
usque adeo	jusqu'à un-tel-point
metus acer mortis	une crainte vive de la mort
incesserat his!	était survenue-en eux !
Atque etiam	Et même
oblivia cunctarum rerum	les oublis de toutes choses
cepere quosdam,	s'emparèrent de quelques-uns,
ut neque possent	de-sorte-qu'ils ne pouvaient plus
se cognoscere ipsi.	se reconnaître eux-mêmes.
Quumque multa corpora	Et bien-que beaucoup de corps
jacerent humi inhumata	fussent-gisants à-terre sans-sépulture

Corporibus, tamen alituum genus atque ferarum
Aut procul absiliebat, ut acrem exiret odorem,
Aut, ubi gustarat, languebat morte propinqua.
Nec tamen omnino temere illis solibus ulla
Compareb␣t avis, nec noctibu' sæcla ferarum
Exibant silvis; languebant pleraque morbo,
Et moriebantur : cum primis fida canum vis
Strata viis animam ponebat in omnibus ægram.
Extorquebat enim vitam vis morbida membris.
Incomitata rapi certabant funera [1] vasta.
Nec ratio remedi communis certa dabatur;
Nam quod alis[2] dederat vitales aeris auras
Volvere in ore [3] licere, et cœli templa tueri,
Hoc aliis erat exitio, lethumque parabat.
   Illud in his rebus miserandum et magnopere unum
Ærumnabile erat, quod, ubi se quisque videbat
Implicitum morbo, morti [4] damnatus ut esset,
Deficiens animo, mœsto cum corde jacebat,
Funera respectans, animam et mittebat ibidem [5].
Idque vel imprimis cumulabat funere funus :
Quippe etenim nullo cessabant tempore apisci
Ex aliis alios avidi contagia morbi;

seaux de proie et les quadrupèdes voraces en fuyaient l'odeur infecte, ou, après en avoir goûté, ils languissaient et ne tardaient pas à mourir. D'ailleurs le jour les oiseaux ne se montraient guère, et la nuit les bêtes féroces ne quittaient point leurs forêts. Presque tous les animaux étaient atteints par la contagion, et mouraient. Les chiens surtout, nos fidèles compagnons, étendus au milieu des rues, rendaient les derniers soupirs, que leur arrachait la force irrésistible du mal. Les convois étaient enlevés à la hâte, sans pompe et sans suite. Il n'y avait point de remède sûr ni général ; et le même breuvage qui avait prolongé la vie aux uns, était dangereux et mortel pour les autres.

   Ce qu'il y avait de plus triste et de plus déplorable dans cette calamité, c'est que les malheureux qui se voyaient la proie de la maladie, se désespéraient comme des criminels condamnés à périr ; plongés dans l'abattement, ils voyaient toujours la mort devant eux, et mouraient au lieu même où le mal les avait frappés. Mais ce qui multipliait surtout les funérailles, c'est que l'avide contagion ne cessait de passer des uns aux autres ; ceux qui, par un

supra corporibus,	sur des corps,
tamen genus	cependant la race
alituum atque ferarum	des oiseaux et des bêtes-sauvages
aut absiliebat procul,	ou s'élançait-en-fuyant au loin, [trante,
ut exiret odorem acrem,	pour-qu'elle évitât *cette* odeur péné-
aut, ubi gustarat,	ou, quand elle avait goûté *de ces corps*,
languebat morte proxima.	elle languissait par une mort immi-
Nec tamen omnino	Ni cependant en-général [nente.
solibus illis	dans ces soleils-là (dans ces jours-là)
ulla avis comparebat fere,	aucun oiseau ne paraissait guère,
nec noctibus	ni dans les nuits
sæcla ferarum	les espèces des bêtes-sauvages
exibant silvis;	ne sortaient des forêts;
pleraque languebant morbo,	la plupart languissaient par la maladie,
et moriebantur :	et mouraient :
cum primis	parmi les premiers (surtout)
vis fida canum,	la troupe fidèle des chiens,
strata in omnibus viis	étendue dans toutes les routes,
ponebat animam ægram.	déposait (exhalait) *son* âme souffrante.
Vis morbida enim	La force de-la-maladie en effet
extorquebat vitam membris.	arrachait la vie des membres. [gnées
Funera vasta incomitata	Les funérailles solitaires non-accompa-
certabant rapi.	s'empressaient d'être enlevées.
Nec ratio certa	Ni un moyen certain
remedi communis dabatur;	d'un remède commun n'était donné;
nam quod dederat alis	car *ce* qui avait donné aux uns
licere volvere in ore	*qu'il leur* fût possible de rouler dans la
auras vitales aeris,	les souffles vitaux de l'air, [bouche
hoc erat exitio aliis,	cela était à perte aux autres,
parabatque lethum.	et *leur* préparait la mort.
Illud unum	Cela seul (par-dessus tout)
erat miserandum	était déplorable
et magnopere ærumnabile	et fort affligeant
in his rebus,	dans ces choses-ci,
quod ubi quisque	*c'est* que dès que chacun
videbat se implicitum morbo,	voyait soi-même pris par la maladie,
ut esset damnatus morti,	comme s'il était condamné à mort,
deficiens animo,	manquant de courage,
jacebat cum corde moesto,	il gisait avec un cœur triste, [mort),
respectans funera,	ayant-les-yeux-sur les funérailles (la
et mittebat animam ibidem.	et il envoyait (rendait) l'âme à-la-même-
Idque vel imprimis	Et cela même par-dessus-tout [place.
cumulabat funus funere:	accumulait funéraille sur funéraille:
quippe etenim	à savoir en effet
contagia morbi avidi	les contagions de la maladie avide
cessabant nullo tempore	ne cessaient en aucun temps
apisci alios ex aliis;	d'atteindre les uns à-la-suite des autres;

Nam[1] quicunque suos fugitabant visere ad ægros,
Vital nimium cupidi, mortisque timentes,
Pœnibat[2] paulo post turpi morte malaque
Desertos, opis expertes, incuria[3] mactans,
Lanigeras tanquam pecudes et bucera sæcla.
Qui fuerant autem præsto, contagibus ibant,
Atque labore, pudor quem tum cogebat obire,
Blandaque lassorum vox, mixta voce querelæ.
Optimus hoc lethi genus ergo quisque subibat.
Inque aliis alium populum sepelire suorum
Certantes, lacrymis lassi luctuque redibant.
Inde bonam partem[4] in lectum mœrore dabantur.
Nec poterat quisquam reperiri, quem neque morbus
Nec mors, nec luctus tentaret tempore tali.
  Præterea, jam pastor et armentarius omnis,
Et robustus item curvi moderator aratri,
Languebant, penitusque casis contrusa jacebant
Corpora, paupertate et morbo dedita morti.
Exanimis pueris super exanimata parentum

amour excessif de la vie et par crainte de la mort, évitaient la vue de leurs parents malades, périssaient bientôt, victimes de la même indifférence, abandonnés de tout le monde et privés de secours, comme l'animal qui porte la laine et celui qui laboure nos champs. Ceux au contraire, qui ne craignaient point de s'exposer, succombaient à la contagion et à la fatigue que le devoir et les plaintes touchantes de leurs amis mourants les obligeaient à braver. C'était là la mort des citoyens les plus vertueux. Après avoir enseveli tous leurs parents les uns après les autres, ils retournaient dans leurs demeures, les larmes aux yeux, la douleur dans le cœur, et se mettaient au lit pour y expirer de chagrin. En un mot, on ne voyait, dans ces temps de désastre, que des morts, ou des mourants, ou des infortunés qui les pleuraient.

  Les gardiens des troupeaux de toute espèce, et le robuste conducteur de la charrue, étaient aussi frappés; la contagion les allait chercher jusqu'au fond de leur chaumière, et la pauvreté, jointe à la maladie, rendait leur mort inévitable. On voyait les cadavres des parents étendus sur ceux de leurs enfants, et les

ram quicunque fugitabant	car tous-ceux-qui évitaient
visere ad suos ægros,	d'aller-voir vers leurs *parents* malades,
nimium cupidi vitaï,	trop amoureux de la vie,
timentesque mortis,	et craignant *trop* la mort,
incuria mactans	l'indifférence *des autres les* immolant
pœnibat paulo post	punissait peu après
morte turpi malaque	par une mort hideuse et affreuse
desertos,	*eux* abandonnés,
expertes opis,	dénués de secours, [laine
tanquam pecudes lanigeras	comme les animaux qui-portent-la-
et sæcla bucera.	et les espèces cornues. [malades,
Qui autem fuerant præsto,	Mais *ceux* qui avaient été auprès *des*
ibant contagibus,	s'en allaient (périssaient) par les effets-
atque labore,	et par la fatigue, [du-contact,
quem pudor,	que le sentiment-de-l'honneur,
voxque blanda lassorum,	et la voix caressante des malades,
voce mixta querelæ,	la voix étant mêlée à la plainte,
cogebat tum obire.	*les* forçait alors à affronter.
Ergo quisque optimus	Donc chaque *homme* très-bon
subibat hoc genus lethi.	endurait ce genre de mort.
Certantesque sepelire	Et s'empressant d'ensevelir
populum suorum	la foule de leurs *parents*
alium	l'une (les uns)
in aliis,	sur les autres (après les autres),
redibant	ils retournaient *chez eux*
lassi lacrymis luctuque.	fatigués par les larmes et par le deuil.
Inde dabantur in lectum	De-là ils étaient donnés (mis) au lit
bonam partem	en bonne (en grande) partie
mœrore.	par le chagrin.
Nec quisquam poterat	Ni quelqu'un ne pouvait
reperiri,	être trouvé,
quem neque morbus,	que ni la maladie,
nec mors, nec luctus	ni la mort, ni le deuil
tentaret tempore tali.	n'éprouvât dans une conjoncture telle.
Præterea, jam pastor,	En outre, déjà le berger,
et omnis armentarius,	et tout pâtre-de-gros-bétail,
et item robustus moderator	et de même le robuste conducteur
aratri curvi,	de la charrue recourbée,
languebant,	languissaient,
corporaque jacebant	et les corps gisaient
contrusa	jetés-pêle-mêle
penitus casis,	au-fond dans les cabanes,
dedita morti	livrés à la mort
paupertate et morbo.	par la pauvreté et la maladie.
Nonnunquam posses videre	Quelquefois tu aurais pu voir
corpora exanimata	les corps inanimés
parentum	des parents

Corpora nonnunquam posses, retroque videre
Matribus et patribus natos super edere vitam.
Nec minimum partem ex agris ægroris in urbem
Confluxit, languens quem contulit agricolarum ¹
Copia, conveniens ex omni morbida parte ;
Omnia complebant loca tectaque ; quo mage eos tum
Confertos ita acervatim mors accumulabat.
Multa siti prostrata viam per, proque voluta ²
Corpora Silanos ad aquarum ³ strata jacebant,
Interclusa anima nimia ab dulcedine aquaï ;
Multaque per populi passim loca prompta viasque
Languida semianimo tum corpore membra videres,
Horrida pædore, et pannis cooperta, perire
Corporis inluvie ; pellis super ossibus una,
Ulceribus tetris prope jam sordique ⁴ sepulta.
  Omnia denique sancta Deum delubra replerat
Corporibus mors exanimis, onerataque passim
Cuncta cadaveribus Cœlestum templa manebant,
Hospitibus loca quæ complerant ædituentes.
Nec jam relligio Divum, nec numina magni

enfants rendre les derniers soupirs sur les corps de leurs pères et de leurs mères. La contagion était apportée en grande partie par les habitants de la campagne, qui se rendaient en foule dans la ville, à la première attaque de la maladie. Les lieux publics, les édifices particuliers en étaient remplis ; et ainsi rassemblés, il était plus facile à la mort d'accumuler leurs cadavres. Un grand nombre expirait au milieu des rues ; d'autres, après s'être traînés au bord des fontaines publiques, y restaient étendus sans vie, suffoqués par l'eau qu'ils avaient bue trop avidement. Les lieux publics, les chemins étaient couverts de corps languissants, à peine animés, enveloppés de vils lambeaux, et dont les membres tombaient en pourriture. Leurs os n'étaient revêtus que d'une peau livide, sur laquelle les ulcères et la corruption avaient produit le même effet que la sépulture sur les cadavres.

  Enfin la mort avait rempli les édifices sacrés de ses impures dépouilles. Les temples des dieux étaient jonchés de cadavres. C'était là que les gardes des lieux saints avaient accumulé tous les étrangers ; on ne s'embarrassait plus guère de la religion et de la Divi-

super pueris exanimis,	sur les enfants inanimés,
retroque	et *tu aurais* pu *voir* au-contraire [vie
natos ciere vitam	les enfants pousser-dehors (rendre) la
super matribus et patribus.	sur les mères et les pères.
Nec minimum ægroris	Ni très-peu de la maladie
partem	*quant à la* partie
confluxit ex agris in urbem,	n'afflua des champs dans la ville,
quem copia languens	laquelle *maladie* la foule languissante
agricolarum,	des laboureurs,
conveniens morbida	se réunissant malade
ex omni parte,	de toute part,
contulit;	apporta;
complebant omnia loca	ils remplissaient tous les lieux
tectaque;	et *tous* les *endroits* couverts;
quo mors	à-cause-de-quoi la mort
accumulabat mage tum	accumulait davantage alors
catervatim	par-monceaux
eos ita confertos.	eux ainsi pressés.
Multa corpora	Beaucoup de corps
prostrata siti per viam,	abattus par la soif le-long-de la route,
provolutaque	et roulés
ad Silanos aquarum	devant les Silènes des eaux
jacebant strata,	gisaient étendus,
anima interclusa	la respiration étant arrêtée
ab dulcedine nimia aquaï;	par-suite-de l'attrait excessif de l'eau;
videresque tum passim	et tu aurais vu alors çà-et-là [routes
per loca populi viasque	par les lieux du peuple (publics) et les
multa membra prompta	beaucoup de membres mis-au-grand-
languida,	languissants, [jour
corpore semianimo,	le corps *étant* presqu'-inanimé,
horrida pædore,	horribles de saleté,
et cooperta pannis,	et couverts de haillons,
perire illuvie corporis;	périr par la malpropreté du corps;
una pellis super ossibus,	une seule peau (rien que la peau) sur les
jam prope sepulta	déjà presque ensevelie [os,
ulceribus tetris sordique.	par les ulcères repoussants et par l'or-
Denique mors replerat	Enfin la mort avait rempli [dure.
corporibus exanimis	de corps inanimés
omnia delubra sancta Deum,	tous les sanctuaires saints des dieux,
cunctaque templa Cœlestum	et tous les temples des habitants-du-
manebant onerata passim	restaient chargés çà-et-là [ciel
cadaveribus,	de cadavres,
quæ loca ædituentes	lesquels lieux les gardiens-des-temples
complerant hospitibus.	avaient remplis d'hôtes.
Nec relligio Divum,	Ni la crainte-religieuse des dieux,
nec numina	ni *leurs* volontés [grand *poids*;
jam pendebantur magni;	n'étaient plus pesées *comme étant* d'un

Pendebantur; enim præsens dolor exsuperabat.
Nec mos ille sepulturæ remanebat in urbe,
Ut prius hic populus semper consuerat humari :
Perturbatus enim totus trepidabat, et unus
Quisque suum pro re consortem mœstus humabat.
Multaque vis subita et paupertas horrida suasit ;
Namque suos consanguineos aliena rogorum [1]
Insuper exstructa ingenti clamore locabant,
Subdebantque faces, multo cum sanguine sæpe
Rixantes potius, quam corpora desererentur [2].

nité; la douleur était le sentiment qui dominait. Les cérémonies observées de temps immémorial pour les obsèques n'avaient plus lieu dans la ville. Le trouble et la confusion régnaient partout; et, au milieu de cette consternation générale, chacun inhumait les siens comme il pouvait. Les atteintes subites du fléau et la pauvreté inspiraient même bien des actes odieux. Il y en eut qui placèrent à grands cris, sur des bûchers construits pour d'autres, les corps de leurs proches, et qui, après y avoir mis le feu, soutenaient des combats sanglants plutôt que d'abandonner les cadavres qui leur étaient chers.

dolor præsens enim exsuperabat.	la douleur présente en effet l'emportait.
Nec ille mos sepulturæ remanebat in urbe,	Ni ce mode de sépulture ne restait dans la ville,
ut hic populus consuerat semper prius humari ;	comme ce peuple avait eu toujours coutume auparavant d'être inhumé :
perturbatus enim totus trepidabat,	le peuple troublé en effet tout-entier s'agitait-en-désordre,
et unusquisque mœstus humabat suum consortem pro re.	et chacun affligé inhumait son consort selon ses moyens.
Visque subita paupertasque suasit multa horrida ;	Et la violence subite du fléau et la pauvreté conseilla beaucoup de choses horribles ;
namque locabant ingenti clamore suos consanguineos insuper aliena rogorum exstructa ;	car ils plaçaient avec un grand cri leurs parents [des bûchers étrangers) sur des étrangers d'entre les bûchers (sur qu'ils trouvaient dressés ;
subdebantque faces, rixantes sæpe cum multo sanguine, potius quam corpora desererentur.	et ils plaçaient-dessous des torches, se battant souvent avec beaucoup de sang, plutôt que les corps des leurs fussent abandonnés par eux.

NOTES

DU SIXIÈME LIVRE DES MORCEAUX CHOISIS DE LUCRÈCE.

I

Page 258 : 1. *Legesque rogarunt*, expression toute romaine, parce qu'à Rome, le magistrat priait le peuple (*rogabat populum*) de voter la loi proposée.

— 2. *Virum*, Épicure.

Page 260 : 1. *Querelis*, les plaintes, c'est-à-dire, les soucis qui en sont la cause.

2. *Vas*, c'est-à-dire, *animum*.

— 3. *Corrumpier*, et trois vers plus loin *explerier*; formes archaïques d'infinitif passif, fréquentes chez Lucrèce.

— 4. *Conlata*, pour *collata*.

— 5. *Quod fluerel*. Épicure ne peut nier la réalité des maux qui nous viennent de la nature même ; mais il prétend qu'ils sont rares, disséminés dans la vie de l'homme, et en outre il croit avoir donné le moyen de les combattre efficacement.

— 6. *Quibus e portis*, métaphore empruntée à l'art de la guerre; mot à mot : par quelles portes l'homme peut exécuter une sortie contre chacun de ces maux.

Page 262 : 1. *Vincendi spes*, l'espérance de vaincre l'ignorance et la superstition.

Voyez encore un passage sur les bruits différents que produit la foudre (106-130); et un autre sur la puissance de la foudre (218-237).

II

Page 264 : 1. *Promissis*, la promesse qu'a faite Lucrèce d'expliquer ce phénomène.

— 2. *Formidinis ora*. La Terreur est personnifiée. Ses traits effrayants semblent menacer du haut du ciel les malheureux humains.

Page 266 : 1. *Tempestatem altam.* Les nuages qui recèlent la tempête sont accumulés à une grande profondeur.

— 2. *Expressit,* non pas, en a fait jaillir, mais en a tiré, leur a emprunté. Il ne s'agit pas encore des coups de la foudre, mais du vent, qui, tout en poussant et roulant les nuées, s'imprègne d'une partie des molécules ignées qu'elles contiennent, et, suivant l'expression scientifique moderne, s'électrise.

— 3. *Insinuatus. ...in alto.* Un tourbillon formé par le vent, et chargé de principes ignés, s'introduit profondément dans la masse nuageuse à de grandes hauteurs, et y est animé d'un rapide mouvement de rotation.

— 4. *Calidis ...intus.* Cet espace où se meut le tourbillon est comme l'ardente fournaise où s'aiguisent les traits de la foudre.

Page 268 : 1. *Inde ubi....incessit.* Une fois que le tourbillon s'est échauffé par une des deux causes qui viennent d'être indiquées.

Voyez encore le passage où Lucrèce explique, d'après son système, pourquoi les orages sont plus fréquents dans l'été et dans l'automne que dans les autres saisons (356-378).

III

Page 270 : 1. *Nullæ,* génitif archaïque pour *nullius.* — *Rei* ou *reii,* génitif archaïque de *res.*

— 2. *Patris telum.* Jupiter était spécialement le dieu à qui il appartenait de lancer la foudre, d'où cette expression qui n'est ici qu'une périphrase de *fulmen.*

— 3. *Præterea.* Dilemme : de deux choses l'une : ou Jupiter veut que nous puissions nous dérober aux coups de la foudre, et alors pourquoi ne se meut-elle pas lentement afin que nous ayons le temps de l'éviter ? Ou bien il ne le veut pas, et alors à quoi sert cet avertissement que nous donnent, à l'approche du danger, les grondements lointains du tonnerre ?

— 4. *Ex illa parte,* du côté où il va lancer la foudre.

Voyez encore la description des trombes (421-450), les hypothèses du poëte, pour expliquer les tremblements de terre (535-565), les causes qui empêchent l'Océan de s'accroître (606-637), et enfin la comparaison des éruptions volcaniques avec la fièvre qui dévore le corps humain (654-675).

IV

Page 274 : 1. *Agitando*, gérondif employé dans le sens passif. On trouve de même dans Virgile: *Cantando rumpitur anguis*, Églogue VIII, 71. *Quis talia fando.... Temperet à lacrymis*. Énéide II, 5, 6, et *Fando aliquid si forte tuas pervenit ad aures*. Énéide II, 81.

— 2. *Percaluit*. Nous avons déjà vu dans la théorie de la foudre que, selon Lucrèce, l'air s'échauffe par un mouvement rapide, échauffe en même temps tout ce qui l'entoure, et en dégage des principes ignés.

— 3. *Rectis faucibus*, par ceux des conduits souterrains qui remontent verticalement vers l'orifice du volcan.

— 4. *Ne dubites....* comme si la pesanteur même des pierres lancées par le volcan attestait que la puissance seule du vent a pu les projeter.

— 5. *Parti*, ablatif archaïque pour *parte*. Les pentes de l'Etna descendent en effet jusqu'à la mer, et forment une très-grande étendue de rivage.

— 6. *Arenæ nimbos*. C'est la présence de ces sables dans les matières rejetées par l'éruption, qui faisait supposer à Lucrèce que les cavernes de la montagne devaient communiquer avec la mer.

— 7. *Crateres*, mot emprunté aux Grecs et qui signifie coupe. Le cratère d'un volcan a en effet quelque similitude avec une vaste coupe.

V

Page 276 : 1. *Sæpe*. Le phénomène de l'inondation est absolument régulier; mais il arrive parfois que la crue est plus faible, et insuffisante à couvrir la totalité des terres cultivées.

— 2. *Aquilones*, les vents du nord-est qui, soufflant en sens contraire du courant du Nil, l'arrêteraient ou le gêneraient.

— 3. *Etesia*. Ce mot vient du grec ἔτος, année, parce que ces vents se font sentir chaque année à la même époque. La direction de ces vents sur les côtes d'Égypte est du nord au sud.

— 4. *Dubio procul*. Il n'est pas douteux en effet que les vents étésiens ne soufflent dans un sens opposé au courant du Nil; mais il est contestable qu'ils puissent exercer quelque action sur la crue du fleuve.

— 5. *Parti*, ablatif archaïque pour *parte*.

— 6. *Intus*, à l'intérieur des canaux qui forment les embouchures du Nil.

— 7. *Proclivus*, forme archaïque pour *proclivis*.

— 8. *Pluviæ*. Cette troisième hypothèse est celle qu'admet la science moderne, en se fondant sur les observations des voyageurs contemporains.

Page 278 : 1. *Nubila,...omnia*. Toutes les vapeurs chassées par les vents étésiens doivent en effet s'amasser contre les parois des hautes montagnes qui forment le bassin du Nil, et s'y résoudre en pluies. On a de plus à peu près établi que le Nil est l'unique déversoir des lacs immenses où s'accumulent les eaux d'une grande partie de l'Afrique centrale.

— 2. *In eas partes*, dans ces contrées voisines du Nil.

— 3. *Forsit*, forme archaïque pour *forsitan*.

— 4. *Ningues*, forme archaïque pour *nives*.

— 5. *Sol omnia lustrans*. Il est vrai, au rapport des voyageurs modernes, que certains sommets de l'Afrique centrale sont couverts de neiges; mais la température étant sensiblement régulière dans les pays intertropicaux, la neige ne se montre guère qu'à une hauteur où elle est éternelle.

Voyez encore une belle description des lieux appelés *Avernes* (737-765), un passage curieux sur l'influence de certaines vapeurs (782-816), un autre sur les propriétés merveilleuses d'une source (878-898), enfin l'explication que le poëte donne de la puissance de l'aimant (907-917, 1040-1086).

VI.

Page 278 : 1. *Extrinsecus*, du dehors, d'autres régions. Ces maladies sont amenées par les vents qui répandent dans l'atmosphère les germes morbides dont ils sont chargés.

Page 280 : 1. *Putrorem*. La terre imprégnée, à l'excès d'humidité, se putréfie.

— 2. *Pontus*. Le royaume de Pont représente le nord-est, et *Gadibus*, le détroit de Gadès, le sud-ouest, comme la Bretagne représente le nord-ouest, et l'Égypte le sud-est.

— 3. *Atque usque ad nigra....* La différence de climat devient encore plus marquée, si l'on pénètre jusque dans les régions qu'habitent les peuples nègres.

— 4. *Elephas morbus*, l'éléphantiasis, lèpre d'une espèce particulière, ainsi appelée du mot grec ἐλέφας, parce que chez ceux qui en sont atteints la peau prend la couleur et la rudesse de celle de l'éléphant.

— 5. *Neque præterea usquam*. A une époque postérieure à Lucrèce, cette horrible maladie sortant de son foyer primitif se répandit jusqu'en Italie.

— 6. *Gressus*, l'effet pour la cause, c'est l'équivalent de *pedes*.

Page 282 : 1. *Pecubus*, datif de *pecu*, forme archaïque.

— 2. *Cæli amictum*, c'est-à-dire *cælum quo amicti sumus*. L'air, en effet, nous enveloppe de toutes parts comme ferait un manteau.

— 3. *Aliquid ....uti*, quelque principe, qui sans être vicié lui-même compromet notre santé, parce que nous n'y sommes pas habitués.

VII.

Page 284 : 1. *Æstus*. Ce fléau, ainsi que va nous le décrire Lucrèce, était comme un feu dévorant, qui embrasait tout le corps du malade.

— 2. *Vastaritque vias*. Les routes devinrent désertes, parce que les habitants, vaincus par le mal, ou en redoutant l'atteinte, s'enfermaient dans leurs demeures, et ne se livraient plus à leurs occupations habituelles.

— 3. *Pandionis*. Pandion était un ancien roi d'Athènes.

— 4. *Principio*. Dans la description de la peste d'Athènes, Lucrèce a suivi de très-près Thucydide; beaucoup de détails sont presque littéralement traduits de l'historien par le poëte. Cf. Thucydide, II, XLIV-LIV.

— 5. *Caput* Lucrèce énumère d'abord les signes avant-coureurs de la maladie pestilentielle. Il y en avait comme deux périodes : d'abord ces signes étaient presque exclusivement extérieurs : les yeux, la langue, la gorge étaient atteints; puis le mal descendait dans la poitrine, et alors se manifestaient des symptômes plus graves : une haleine empestée, un abattement général.

Page 286: 1. *Sacer ignis*. Le feu sacré des anciens était une espèce d'érysipèle, souvent gangréneux.

DU SIXIÈME LIVRE.

Page 288 : 1 *Æquabat imbrem*, parce qu'une quantité d'eau, si grande qu'elle fût, ne pouvait calmer leur soif ardente.

— 2. *Quippe patientia*. Ce qui décourageait surtout les médecins, c'était cette insomnie.

— 3. *Multaque... dabantur*. Ici commence l'énumération des symptômes qui, dans cette troisième période de la maladie, annonçaient une mort prochaine. Lucrèce les a empruntés à Hippocrate.

Page 290 : 1. *Rictum*, nominatif archaïque pour *rictus*.

— 2. *Minebat*, verbe archaïque pour *eminebat*.

— 3. *Ulceribus... alvi*. Ce sont les causes qui prolongeaient la vie : le venin pestilentiel s'écoulait par ces deux voies, et les progrès du mal intérieur étaient aussi rendus plus lents ; grâce à cette purgation naturelle, le malade languissait alors plus longtemps, mais sans espoir.

— 4. *In nervos... ibat*. Le mal suivait alors un autre cours : il pénétrait dans toutes les parties de l'organisme, et s'attaquait à tous les ressorts de la vie.

— 5. *Manibus sine... pedibusque*. Ils en avaient déjà subi l'amputation.

Page 292 : 1. *Rapi... funera;* transposition pour *homines certabant rapere funera*.

— 2. *Alis*, contraction archaïque pour *aliis*.

— 3. *Vitales..... in ore*. L'air, par le fait de la respiration, roule en effet dans la bouche, attiré, puis repoussé, comme les vagues sur les plages de la mer.

— 4. *Morti*, ablatif archaïque pour *morte*.

— 5. *Ibidem*. Ils n'avaient pas même le courage de changer de place, tant ils étaient abattus.

Page 294 : 1. *Nam*. La contagion ne pouvait être évitée ; car ceux-mêmes qui fuyaient les malades étaient bientôt atteints.

— 2. *Pœnibat*, forme archaïque pour *punibat*.

— 3. *Incuria*. Ce mot est comme personnifié, d'où l'épithète *mactans*. L'indifférence publique était comme la prêtresse qui immolait le coupable.

— 4. *Bonam partem*, sous-entendu *secundum*.

Page 296 : 1. *Agricolarum*. Ce n'était pas pour y trouver des secours que les habitants des campagnes, déjà atteints de la peste, affluaient à Athènes; ils fuyaient devant l'invasion lacédémonienne.

— 2. *Proque voluta*, tmèse pour *provolutaque*.

— 3. *Silanos aquarum* pour *aquas Silanorum*. On appelait *Silani* les fontaines d'où les eaux sortaient d'une tête de Silène.

— 4. *Sordi*, ablatif archaïque pour *sorde*.

Page 298 : 1. *Aliena rogorum*, hellénisme pour *alienos rogos*.

— 2. *Corpora desererentur*. Une fois qu'ils avaient placé les corps de leurs parents sur des bûchers destinés à d'autres, ils luttaient et versaient le sang pour empêcher que les restes qui leur étaient chers, ne fussent arrachés du milieu de ces flammes, auxquelles ils n'avaient pas droit.

FIN.

9968. — IMPRIMERIE GÉNÉRALE DE CH. LAHURE
Rue de Fleurus, 9, à Paris.

LIBRAIRIE DE L. HACHETTE ET Cie
Boulevard Saint-Germain, 77, à Paris.

AUTEURS EXPLIQUÉS
D'APRÈS UNE MÉTHODE NOUVELLE
PAR DEUX TRADUCTIONS FRANÇAISE

l'une littérale et juxtalinéaire,
présentant
le texte dans un ordre analytique avec le mot à mot français en regard
l'autre correcte et précédée du texte;
avec des sommaires et des notes en français
PAR UNE SOCIÉTÉ DE PROFESSEURS ET D'HUMANISTES.

Cette collection, format in-12, comprendra les principaux auteurs qu'on explique dans les classes.

AUTEURS LATINS.

César. *Commentaires sur la guerre des Gaules*, par M. Sommer. 2 volumes..	9 »
Ier volume : Livres I, II, III, IV.....................	4 »
IIe volume : Livres V, VI, VII........................	5 »
—*Commentaires sur la guerre civile*, livre Ier, par M. Materne	2 25
Cicéron. *Catilinaires* (les), par M. J. Thibault...............	2 »
—*Des Devoirs*, par M. Sommer............................	6 »
—*Dialogue sur l'Amitié*, par M. Legouëz..................	1 25
—*Dialogue sur la Vieillesse*, par MM. Paret et Legouëz......	1 25
—*Discours contre Verrès sur les Statues*, par M. J. Thibault	3 »
—*Discours contre Verrès sur les Supplices*, par M. O. Dupont.	3 »
—*Discours pour la loi Manilia*, par M. Lesage.............	1 50
—*Discours pour Ligarius*, par M. Materne.................	» 75
—*Discours pour Marcellus*, par le même...................	» 75
—*Plaidoyer pour Archias*, par M. Chansselle..............	» 75
—*Plaidoyer pour Milon*, par M. Sommer...................	1 50
—*Plaidoyer pour Muréna*, par M. J. Thibault.............	2 50
—*Songe de Scipion*, par M. Pottin........................	» 50
Cornelius Nepos. *Les Vies des grands capitaines*, par M. Sommer...	5 »
Heuzet. *Histoires choisies des écrivains profanes*, par MM. Sommer et Guedet. 2 volumes.....................	12 »
Chacun des deux volumes...........................	6 »
Horace. *Art poétique*, par M. Taillefert...................	» 75
Épîtres, par le même.......................................	2 »

XVIV

AUTEURS EXPLIQUÉS.

Horace. *Odes* et *Epodes*, par MM. Sommer et A. Desportes. 2 v.	4 50
Ier volume : Livres 1 et 2 des Odes..................	2 »
IIe volume : Livres 3 et 4 des Odes et les Epodes.......	2 50
— *Satires*, par les mêmes.................	2 »
Lhomond. *Epitome historiæ sacræ*	3 »
— *Sur les Hommes illustres de la ville de Rome*, par M. Blanadet..................	4 50
Phèdre. *Fables*, par M. D. Marie......	2 »
Salluste. *Catilina*, par M. Croiset.	1 50
— *Jugurtha*, par le même.....	3 50
Tacite. *Annales*, par M. Materne, 4 volumes...............	18 »
Ier volume : Livres I, II, III..................	6 »
IIe volume : Livres IV, V, VI..................	4 »
IIIe volume : Livres XI, XII, XIII.................	4 »
IVe volume : Livres XIV, XV, XVI................	4 »
— *Germanie* (la), par M. Doneaud..................	1 »
— *Vie d'Agricola*, par M. Nepveu..................	1 75
Térence. *Adelphes* (les), par M. Materne...............	2
— *Andrienne* (l'), par le même..................	2 50
Virgile. *Les Bucoliques*, par MM. Sommer et A. Desportes.	1 »
— *Enéide*, par les mêmes, 4 vol..................	16 »
Chaque volume contenant trois livres..................	4 »
Chaque livre séparément..................	1 50
— *Géorgiques* (les), par les mêmes..................	2 »

AUTEURS GRECS.

Aristophane. *Plutus*, par M. Cattant..................	2 25
Babrius *Fables*, par MM. Th. Fix et Sommer...............	
Basile (Saint). *Homélie aux jeunes gens sur l'utilité qu'ils peuvent retirer de la lecture des auteurs profanes*, par M. Sommer..................	1 25
— *Homélie contre les usuriers*, par le même..................	» 75
— *Homélie sur le précepte: « Observe-toi toi-même, »* par le même..................	» 90
Chrysostôme (St-Jean). *Homélie en faveur d'Eutrope*, par M. Sommer..................	» 60
— *Homélie sur le retour de l'évêque Flavien*, par le même..	1 »
Démosthène. *Discours contre la loi de Leptine*, par M. Stiévenart..................	3 50
Discours pour Ctésiphon, ou sur la Couronne, par M. Sommer	3 50
Harangue sur les prévarications de l'ambassade, par M. Stiévenart..................	6 »
— *Olynthiennes* (les trois), par M. C. Leprévost............	1 50
— *Philippiques* (les quatre), par MM. Lemoine et Sommer...	2 »
Eschine. *Discours contre Ctésiphon*, par M. Sommer. 1 vol.	4 «

AUTEURS EXPLIQUÉS.

Eschyle. *Prométhée enchaîné,* par MM. Le Bas et Th. Fix..	»
— *Sept contre Thèbes* (les), par M. Materne................	1 50
Esope. *Fables choisies,* par M. C. Leprévost...............	» 75
Euripide. *Électre,* par M. Th. Fix.	3 »
— *Hécube,* par M. C. Leprévost............................	2 »
— *Hippolyte,* par M. Th. Fix..............................	3 50
— *Iphigénie en Aulide,* par MM. Th. Fix et Le Bas..........	3 »
Grégoire (S.) de Nazianze. *Eloge funèbre de Césaire,* par M. Sommer..	1 25
— *Homélie sur les Machabées,* par le même.................	» 90
Grégoire (S.) de Nysse. *Eloge funèbre de saint Mélèce,* par M. Sommer...	» 75
— *Homélie contre les usuriers,* par le même................	» 75
Homère. *Iliade* (l'), par M. C. Leprévost. 6 volumes........	20 »
Chaque volume contenant quatre chants................	3 50
Chaque chant séparément.............................	1 »
— *Odyssée* (l'), par M. Sommer. 6 volumes..................	24 »
Chaque volume contenant quatre chants................	4 »
Isocrate. *Archidamus,* par M. C. Leprévost.	1 50
— *Conseils à Démonique,* par M. C. Leprévost..............	» 75
— *Eloge d'Évagoras,* par M. Ed. Renouard.................	» 75
— *Panégyrique d'Athènes,* par M. Sommer.................	2 50
Luc (Saint). *Évangile,* par M. Sommer....................	3 »
Lucien. *Dialogues des morts,* par M. Leprévost.	2 25
Pères grecs. (Choix de discours tirés des), par M. Sommer..	7 50
Les neuf discours que comprend ce choix se vendent séparément. Voyez Basile (St), Chrysostôme (St-Jean), Grégoire (St) de Nazianze, Grégoire (St) de Nysse.	
Pindare. *Isthmiques* (les), par MM. Fix et Sommer........	2 50
— *Néméennes* (les), par les mêmes.........................	3 »
— *Olympiques* (les), par les mêmes........................	3 50
— *Pythiques* (les), par les mêmes.........................	3 50
Platon. *Alcibiade* (le premier), par M. C. Leprévost........	2 50
— *Apologie de Socrate,* par M. Materne.....................	2 »
— *Criton,* par M. Waddington-Kastus......................	1 25
— *Gorgias,* par M. Sommer................................	6 »
— *Phédon,* par M. Sommer................................	5 »
Plutarque. *De la lecture des poëtes,* par M. Aubert.........	3 »
— *Vie d'Alexandre,* par M. Bétolaud.......................	3 »
— *Vie d'Aristide,* par M. Talbot............................	2 »
— *Vie de César,* par M. Materne...........................	2 »
— *Vie de Cicéron,* par M. Sommer.........................	3 »
— *Vie de Démosthène,* par le même........................	2 50
— *Vie de Marius,* par le même.............................	3 »
— *Vie de Pompée,* par M. Druon...........................	5 »
— *Vie de Solon,* par M. Sommer..	»

Plutarque. *Vie de Sylla*, par M. Sommer	3	»
— *Vie de Thémistocle*, par M. Sommer	2	»
Sophocle. *Ajax*, par MM. Benloew et Bellaguet	2	50
— *Antigone*, par les mêmes	2	25
— *Electre*, par les mêmes	3	»
— *OEdipe à Colone*, par les mêmes	2	»
— *OEdipe roi*, par MM. Sommer et Bellaguet	1	50
— *Philoctète*, par MM. Benloew et Bellaguet	2	50
— *Trachiniennes* (les), par les mêmes	2	50
Théocrite. *OEuvres complètes*, par M. L. Renier	7	50
Thucydide. *Guerre du Péloponèse*, livre I, par M. Legouëz	»	»
— *Guerre du Péloponèse*, livre II, par M. Sommer	5	»
Xénophon. *Anabase* (les sept livres), par M. de Parnajon. 2 vol.	12	«
Chaque livre séparément	2	»
— *Apologie de Socrate*, par M. Leprévost	»	60
— *Cyropédie*, livre I, par M. Lehrs	1	25
— *Cyropédie*, livre II, par M. Sommer	1	25
— *Entretiens mémorables de Socrate* (les quatre livres), par M. Sommer	7	»
Chaque livre séparément	2	»

AUTEURS ANGLAIS.

Shakspeare : *Coriolan*, par M. Fleming	6	»

AUTEURS ALLEMANDS.

Gœthe. *Hermann et Dorothée*, par M. Lévy	3	50
Lessing. *Fables* (prose et vers), par M. Boutteville	1	50
Schiller. *Guillaume Tell*, par M. Fix	6	»
— *Marie Stuart*, par le même	6	»

AUTEURS ESPAGNOLS.

Cervantès. *Le captif*, extrait de Don Quichotte, par M. J. Merson.	3	»

AUTEURS ARABES.

Histoire de Chems-Eddine et de Nour-Eddine, *extraite des Mille et une Nuits*, par M. Cherbonneau	5	»
Lokman. *Fables*, par le même	3	»

Imprimerie générale de Ch. Lahure, rue de Fleurus 9, à Paris.